U0944169

电商营销与运营实战系列

软文营销与运营完全攻略

（案例实战版）

海天电商金融研究中心 编著

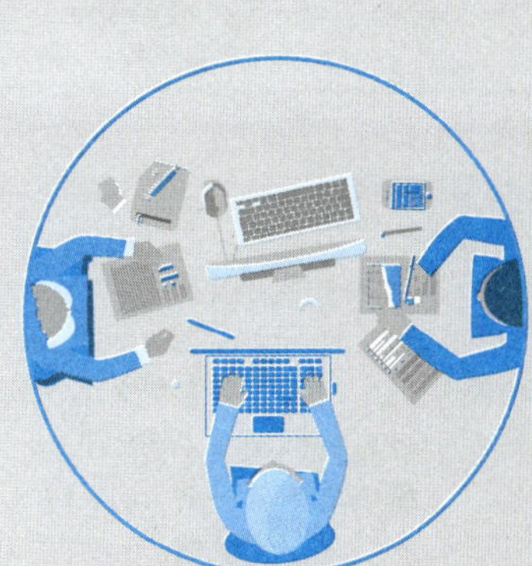

清華大學出版社
北 京

内 容 简 介

本书通过 108 家企业平台的 108 个实战案例，由浅入深地一步步诠释软文营销和运营的奥秘，从两条线帮助读者从入门到精通软文营销，从新手成为软文营销高手。

一条是横向案例线，通过软文营销做得最好的 16 个行业——医疗、电商、房产、餐饮、金融、手机、汽车、旅游、教育、游戏、家电、婚庆、快消、化妆品、娱乐和体育等，对软文营销和运营进行充分讲解。

另一条是纵向技巧线，通过 60 多种不同类型的软文写作技巧——推广类、故事类、开盘类、盘点类、情感类、解读类、攻略类、报价类、试驾类、游记类、时评类、公告类、促销类、说明类、教学类、分享类等，对软文写作时，标题、开头、正文、结尾、布局等进行详细说明。

本书适合以上 16 大热门行业，以及相关行业准备从事软文营销的人员或者企业；从事软文营销有一段时间却并没有获得预期效果的人员或者企业；专业的软文营销公司；各大企业负责软文营销的人员或者部门；想了解软文营销并且利用软文盈利的个人或者企业。

图书在版编目(CIP)数据

软文营销与运营完全攻略(案例实战版)/ 海天电商金融研究中心编著. --北京：清华大学出版社，2016
(电商营销与运营实战系列)
ISBN 978-7-302-43844-1

Ⅰ. ①软…　Ⅱ. ①海…　Ⅲ. ①市场营销学　Ⅳ. ①F713.50

中国版本图书馆 CIP 数据核字(2016)第 108737 号

责任编辑：杨作梅
装帧设计：杨玉兰
责任校对：张彦彬
责任印制：杨　艳
出版发行：清华大学出版社
　网　　址：http://www.tup.com.cn，http://www.wqbook.com
　地　　址：北京清华大学学研大厦 A 座　**邮　　编**：100084
　社 总 机：010-62770175　**邮　　购**：010-62786544
　投稿与读者服务：010-62776969，c-service@tup.tsinghua.edu.cn
　质 量 反 馈：010-62772015，zhiliang@tup.tsinghua.edu.cn
印 装 者：三河市吉祥印务有限公司
经　　销：全国新华书店
开　　本：170mm×240mm　**印　张**：18　**字　数**：303 千字
版　　次：2016 年 7 月第 1 版　**印　次**：2016 年 7 月第 1 次印刷
印　　数：1～3000
定　　价：59.80 元

产品编号：068144-01

前言

写作驱动

随着互联网的发展，现在网络推广的方式也越来越多样化，不过最基本最广泛的还是软文营销。企业通过软文营销能迅速、低成本地提高企业和产品的形象，提升企业和产品的知名度以及公信力，可以说软文营销是一种既节约经济成本又节省时间成本的营销方法，本书基于软文营销的特点，结合 16 大热门行业的 108 个实战案例，给读者提供了最全面的实战技巧。

本书紧扣“软文营销案例实战”，从横向案例线，系统地分析了 16 大行业中，具有代表性的 108 个软文实战案例；纵向技巧线，深入讲解 60 多种类型软文的写作技巧与营销手段，对 100 多家平台进行介绍以及功能解析，以便让读者更切实地理解软文营销的概念和实战方法，帮助读者从中获得更有用的实战经验，下面用图解的方式进行进一步的了解。

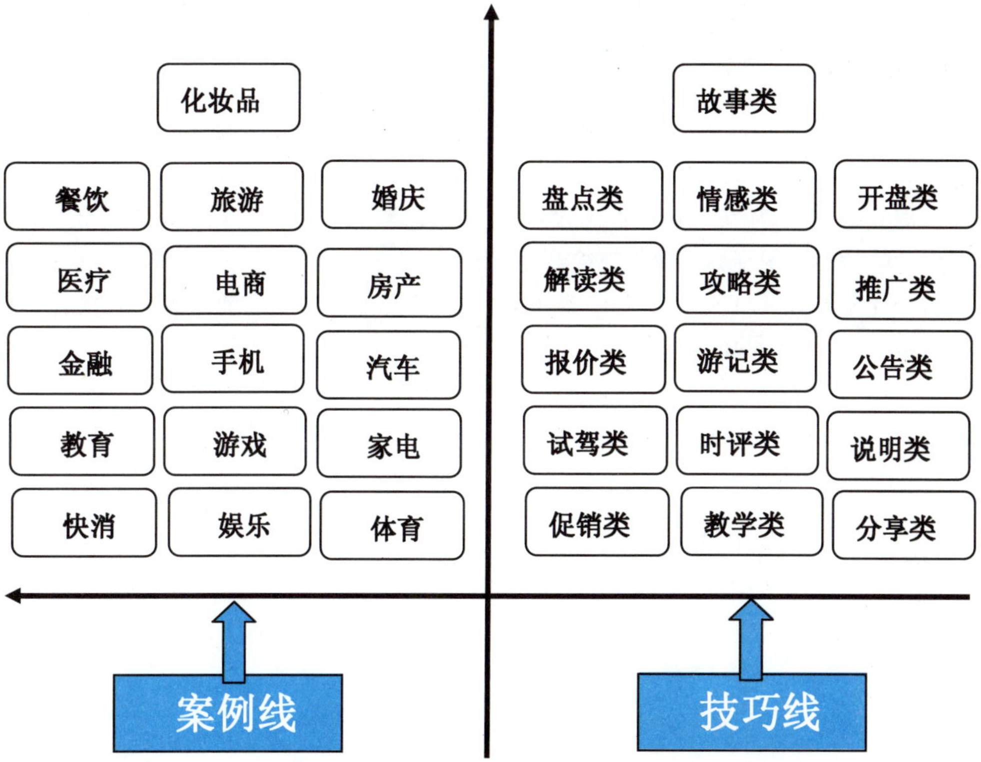

前言

本书特色

本书有以下 5 大特色。

(1) 覆盖面广，囊括 60 多种类型软文：本书对于不同类型的软文均有详细的讲解，不同类型的软文适合不同的行业，让读者轻松找到最适合自己的软文以及写作和营销方法。

(2) 实践性强，渗透 16 个行业领域：内容涉及衣、食、住、行、游、购、娱等人们生活与工作的各个领域。

(3) 案例丰富，列举 108 个案例分析：对 16 大行业中具有代表性的 108 个软文案例，进行透彻的讲解和分析，让您一本书通晓整个行业产业的软文营销。

(4) 便于理解，构建 108 个分析图解：对案例软文进行专业的剖析，从标题、内容、布局等方面，将案例软文的优点进行明确分析。

(5) 渠道众多，展示 108 个平台、企业：对众多的软文发布进行介绍以及功能解析，极大地扩展了软文发布的渠道。

作者介绍

本书由海天电商金融研究中心编著，同时参加编写的人员还有吕锰、谭贤、柏松、谭俊杰、徐茜、苏高、曾杰、张瑶、刘嫔、罗磊、罗林、蒋鹏、田潘、李四华、刘琴、周旭阳、袁淑敏、谭中阳、杨端阳、卢博、徐婷、余小芳、蒋珍珍、吴金蓉、陈国嘉、曾慧、向彬珊、李龙禹、徐旺等人，在此表示感谢。

由于作者知识水平有限，书中难免有错误和疏漏之处，恳请广大读者批评、指正，联系邮箱：itsir@qq.com。

目录

目录

目录

目录

第 1 章

医疗软文：软文助力医疗，打造网络营销

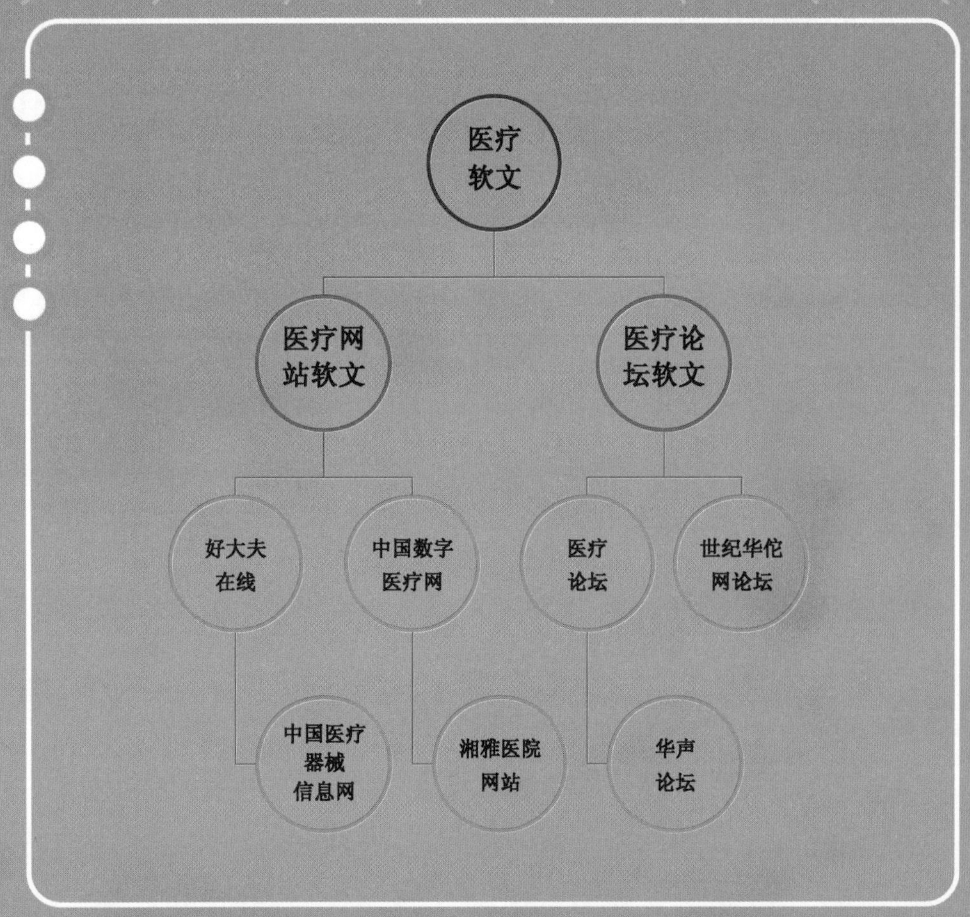

1.1　医疗网站软文

医药行业是我国国民经济的重要组成部分，也是传统产业与现代产业相结合的代表行业。其主要门类包括：卫生材料、化学原料药及制剂、中药材、中药饮片、中成药、抗生素、生物制品、生化药品、放射性药品、医疗器械、制药机械、药用包装材料及医药商业。

随着医药市场的繁荣，医药企业面临着日益激烈的竞争。与传统行业不同，医药企业的产品及服务同质性强，难以形成差异化优势，因此，对于营销的依赖性就更加强烈了，软文营销的出现，正好解决了医疗行业面临的营销困境。

【案例 1】好大夫在线：纯粹的专家软文
——专业的医疗软文分享价值更高

【平台简介】

好大夫在线创立于 2006 年，是一家非常优秀的医疗信息和医患互动平台。网站创立之初，好大夫在线聚焦于为中国患者提供就医参考信息，建立互联网，实时更新的门诊信息查询系统。

在众多医生和患者的支持和参与下，经过几年的快速发展，好大夫在线已经在多个领域取得了非常优异的成绩。

【功能解析】

下面就来了解好大夫在线的功能，如图 1-1 所示。

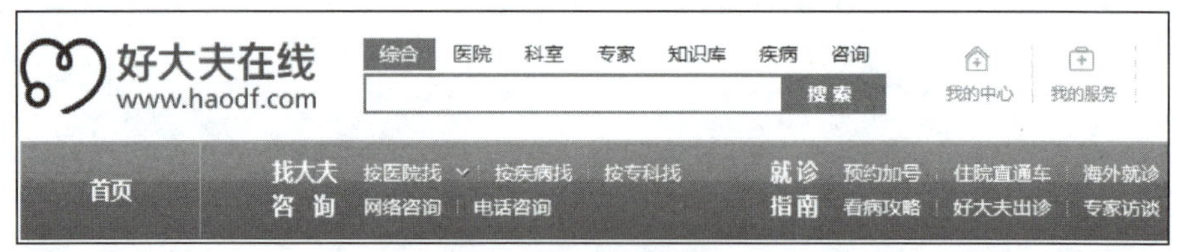

图 1-1　好大夫在线

(1)　找大夫： 找大夫板块中，主要有 3 部分内容，分别为按医院找、按疾病找、按专科找。

(2)　咨询： 咨询板块中，主要为网络咨询与电话咨询，咨询板块中拥有来自全国各地正规医院的 3 万名医生活跃在平台上。

(3)　就诊： 就诊板块中，包括预约加号、住院直通车、海外就诊和企业会员服务等内容。

(4)　指南： 指南板块中，有看病攻略、好大夫出诊、专家访谈和疾病专题等内容。

【实施分析】

下面来欣赏一篇优秀的医疗专家软文，软文中只有单纯的医疗经验以及方法，没有什么直接或者间接的广告植入，因此拥有非常高的分享价值。

当冠状动脉狭窄遭遇颈动脉狭窄，如何选择？

动脉粥样硬化是全身性疾病，随着疾病的发展，病变常累及大、中肌性动脉。心、脑作为人体生存最重要的器官，其供血动脉，即冠状动脉、颈动脉、颅内动脉等一旦受累，将严重影响机体的健康状态。

对于单个器官的动脉硬化性疾病，治疗策略比较容易做出，但当人体多个器官患有动脉硬化性疾病时，治疗决策的制定往往会让人困扰，经常面临左右为难的境地。

……

如何在治疗时机上决策这两个手术呢？当心脏和脑两个重要器官同时摆在决策天平上时，往往会让人陷入两难的决策境地。

如果先行冠脉搭桥术，在手术过程中，难免会出现循环的不稳定，即血压的大幅波动。在低血压情况下，对重度颈动脉狭窄者，因脑灌注减少，非常容易引发脑梗，对生活质量造成严重影响，甚至危及生命。

如果先行颈动脉内膜剥脱术，由于心脏情况的不稳定，在全麻过程中，很难维持血压的稳定；而且，在颈动脉阻断过程中，为保证脑灌注，往往进行诱导性升压，减少动脉阻断对脑灌注的影响，这对心脏是个巨大的负担。可以说，术中、术后都要面临心衰的威胁。

简单地说，分次单独处理任何一处病变，无论先后，会面临两次全麻风险，还要面临两次重要器官功能严重受损的风险。那么，如何将风险减至最低？有无一石二鸟之策呢？

大量临床研究表明，对合并有严重冠脉、颈动脉疾病患者分期手术可增加为手术期相互的心脑血管并发症。

同期行颈动脉内膜剥脱术和冠脉搭桥手术的优势在于同一次麻醉下同时进行冠状动脉、颈动脉血流的重建，减少了二次手术和二次麻醉的打击，降低了手术期心脑血管并发症的发生率和死亡率，减少了两次手术之间发生心肌梗死或脑中风的风险，同时也大大减少了住院天数和费用。

针对此类高危患者，严格把握手术适应证、完善的术前评估、精确的手术操作和严格的手术期管理将有助于降低手术期并发症与死亡率。

全麻成功后，颈动脉内膜剥脱术与冠脉搭桥术大隐静脉取出术可同时进行，以减少整个手术时间。在近日完成的一例手术中，联合同期手术，仅较一般冠脉搭桥手术增加约 1 小时的手术操作时间，换来的是两个重要器官功能的迅速改善，与术后的快速康复。

(软文来源：好大夫在线网)

【分析】

标题：这篇软文的标题就十分优秀，以真实的病例为切入点，并且以疑问的形式结尾，可以最大限度地吸引读者的注意力。

内容：这篇软文的正文内容，也是直接开门见山，并没有任何累赘，直接点出读者最关心的内容。先是以动脉粥样硬化这种疾病的症状来开篇，如果读者也有这样的症状，肯定会急切地想看下去；如果读者没有这样的症状，可能也会因为看到了这种疾病的症状之后，想知道有没有预防的方法。

构造：这篇医疗软文并不是随意拼凑而成的，软文的整体构造是有技巧的，完全抓住了读者的心思，由上而下一层层地深入，一点点地吸引读者的注意力，只有这样才能发挥医疗软文的特性，才能区别于其他企业的软文，形成自己的特点。

专家提醒

软文撰写者需要从消费者的自身疑问出发，先肯定质疑，再分析疑问，最后告诉消费者根本的原因，并且软文中的专业名词需要进行一定的解释，因为读者并不是专业的医疗人士。

医疗软文的标题，主要有以下 4 种写法，如图 1-2 所示。

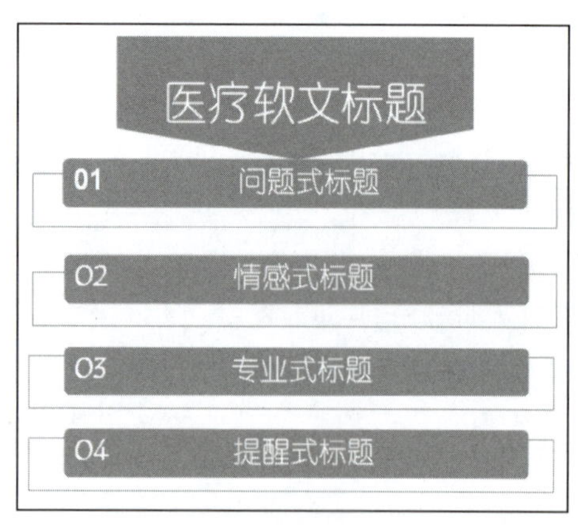

图 1-2 医疗软文标题

软文正文内容的写作策略，主要有以下5种，如图1-3所示。

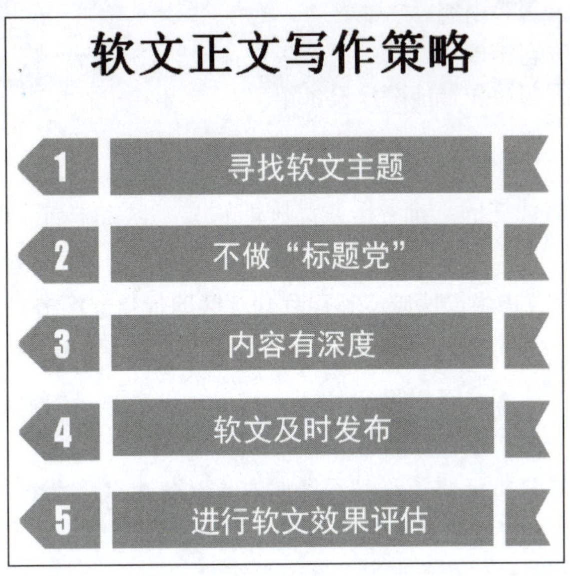

图1-3 软文正文写作策略

【案例2】中国数字医疗网：医院品牌软文——用软文塑造医院品牌

【平台简介】

中国数字医疗网，是一家专注于数字医疗，以及医疗信息化的专业网络媒体和互动平台，也是中国IT技术网站——51CTO传媒，是专门为医疗领域提供优质服务，而延伸出去的网络平台。

【功能解析】

下面就来了解中国数字医疗网的功能，如图1-4所示。

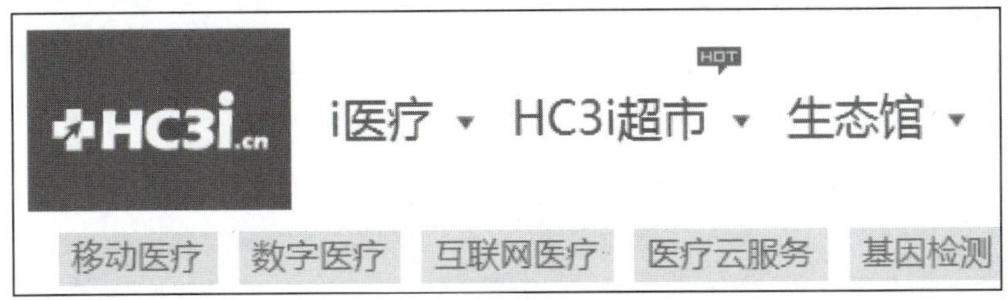

图1-4 中国数字医疗网

(1) i医疗： i医疗板块，包括4个内容，即医疗信息化、互联网医疗、智能医疗设备、应用技术研发。

(2) HC3i 超市：HC3i 超市，主要包括专栏、风采人物、视频课堂、资源下载、专题、专区和周刊等内容。

(3) 生态馆：生态馆板块，提供 7 个板块，即 HC3i 自营馆、媒体馆、医疗馆、保险馆、养老馆、医药馆和智能医疗设备馆。

【实施分析】

下面来欣赏一篇优秀的，推荐医院品牌的软文，软文中对于医院品牌有着明显的推荐目的。

武汉市中心医院：运用移动互联网优化就医流程

对目前医院就医流程进行了分析，定位瓶颈环节，以需求为导向，对医院移动互联网应用功能以及业务场景进行设计，并提出了医院移动互联网应用构建的技术实现架构，阐述了架构中各层次所包含的内容。

实际应用效果的分析证明了移动互联网方式对优化就医流程的有效性，并提出了今后在顶层设计、思维方式转变及关键技术实现三方面努力的方向。

移动互联网技术医疗行业应用现状及问题分析。

1. 移动互联网技术应用现状

移动互联网应用包括三个要素：移动网络、移动终端和应用服务。其中，应用服务是移动互联网的核心，也是用户的最终目标。

移动应用服务方面，美国移动医疗占据全球领先地位，1996 年美国马里兰州立大学医学中心与 TRW 公司的移动医疗项目，实现了救护车与医生办公室之间双向音频与视频通信。

国内的移动互联网医疗起步晚，应用主要分为两类：一类是客户端 APP 类型，如“春雨掌上医生”“全科医生”，以及国内有些医院发布的 APP，实现了预约、挂号、查询报告等服务，同时随着人们对关注“健康”先于关注“疾病”认识的增强，越来越多的医院也在关注移动终端上的健康管理应用建设。另一类是微应用类型，如支付宝“未来医院”、医院微信公众服务号等。

2. 医院就医流程问题分析

以武汉市中心医院为例，分析医院就医时间链，得出分析结果。

以上就医时间链分析所体现的排队时间长，导致就医秩序较差、患者就医体验不佳，是国内各医院的共性问题。

借助移动互联网，扩展医疗服务获取渠道，成为各大医院优化就医流程的方式之一，但这种方式整体处于探索阶段，仍存在以下问题：顶层设计的全局角度不完善，移动互联网应用建设后又成为一个信息孤岛；移动应用端与医院内部流程的衔接不顺畅，存在部分环节，借助智能终端操作完毕后，仍避免不了就医现场的排队问题。

对纸质单据过于依赖的传统思维对移动互联网医疗推进造成阻碍；移动应用覆盖面不全，移动端用户体验不佳。

(软文来源：HC3i 中国数字医疗网)

【分析】

主题

这篇软文就是很明显的对于医院的介绍和推荐，在标题上就揭示出了这篇软文的主题，“武汉医院运用移动互联网优化就医流程”。

很多去过医院的人都知道，医院排队挂号是件非常麻烦的事情，而如果通过互联网就能完成这一过程，会在很大程度上方便患者就医。

内容

这篇软文在内容上，也抓住了这一明显的特点。除了介绍这家医院的移动互联网技术，还对于医疗行业运用互联网技术进行了展望以及对未来情况的分析，让读者清楚地认识到医疗行业与互联网结合的光明未来。

优化

这篇软文利用了医疗软文写作技巧中的关键词优化，通过对于“就医优化流程”这一关键词进行优化，从而极大地吸引读者的注意。

医疗软文的写作技巧，除此之外还有很多，如图 1-5 所示。

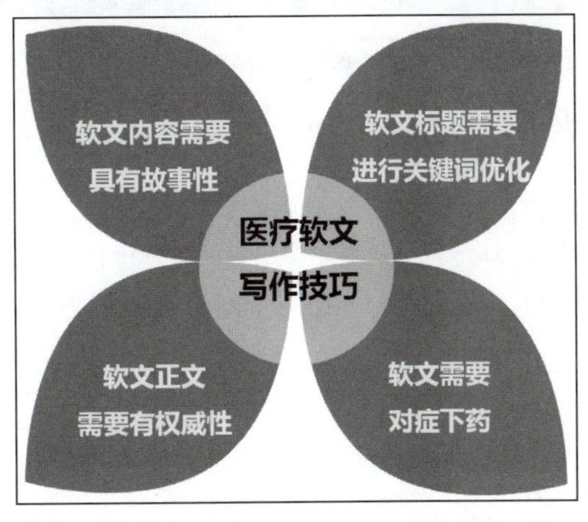

图 1-5　医疗软文写作技巧

专家提醒

不管是在搜索引擎中，还是在相关搜索上的关键词，都是人们在百度搜索引擎上搜得最多的词汇，医疗软文撰写者利用这些词汇，可以让百度“蜘蛛”抓取软文的概率变大，从而使得这篇软文在搜索引擎上面的排名也可能会提前。

【案例3】中国医疗器械信息网：医疗器械推广软文
——软文对于医疗器械的推广效果明显

【平台简介】

中国医疗器械信息网，始建于 1998 年 10 月，由国家食品药品监督管理总局信息中心主办，从建立起到现在，已经逐渐成为医疗器械行业中比较权威的一家网络平台。

【功能解析】

下面就来了解医疗器械网的功能，如图 1-6 所示。

图 1-6　医疗器械网

(1) 资讯：资讯板块拥有 4 个板块，分别为信息纵览、科研进展、医院动向、会议展会。

(2) 监管：监管板块拥有 2 个板块，分别为地方动态、质量关注。

(3) 服务：服务板块中包括 8 个板块，分别为数据查询、办事指南、相关部门、通知公告、征编通知、注册咨询、相关资料、企业动态。

(4) 政策：政策板块共有 6 个板块，分别为法律法规、部门规章、规范文件、地方法规、政策解读、国际法规。

【实施分析】

下面来欣赏一篇优秀的医疗器械推广软文，软文中对于医疗器械有着明显的推广目的。

2022年流式细胞仪市场将达70亿美元

流式细胞技术是一个以生物物理、激光为基础的分析技术，可以分析悬浮在液体中的细胞或微粒的很多物理特性，与ELISA等传统分析方法相比，流式细胞术具有很多优势，例如，可以提供更准确的结果，同样的价格花费较少的时间等。

……

另一方面是因为各种研究和诊断应用中越来越高的采用率。另外，流式细胞仪在细胞遗传学、蛋白质组学和海洋生物学等创新研究中的应用，也将进一步推动市场的增长。

此外，癌症和艾滋病等疾病发病率的上升可能会促进诊断领域更多地采用流式细胞仪技术。另一方面，仪器和试剂的高成本、潜在的终端用户缺乏相关的应用意识和专业技术的限制等可能会阻碍这个市场的增长。总体来说，预计流式细胞术在药物开发和诊断领域将有很多的增长机会。

预计2022年全球流式细胞仪的市场将达到70亿美元，复合年增长率为16.0%。

北美占据最大的市场份额，其中2011年，该地区占全球流式细胞仪市场的43.5%，达12亿美元。预计2020年该地区市场将达到28亿美元，复合年增长率为10.1%。

由于亚太地区的研发外包及癌症和艾滋病等疾病发病率的增加，预测亚太地区将成为最赚钱的地区。

(软文来源：仪器信息网)

【分析】

标题

这篇软文的标题是典型的数字型标题，标题是软文的眼睛，医疗软文的标题更是如此。一篇医疗软文是否能吸引读者、打动读者，在很大程度上取决于标题是否精巧、含蓄、隽永，在各类软文标题中，数字式标题独具魅力。

在这篇软文标题中，很明确地标明了流式细胞仪的销售额，70亿美元，这就让读者一眼明了，因为一件商品的销售额，永远是消费者最关心的内容。

首段

软文中首段便开始介绍流式细胞技术的情况，等流式细胞技术介绍完毕之后，才开始说流式细胞仪的情况，这就在很大程度上避免了非专业人士的不了解，对于流式细胞仪的推广有很大的效果。

结尾

这篇软文的结尾也非常有技巧，以反复出现的数字为证据，有力地说明了流式细胞仪的市场情况，这就属于软文标题中的回味法，也就是凭借意犹未尽的结尾，让读者印象深刻。

除了回味法，软文结尾还有以下几种写作方法，如图 1-7 所示。

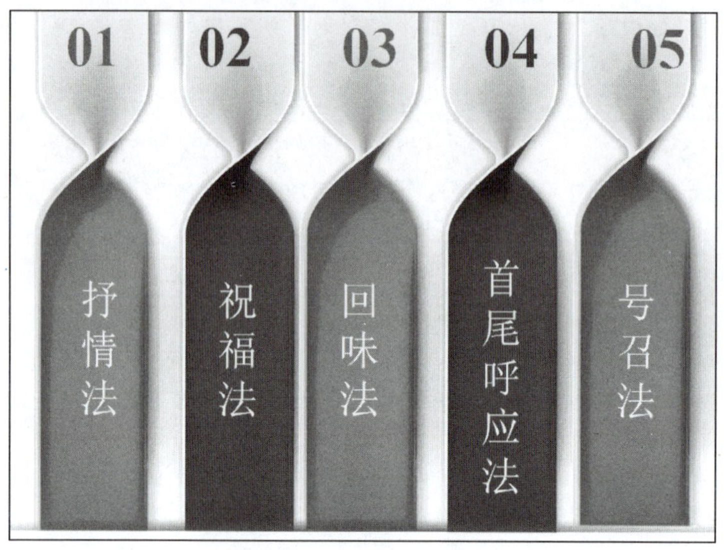

图 1-7　软文结尾写作方法

专家提醒

医疗软文的目的，就是吸引消费者，所能达到的最好效果，就是将读者转化为消费者，所以软文的结尾，也需要一定的写作技巧。

【案例 4】湘雅医院网站：新闻式软文 ——软文也是新闻

【平台简介】

中南大学湘雅医院，坐落于中国历史文化名城长沙，由美国耶鲁大学雅礼协会创建于 1906 年，初名雅礼医院，在国内享有“南湘雅、北协和”的盛誉。

【功能解析】

湘雅医院的功能如图 1-8 所示。

图 1-8　湘雅医院

(1) 医院概况：医院概况板块中，包括医院介绍、历史沿革、领导团队、组织机构、联系我们等内容。

(2) 湘雅新闻：湘雅新闻板块中，包括医院要闻、人物专访、精彩专题、视频中心等内容。

(3) 病友服务：病友服务板块中，包括就诊须知、住院须知、服务专区、医保专区等内容。

(4) 科室导航：科室导航板块中，包括临床科室、医技科室、医疗中心等内容。

(5) 医学教育：医学教育板块中，包括本科生教育管理、研究生教育管理、临床技能训练中心等内容。

【实施分析】

下面来欣赏一篇优秀的医院新闻软文，软文中主要的内容为对新闻活动的报道。

国家卫生计生委督查组充分肯定湘雅医院“改善医疗服务行动”

11 月 25 日，国家卫生计生委专家组来湘雅医院，就该院落实国家卫生计生委进一步改善医疗服务行动计划的相关情况进行专项督查。经过汇报座谈、现场调查，督查组对湘雅医院给予了充分肯定。

国家卫生计生委督查组由组长、四川省卫生计生委副巡视员彭杰率队，包括四川大学华西医院、四川省人民医院等医院管理、业务临床等方面的专家。湖南省卫生计生委医政医管处监察专员曾清陪同。

湘雅医院打造“五位一体”医患沟通模式，将医疗纠纷防患于未然；建立病情高危预警信息系统，为患者开启生命安全警示灯；成立日间手术中心，合理调配诊疗资源，患者当天住院，当天治疗。

……

2015 年 3 月，国家卫生计生委公布“进一步改善医疗服务行动计划”，计划自 2015 年起，利用 3 年时间努力做到让人民群众便捷就医、安全就医、有效就医、明白就医，医疗服务水平明显提升，人民群众看病就医感受明显改善，社会满意度明显提高，努力构建和谐医患关系。

(软文来源：中南大学湘雅医院网)

【分析】

定义

新闻式软文是指软文通过模仿新闻媒体的口吻，进行软文的撰写。例如，公司内的大事，公益事业，都可以通过软文形式写出来进行发布。

特点

网络新闻软文具有二次传播特性，就是一个网站首先发布出来之后，别的地方和专业网站会转载这篇新闻。这样的事情屡见不鲜。

新闻式广告有很多的特点，正是由于这些特点的存在，才使得新闻式软文一直备受欢迎，如下所示。

可以进行完整阐述

广告本身所具有的属性，决定了软文不可以采取说理或陈述的方式来表现，但是，新闻就不一样了。

新闻可以把一件事情通过文字讲得非常明白，因此，新闻报道可以更准确地将企业的信息传播出去。

性价比非常高

一般来说，同样版面的企业新闻传播，成本只有广告的五分之一，甚至更低，对于那些广告预算紧张的企业，当然是非常划算的。

传播非常及时

如果企业发生了什么具有对外宣传价值的大事，就必须在第一时间把信息传播出去，否则就失去了新闻价值。此时，也就只有新闻传播才可以实现。

拥有危机公关职能

为什么许多企业发生危机事件后，第一时间想起的就是启动新闻传播？这是因为广告并没有危机公关的职能，而新闻有。

专家提醒

这篇软文就具有非常明显的及时性，11 月 25 日，国家卫生计生委专家组来湘雅医院，而 18 点左右，这篇软文就被发布了出来，软文的时间价值也非常高。

1.2 医疗论坛软文

论坛营销就是，企业利用论坛这种网络交流平台，通过文字、图片、视频等方式，发布企业的产品和服务的信息，从而达到为企业品牌宣传的目的。

【案例 5】医疗论坛：直接简单的论坛软文广告——论坛广告就是要直接

【平台简介】

中国医疗论坛，是由医疗界资深人员，以及从事医疗行业人员，共同创建的医疗产业信息服务平台。医疗论坛与传统的公司性、盈利性论坛不同，中国医疗论坛致力于从事医疗行业的信息、策划、管理。

【功能解析】

中国医疗论坛的功能如图 1-9 所示。

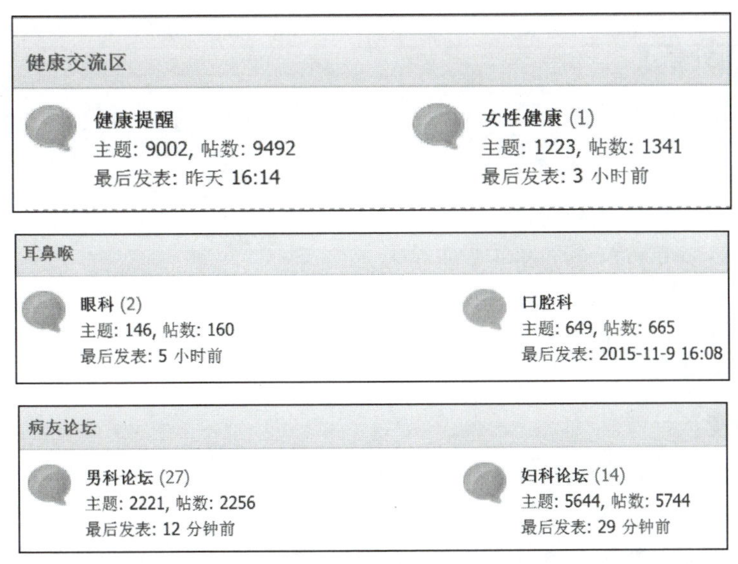

图 1-9 医疗论坛

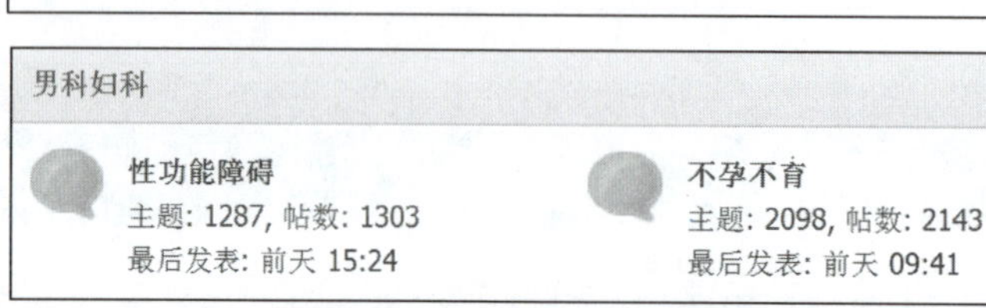

图 1-9 医疗论坛(续)

(1) **健康交流区：**该栏目为医疗论坛中的主要内容，共有 11 大板块，分别为健康提醒、女性健康、男性健康、儿童健康、老年健康、健康管理、减肥瘦身、整形美容、饮食健康、病友论坛和医院大全等。

(2) **耳鼻喉：**该栏目的内容比较简单，只有 3 个板块，分别为眼科、口腔科、耳鼻喉科。

(3) **病友论坛：**该栏目中也只有3个板块，即男科论坛、妇科论坛、心脑血管。

(4) **内外科：**该栏目也是相当重要的内容，分为 11 个板块，即肾病论坛、糖尿病论坛、肝病论坛、神经科、肿瘤科、骨科、皮肤科、泌尿外科、常见疾病、肛肠科、哮喘病、性病论坛。

(5) **男科妇科：**该栏目共有 8 个板块，分别为性功能障碍、不孕不育、妇科炎症、静脉曲张、妇产科、生殖感染科、生殖整形专科。

【案例分析】

下面来欣赏一篇优秀的医疗论坛软文，软文中可以明显地看出广告的痕迹。

河北治疗草莓状血管瘤的医院

现在，血管瘤是一种让病人非常重视的疾病，血管瘤不仅威胁着人们的身体健康，还给病人的表面形象造成很大的损害。

血管瘤因为发病因素难以公认，并且患上的部位也较不稳定，假定不及时治疗，影响的就不仅是漂亮了，严重者可能致使休克甚至性命不保。因此，挑选一家公立的血管瘤医院是很有必要的。

构成因素

因素之一：外伤要素，因为病人在妈妈体内发育时，遭到了外界要素或者其他要素致使的损害，致使在分化过程中，很多的血管不断增生，或许是病人在出世后受伤，致使血管在分化的过程中发生了变形，致使初始脉管网逐步地分化，进而构成瘤体。

因素之二：环境污染致使的食物要素，若妈妈在怀孕时期遭到环境污染，例如，药物影响或别的不良要素影响，致使胚胎在前期的血管分化中，血管网出现异常的增加或者拓展，进而引发瘤体的出现，这也是致使毛细血管瘤的发病因素中最重要的一个要素。

……

血管瘤的治疗办法比照

一般激光治疗：临床多运用波长在 480～630nm 之间的激光，依托挑选性光热效果，祛除胎记。可是选用这种疗法术后简略构成溃疡，继发感染、构成脓肿，构成瘢痕。

……

国家卫生部近期下发《对于在医院实施预定治疗效能作业的意见》。恳求悉数医院都要翻开预定治疗效能。中国医科大学航空总医院首先照顾卫生部意见恳求，注册网上挂号便民效能。只需 30 秒即可轻松完成挂号，无须排队！即日起，网上在线便民挂号系统正式注册！每日限额 30 名专家预定号。

【分析】

特点

本篇软文的标题就十分简洁而且明确，并且也很符合软文内容，虽然这是一篇比较直接的广告软文，但是仍旧获得了很不错的点击量。论坛软文内容中的观点也要集中，很多软文推广之所以不成功，原因就在于文中没有一个有力的观点，无法在一个观点上进行总结、分析、归纳。

内容

这篇软文在内容的总结上做得很好，通过两个小标题“构成因素”“血管瘤的治疗办法比照”，把软文的内容分成了两部分一一说明，内容明确，读者看起来也简明易懂。

标题

论坛中的软文与发布在网站中的软文是不同的，想要让论坛软文可以吸引足够的眼球，论坛软文的标题是非常重要的，一个好的标题可以让软文的价值以及点击量如同插上翅膀，急速飙升。

论坛标题的设置，有4种技巧，如下所示。

标题字数不宜过长

软文标题不需要太长，把重点总结出来就可以了，过于啰唆的标题会让用户提不起兴趣点击阅读。

标题内容要切实

标题贴切实际，就算软文是为了广告推广，也避免了成为标题党。

标题要善加引用

如果软文撰写者写的是SEO方面的，那么在标题中加上实例、实战、经验等字眼，点击量都会相对比较高。

切忌文不对题

写好标题对于软文推广，利肯定大于弊，如果写不出煽情的标题，那么真实朴素的标题也是一种很好的选择。

【案例6】世纪华佗网论坛：问答式软文广告——问答类型的软文更易获得共鸣感

【平台简介】

世纪华佗网，是一家为广大患者提供广泛的病理、病状知识的网站，以供医生专家参考和大量患者咨询，以及医院相关专家提出的诊断和治疗方案，产品推荐评价。

【功能解析】

世纪华佗网的功能如图1-10所示。

常见疾病

内科 (今日1)
主题:1294 帖子:4221
最后发帖:2015-11-30 14:45

外科
主题:1210 帖子:4027
最后发帖:2015-11-29 08:14

图1-10 世纪华佗网

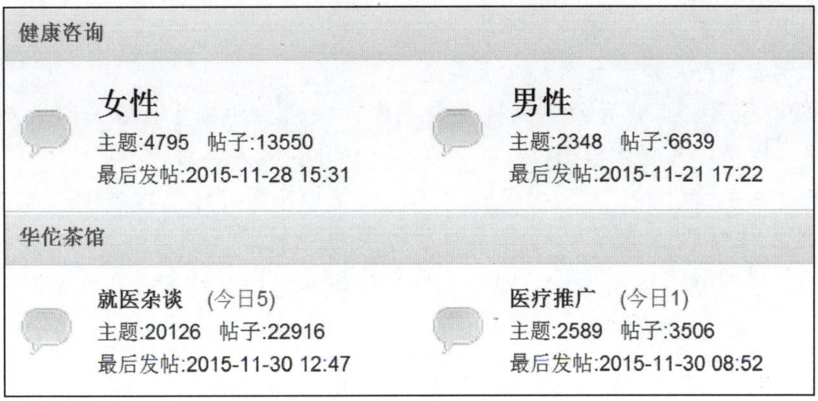

健康咨询

女性
主题:4795 帖子:13550
最后发帖:2015-11-28 15:31

男性
主题:2348 帖子:6639
最后发帖:2015-11-21 17:22

华佗茶馆

就医杂谈 (今日5)
主题:20126 帖子:22916
最后发帖:2015-11-30 12:47

医疗推广 (今日1)
主题:2589 帖子:3506
最后发帖:2015-11-30 08:52

图 1-10 世纪华佗网(续)

(1) 常见疾病：该板块为世纪华佗网论坛中最主要的内容，拥有十几个部分的内容，分别为内科、外科、儿科、五官相关、糖尿病、高血压、乙肝、皮肤病、不孕不育、中医、产品咨询等。

(2) 健康咨询：该板块主要为患者之间以及患者和医生之间的交流为主，分别为女性、男性、家庭和母婴。

(3) 华佗茶馆：该板块的内容就比较轻松了，各种类型的软文帖子都可以在这里发布，分别有就医杂谈、医疗推广、医疗百科和医药招商等。

【实施分析】

下面来欣赏一篇优秀的问答式的软文广告，软文基本都是通过对话的形式进行的，在对话中，将广告或明显或隐晦地进行植入。

长沙牙齿美容冠多少钱

问：长沙牙齿美容冠多少钱？

答：哆美的价格800元。

问：手术时间多久？

答：30～40分钟。

问：麻醉方式是什么？

答：无须麻醉，对疼痛敏感的可表面麻醉。

……

问：恢复过程如何？

答：刚做完，可能会口水较多，或者牙齿有点酸，都是正常的，一般几个小时后就可恢复正常。

问：术前检查项目有哪些？

答：口腔检查及清洁。

问：牙齿冷光美白的项目特点是什么？

答：牙齿美白，淡黄祛黑，深层美白。

如果你是天生“小黄牙”，轻度氟斑牙、四环素牙，牙齿容易附着烟斑、茶渍，不想做烤瓷牙又想牙齿亮白，那么可以选择牙齿冷光美白。

首先，医生会针对你牙齿的具体情况，清洁抛光后，比色板对比，在牙龈上涂上保护剂，在嘴唇上涂上护唇油，然后把美白凝胶涂抹在牙齿表面，通过蓝光照射，使美白凝胶渗透到牙齿内部，瓦解掉牙齿里的色素分子，直达深层的美白牙齿哦！

【分析】

标题

提问式软文，就是以问题作为标题，当网友从论坛列表看到的时候，就知道这个帖子是在有人在问一个问题。而问答式软文，是在提问式软文之上进一步强化，不仅标题是提问的，整篇帖子全都是提问并且自行回答的模式。

内容

这篇软文标题再加上正文内容，都是使用提问的形式，在很大程度上抓住了读者的心理，只要读者有着这篇软文内的任何一个或者几个问题，那这篇软文对于读者来说都是有价值的。

如果想使用提问或者问答式的论坛软文，方法其实有很多，并不一定要拘泥。

那么提问式标题的优点都有哪些？如下所示。

1. 人们都有好奇心

提问式的方法本身就更加容易从潜意识激发人们的好奇心。

2. 好为人师的心理

有些人的确是抱着真心帮助别人的心理，因此提问式的标题更容易引起关注。

【案例 7】华声论坛：无广告的论坛软文
——没有广告的论坛软文更受欢迎

【平台简介】

华声论坛，由国家重点新闻网站华声在线举办，是湖南日报报业集团旗下的新媒体集团中的核心产品，创办于 2001 年，前身兴湘论坛，于 2003 正是改名为华声论坛，凭借其人性化的社区文化，聚集了大量的网友。

【功能解析】

华声论坛的功能如图 1-11 所示。

华声在线	华声论坛	辣眼	军事	老照片	大视界	美女

图 1-11 华声论坛

(1) **辣眼：**华声论坛辣眼时评是谷歌全球十大中文论坛——华声论坛旗下的王牌栏目，拥有非常高的人气，日均流量已破百万。

(2) **军事：**华声论坛旗下军事论坛，包含军事杂谈、军事贴图、战史风云等栏目，为网友提供中国军事、军事新闻、军事演习、军事图片等信息。

(3) **老照片：**该板块拥有大量珍贵的图片，均由网友扫描珍藏上传而来，不少照片在国内出版界都是极为罕见的。

(4) **大视界：**该板块广纳来自四面八方的动画作品，集思想、文化、艺术、创意和动感于一体，是一个非常不错的交流平台。

(5) **美女：**华声美女贴图专区人气最旺、可读性最强，由网友提供真实、高清的美女图片。

【实施分析】

下面来欣赏一篇没有任何广告的论坛软文，这种类型的软文要么干脆没有广告，要么广告的植入十分隐晦，目的并不是通过软文给企业或者产品做宣传，而是为了提升发帖用户的知名度。

吃粗粮　防胃癌

专家指出，粗粮不仅已经成为机体必需的营养品，而且可以预防多种癌症。粗粮包括的食物是那些如坚果、玉米及谷类食物等含有丰富纤维素的复合碳水化合物。这些食物中的纤维素含量很高，进入体内后可以刺激胃肠道，促进排便，从而减少肠道对致癌物的吸收，预防大肠癌的发生。

……

研究表明，粗粮中的高纤维饮食能阻碍这三大营养的吸收，减少肥胖，有效防癌。各种粮食本来都是膳食纤维的来源，但受加工的影响，尤其是粮食加工越精细，植物纤维损失越多，所以，我们要吃些糙米、粗面和杂粮，甚至可以吃些糠。

专家同时提醒，吃粗粮也要以新鲜为好，一方面新鲜粗粮营养物质含量较丰富，另一方面新鲜粗粮不易被黄曲霉素所污染。久置的粗粮易霉变，不但不能防癌，其中的黄曲霉素还有可能诱发肝癌。

(软文来源：华夏健康网)

【分析】

标题

这篇软文的价值，其实是对于这篇软文发布者的一种宣传，简单地说就是想通过这种纯粹的医疗软文，增加网友对于软文发布者的好感度和关注度，毕竟在如同汪洋大海一样的软文广告中，突然出现一篇没有广告的软文，对于读者来说肯定印象深刻。

积累

一旦软文发布者进行大量无广告软文的发布，那么软文发布者的声望一定会快速积累。

这其实就是一种“明星”的培养，当获取了足够的关注度和好感度之后，就算以后软文中有广告，也会被网友和读者所接受。

特点

本篇软文最大的特点，就是通篇软文没有任何明显的广告，软文只是在强调吃粗粮的各种好处，那么，这类软文是不是就没有什么价值了呢？其实不然，这类软文最大的意义并不是利用软文给产品做广告。

第 2 章

电子商务软文：软文才是主流营销策略

淘宝最爱软文营销

故事类软文　　经验分享类软文
话题类软文　　防骗类软文

京东也离不开软文

产品预售类软文　　新闻类软文
自我叙述类软文

2.1 淘宝最爱软文营销

电子商务是以信息网络技术为手段，以商品交换为中心的商务活动，也可理解为在互联网、企业内部网和增值网上，凭借电子的方式进行交易或者服务的活动，也可以说是把传统商业活动各环节电子化、网络化、信息化。

【案例8】故事类软文：用故事为店铺拉拢顾客——感同身受的故事引起顾客共鸣

【平台简介】

淘宝店铺，是指所有淘宝卖家在淘宝网所使用的旺铺或者店铺，淘宝旺铺是相对普通店铺而诞生的，只有拥有一个系统默认而产生的店铺界面，才能在淘宝网开店，这就是常说的普通店铺。

【功能解析】

淘宝店铺的功能如图2-1所示。

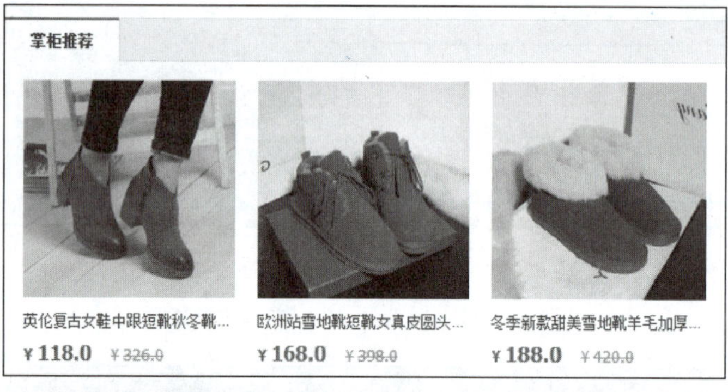

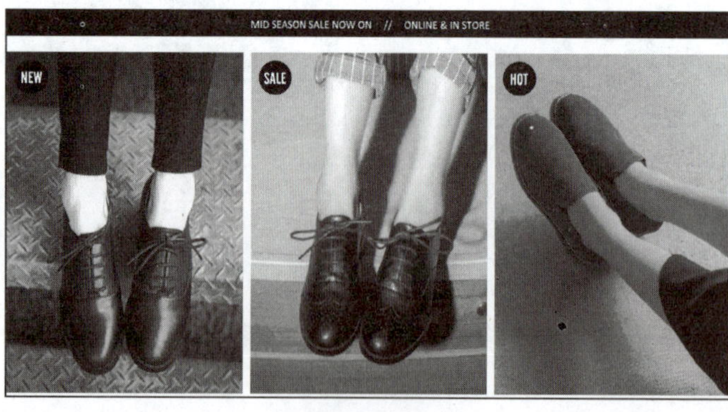

图2-1 淘宝店铺

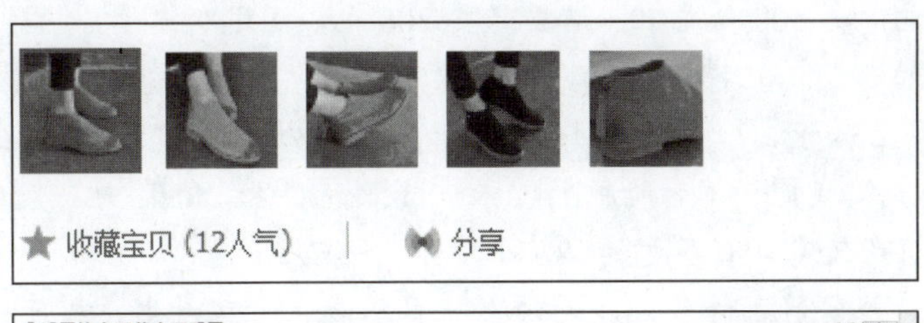

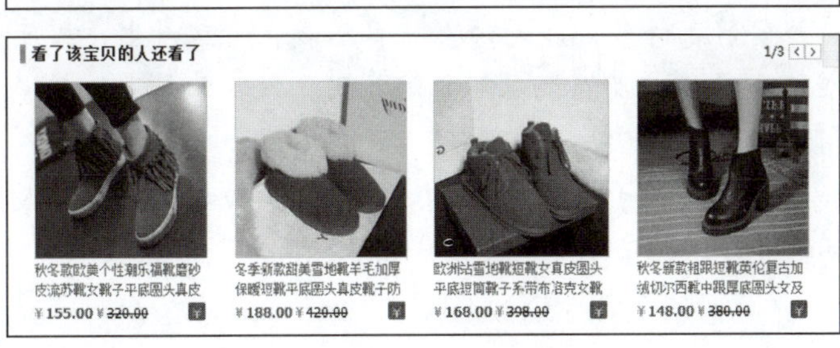

图 2-1　淘宝店铺(续)

(1) **推荐宝贝区：**普通店铺虽然可以在后台设置 16 个推荐宝贝，但是店铺首页依然只有 6 个显示。旺铺的推荐宝贝可以根据需要按照数量部分或全部显示到店铺首页。

(2) **个性推广区：**普通店铺首页展示的宝贝，只能根据时间顺序等排序。旺铺的个性推广区功能相当于给店铺安置了 3 个超大柜台，柜台内可以对宝贝进行展示和设置。

(3) **宝贝缩略图：**普通店铺的首页宝贝缩略图片的大小是 160×160 像素，旺铺的则可以设置最小为 160×160 像素，最大为 220×220 像素，宝贝图片更大更直观地显示在旺铺首页。

(4) **自动推荐区：**普通店铺每个宝贝详情描述底部都会有 6 个店主设置的推荐宝贝，而旺铺在这个 6 个推荐下面又多加了 6 个由店铺系统自动推荐的宝贝展示。

【实施分析】

下面来欣赏一篇优秀的通过讲故事的形式来推荐淘宝店铺的软文，软文的标题和开头都是纯粹的讲故事，在吸引了足够的目光之时，才将店铺推出来。

和校花同居的日子

琳是我的大学校友。当第一眼看到她时，我就被她的美丽征服了，也不管她是什么校花不校花了，一阵紧过一阵的爱情攻势，迫使她束手就俘，一朵鲜花终于插在了那啥上面。

……

没办法，那天我本打算在网上给她买双鞋子应付过去就算了，实在没时间去逛街呀！我偶尔看到一个叫星期三不懂生活的淘宝店，感觉名字挺有趣的，就点开看了下，他们专卖各种品牌运动鞋，新款的耐克，特时尚的那种，说是张柏芝最喜欢

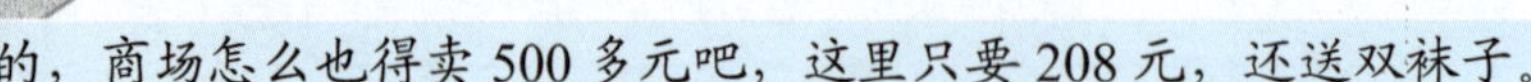

的，商场怎么也得卖500多元吧，这里只要208元，还送双袜子。

鞋子到家的那天，她特兴奋，抱着我摇啊摇，“看来，老公还没有把我打入冷宫耶！”立刻穿上鞋子，“鞋子不错，谢谢你呀老公!”“老公多少钱呀，很贵的吧?”“688元。”我撒谎不带脸红的，张口就来。“嗯，值!”她一脸的肯定。我心里那个美呀，自己又有480多元的私房小费了，嘻嘻。

果然，此后她安静了许多，我看球，她就陪我在旁边看书，或问一问球星的浪漫史什么的。在傍晚时分，我们偶尔穿着同款耐克鞋，牵着手一起漫步在大街小巷或公园的碧水湖边，人们的回头率特别高。

此时，她兴奋得像个孩子，唱呀，跳呀，我们尽情享受爱的浪漫时光。我的爱情经历了世界杯的考验，也正一步步走向成熟……

(软文来源：新沂城市论坛)

【分析】

定义

故事类软文，多为讲述经历表达情感，故事类软文比较适合发布在论坛或者博客中，便于网友直接参与互动。由于表现形式不受拘束，内容描写也可大可小，因此故事类软文拥有非常大的发挥空间。

植入

这篇软文就是非常经典的故事类软文，当读者第一眼看到这篇软文标题的时候，恐怕无论如何也想不到这竟然是一篇淘宝店铺打的广告，而且软文的前半部分也都是将一对小情侣的日常生活描绘出来，具有很好的掩饰作用。

专家提醒

本篇软文就是利用品牌故事来提升店铺知名度的，如果故事写得感情非常真挚深切能引起读者的共鸣，那效果肯定会更好。

故事类软文算是软文中比较常见的类型，但是效果却非常不错，特别是对于淘宝店铺，故事类软文往往有奇效。下面来看看故事类软文的优点，如下所示。

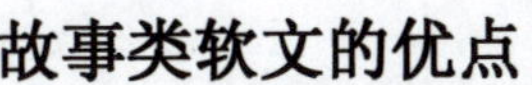

通过品牌故事传播可以提升品牌知名度

通过店长故事传播可以提升品牌影响力

通过消费者故事传播可以提升品牌美誉度

通过事件故事传播可以加深顾客对品牌的认同感

【案例 9】经验分享类软文：老手传授详情页打造经验——实用性最强的软文

【平台简介】

宝贝详情页可以说是淘宝店中相当重要的部分，能不能吸引到顾客，基本上都是依靠宝贝详情页是否精美是否有吸引力。下面来看看一款宝贝的宝贝详情页是怎样的吧，如图 2-2 所示。

图 2-2　宝贝详情页展示

【功能解析】

宝贝详情页一般由 3 个部分组成，如图 2-3 所示。

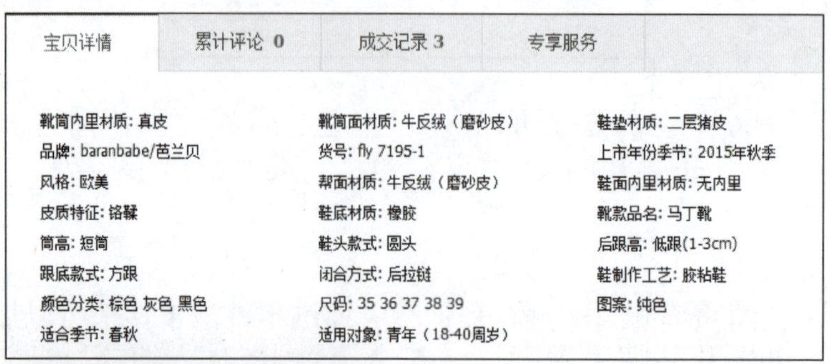

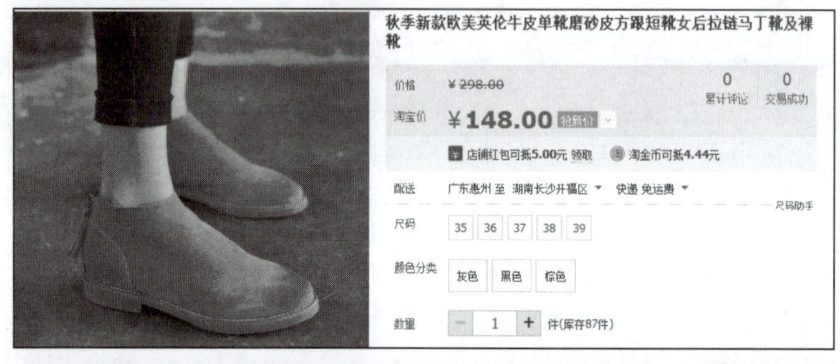

图 2-3 宝贝详情页

(1) 宝贝介绍：产品的外观、规格、性状、产品特点、材质、保质期等方面的介绍。

(2) 展示：产品的客户使用案例展示、产品的功效展示、卖家实力展示、以往好评展示。

(3) 描述：产品使用禁忌描述、注意事项描述、物流方式描述、联系方式描述、宝贝文案描述。

【实施分析】

下面来欣赏一篇优秀的经验分享类软文，主要内容为淘宝店的老手传授如何优化宝贝详情页，然后展示在案例中，为自己的淘宝店做宣传。

实战：优化宝贝详情页　让宝贝热卖

一个好的淘宝宝贝详情怎么写？对于成功的卖家是很关键的。虽然宝贝图片是吸引客户的根本，但是淘宝宝贝详情更能提升客户的购买欲望，所以成功的宝贝详情不能缺少。更何况面对越来越挑剔的淘宝买家，你只有从细节上下足工夫，才能吸引买家的注意力，这个细节最重要的莫过于宝贝详情页了。

一、店铺活动

店铺活动可以是促销活动的通告或预告、新款上线的通告或预告、主推款式的海报。通过这个部分，您不仅可以在买家一打开店铺详情的时候就了解您的店铺有什么促销，促成之后成交的可能，也可以吸引住买家的眼球，让买家看完这个宝贝详情后，再进入您的店铺浏览。

店铺促销活动的例子如图 2-4 所示。

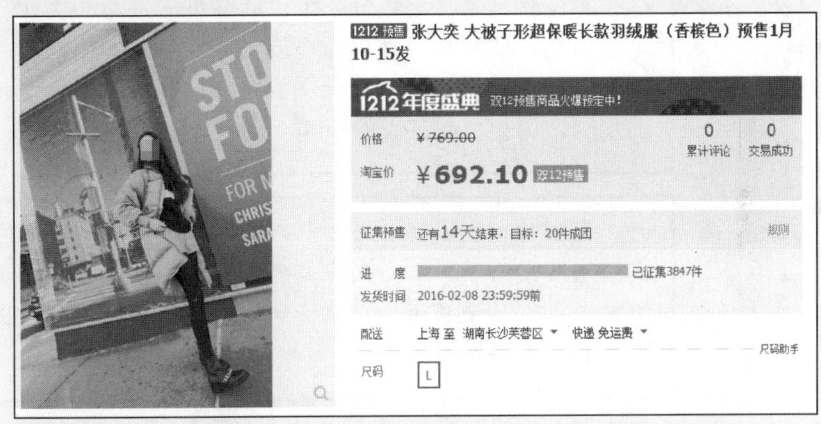

图 2-4 促销活动

二、尺码描述

详细的尺码描述对促成最终的成交非常关键。尺码描述最好用表格或者固定的格式来展现，这样买家更加容易阅读。如果使用了模特的话，要给出模特身高、体重、三围信息作为顾客的参考。

……

三、相关推荐&店铺其他说明

如果顾客不喜欢刚看过的宝贝，相关推荐(关联营销)是掌柜您留住这个顾客的另一个机会。如果掌柜有精力的话，每个宝贝详情底部的相关推荐要有所不同，建议考虑到每个宝贝的特征，使用和其比较相近的其他宝贝或可以和这个宝贝搭配的单品进行相关推荐；如果掌柜精力有限，建议使用店内的热销宝贝或者您希望打造成为热销宝贝的商品进行相关推荐。

关联营销推荐的宝贝不要太多，一般是 4～8 个。

相关推荐的下方，掌柜您可以添加物流、退换货(对信用等级还不是很高的店铺尤其重要)和导购信息，其他店铺信息言简意赅的文字信息(如体现专业性的厂房、精美的包装)，让买家购买更加放心。

(软文来源：开淘网)

【分析】

定义

经验分享类软文，是软文类型中比较受欢迎的一种类型，经验分享类软文，就是以消费者的口吻写，经验分享类软文首先要站在消费者的视角，才容易受到读者的认同，需要自然地将经验引入，从而让读者逐渐接受。

内容

本篇软文就是通过分享宝贝详情页的打造和优化方法，来吸引读者的眼球，然后通过展示成功的案例，将自己的淘宝店以插图的形式植入到软文当中，这样不仅不会引起读者的反感，更会引起读者的兴趣。

功能

当读者看到以展示案例插入的店铺广告，第一反应就是去淘宝搜索一下，看看人家是怎么做的，这样就给淘宝店铺增加了点击甚至有可能将读者转化为消费者，这是一种比较高明的广告植入方法。

除了经验分享类软文外，还有其他几种软文的类型，也是非常受读者欢迎的。软文的目的，就是通过文章来吸引网友，将网友转化为读者，再将读者转化为消费者、用户或者客户。所以就需要在软文的类型上，多做转变、多做调整，不要拘泥于形式，如下所示。

1. 专题软文

专题内容注意一定要对目标受众有价值，专题中不要只出现一种企业的产品和服务。

2. 排行榜软文

这类软文的撰写，要十分注意收集各种产品信息、竞争对手的公司信息等。

3. 科学知识软文

软文用科学家发现、发明为标题，针对有一定科技含量的产品制作，利用人们对高科技的信任，容易让人信服。

4. 人物访谈软文

这类软文是各种媒体、论坛都爱做的一种营销形式，访谈稿要结构清晰，“问、答”形式列出就好了。

专家提醒

本篇软文是一篇非常成功的经验分享类软文，首先标题和软文内容，对于很多淘宝卖家非常有吸引力，其次广告的植入也非常自然，最后由于软文有真正的价值，很有可能引发二次传播。

【案例10】话题类软文：淘宝社区的“秘密”
——淘宝社区：淘宝话题软文集中地

【平台简介】

淘宝社区创建于2008年4月，提供淘宝大学教程、免费发布网上开店分销代理货源、如何开网店等内容，下面来看看在手机端的淘宝社区，如图2-5所示。

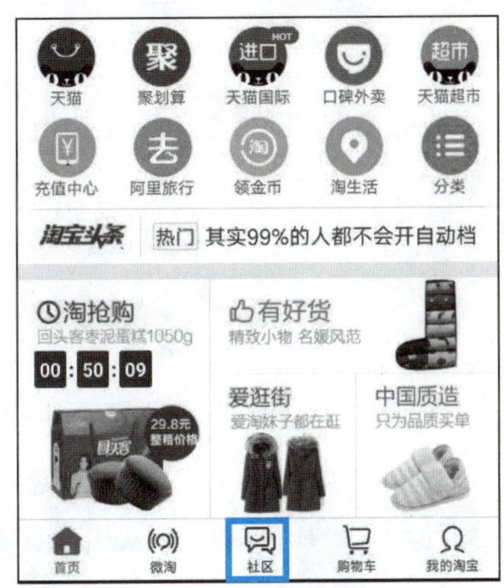

图2-5 淘宝社区展示

【功能解析】

下面就来了解淘宝社区的板块，如图2-6所示。

(1) **最精选：**最精选板块中，主要内容是淘宝社区为用户专门精选的内容，具有非常高的讨论性。

(2) **奇葩秀：**奇葩秀板块中，更多的是一些特殊的帖子或者软文，以有趣、惊悚、感人等内容为主。

(3) **买家晒单：**买家晒单板块中，基本上都是一些买家，在购买商品之后的心得或者体验。

(4) **涨知识：**涨知识板块中，以经验分享或者新奇的内容为主，意在提高读者的知识面。

(5) 帮帮忙：帮帮忙板块中，大多是一些求助的帖子或者软文，希望得到网友或者读者在某些方面的帮助。

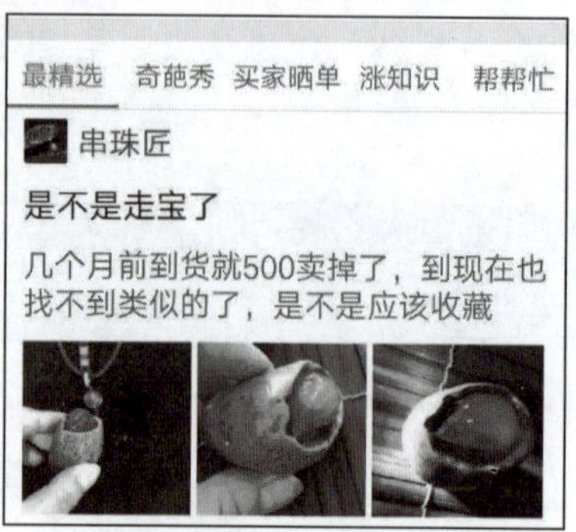

图 2-6　淘宝社区

【实施分析】

下面来欣赏一篇图文并茂的淘宝社区中的软文，淘宝社区中的软文一般都是图文结合，更多的是以图片为主，如图 2-7 所示。

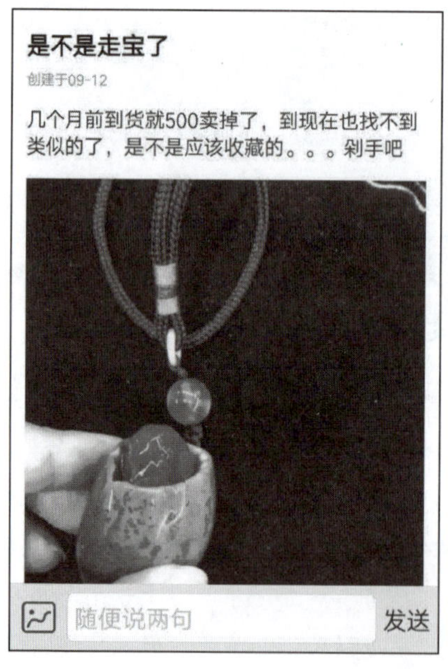

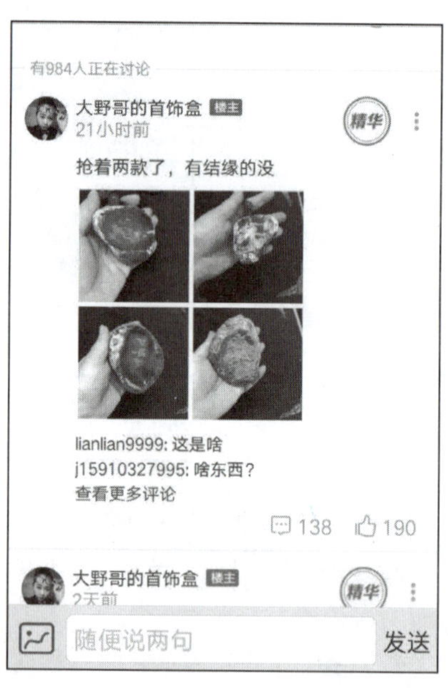

图 2-7　淘宝社区

【分析】

价值

随着互联网的迅速发展，网民的视觉中心和空间在不断地发生变化，他们取舍信息都是在瞬间完成的，因此软文想要吸引网民们的视线，使其产生阅读的欲望变得日益艰难了。

优势

由于淘宝社区的特殊性，和一般的软文发布平台是不同的，淘宝社区更类似于论坛或者贴吧，不仅支持更多的图片，同样支持作者在软文发布之后，还能在后面追加自己的评论，同时网友也可以对软文进行评论。

正文

淘宝社区的软文一般短小精悍并且以图片为主，本篇软文也是如此，文字部分不过一两百字，图片则是占据了更多的空间。

本篇软文更妙的地方在于，看软文的开头，似乎是一个人买了一件首饰然后在询问大家的意见，可是如果结合作者的名字，就可以发现，作者就是卖珠宝首饰的，所以这篇讨论性的软文其实是给自己做的广告。

随着人们的阅读习惯越来越偏向于图片阅读，图文并茂的软文就显示出了更加强大的生命力，掌握以下几点，可以有助于把控图文并茂的软文写作方法。

直观性

软文图片以线、形、色、质为语言，将事物的形象、特征等“一览无余”地呈现在读者面前。

新闻性

精品软文图片的新闻性主要体现在三个方面：一是新闻价值高；二是新闻元素多；三是新闻时效强。

真实性

首先，新闻事实不能编造；其次，新闻图像不能不符合现状；最后，照片说明需要简洁明了。

专家提醒

在这个读图时代，如果一篇软文没有配上图片，营销效果将会大打折扣。做好软文图片的精美大餐，能更好地传达软文要表达的信息，起到更强的视觉冲击力，从而赢得用户。

【案例 11】防骗类软文：论坛中的福利软文
——淘宝论坛中也有好东西

【平台简介】

淘宝论坛以淘宝网为依托，是人气相当高的论坛。淘宝论坛以提供论坛资讯信息为主，力求给客户一个简洁舒适的快速阅读的页面。淘宝论坛提供网友发布信息的平台，所有板块都围绕淘宝网开展，有淘宝买家的购物攻略、防骗技巧等，还有淘宝卖家的店铺促销。

【功能解析】

下面来了解淘宝论坛中的板块，如图 2-8 所示。

政策	淘宝公告
卖家	卖家地盘

行业	淘宝女装
业务	生意参谋

活动	天天特价
版务	版务公告

图 2-8　淘宝论坛板块

(1) 政策：该板块中，包括淘宝公告、聚焦热点、谈规说则、诚信防骗等内容。

(2) 卖家：该板块中，包括卖家地盘、卖家经验、卖家故事、金牌卖家等内容。

(3) 行业：该板块中，包括淘宝女装、淘宝运动、淘宝男鞋、淘宝女鞋等内容。

(4) 业务：该板块中，包括生意参谋、智能客服、展示营销、手机淘宝等内容。

(5) 活动：该板块中，包括天天特价、淘营销、展示营销还有淘红人等内容。

(6) 版务：该板块中，包括版务公告、论坛帮助、论坛投诉、论坛市场等内容。

【实施分析】

下面来欣赏一篇优秀的淘宝论坛中的软文，这是一篇没有广告掺杂其中的软文，在网游中，通常称为福利贴。

卖家注意，新骗术！骗子的技术升级了你知道吗？

李小姐是一位淘宝的皇冠级卖家，店铺一直经营得很好，可今天来了位“买家”，竟让如此成熟的皇冠卖家也上当受骗了！

【事件回顾】

1. 骗子会以各种理由要求卖家使用QQ或其他聊天工具联系。

今天，李小姐收到一位“买家”发来的消息，表示希望通过QQ进行沟通，比较方便。于是，李小姐为满足客户的需求，加了对方的QQ。

2. 骗子发送压缩文件传木马。

随之，“买家”传来一个压缩包，称里面有所需购买物品的清单，让李小姐看看是否有货。李小姐万万没想到自己接收压缩包后解压打开，点击exe.文件后电脑立即就中了木马，在李小姐电脑中毒之后，淘宝账户被异常登录，进行订单退款。支付账户里的钱也因此被消费了，如图2-9所示。

【防范技巧要记牢】

1. 无论你是淘宝卖家还是买家，请使用旺旺作为唯一的聊天工具，以保留有效的聊天凭证。

2. 千万不要点击陌生人发送的可疑链接、二维码图片、压缩包文件等，避免电脑或手机中木马。同时请给电脑安装杀毒软件并及时升级！

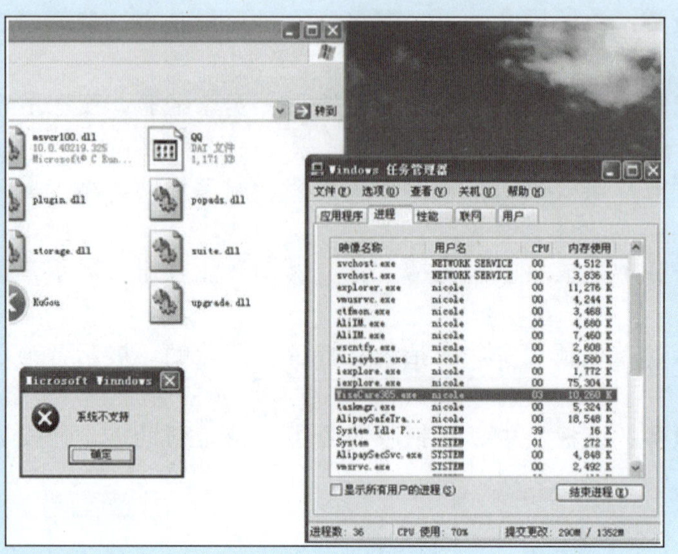

图 2-9 木马病毒

(软文来源：新浪博客)

【分析】

主题

这篇发布在淘宝论坛中的软文，首先紧扣淘宝店主最关心的问题，那就是防骗，毕竟谁也不想自己辛苦赚的钱被骗一空，所以在标题上来说，就是非常成功的。其次内容也十分简洁明了，先讲述了李小姐被骗的事情，然后提出如何防骗。

优势

通篇软文没有拖沓啰唆，也没有什么广告植入，可以说是淘宝卖家最喜欢的软文类型，而且这篇软文只是作者一系列防骗类软文中的一篇，因此这些没有广告植入的软文，最大的意义还是在于积累作者的名气。

布局

这篇软文虽然篇幅不长，不过布局合理，运用了层层递进型的软文布局。层层递进型的正文布局的优点是逻辑严谨，思维严密，按照某种顺序将内容一步一步地铺排，给人一气呵成的畅快感觉。

专家提醒

但是层层递进型的正文布局的缺点也很明显，那就是对于主题的推出不够迅速，如果开头不能吸引读者，那后面的内容也就失去了存在的意义，不过这篇软文则没有这个缺点，毕竟标题就已经很吸引人了。

软文的布局，主要有以下 6 种方法。

层层递进法	实验报告法	罗列法
悬念法	说明法	穿插法

2.2 京东也离不开软文

京东，是中国优秀的自营式电商企业，2015 年第一季度在中国自营式 B2C 电商市场的占有率为 56.3%。目前，京东集团旗下设有京东商城、京东金融、拍拍网、京东智能、O2O 及海外事业部。

【案例 12】产品预售类软文：买××就去京东商城——用软文给用户“洗脑”

【平台简介】

2013 年 5 月 6 日，京东商城在完成内测后，正式与消费者见面，用户可在京东商城上购买食品饮料、调味品等日用品。此次京东商城将超市搬到互联网上，也是京东在“一站式购物平台”战略布局上的又一次发力。

【功能解析】

下面来了解京东商城的功能，如图 2-10 所示。

(1) **导航：**包括服装城、美妆馆、超市、全球购、闪购、团购、拍卖、金融、智能。

(2) **首页左侧：**全部商品分类，清晰明了地条列出了商城所有商品的分类，让用户能一目了然地查找所需商品。

(3) **首页右侧：**拥有京东快报、生活服务等内容。

(4) **首页中下方：**促销产品、新上架商品、热卖商品、热评商品等，还有电脑数码、家电通信、丽人、名仕、生活专区等分类。

(5) **首页下方：**帮助中心、配送方式、售后服务、购物指南等。

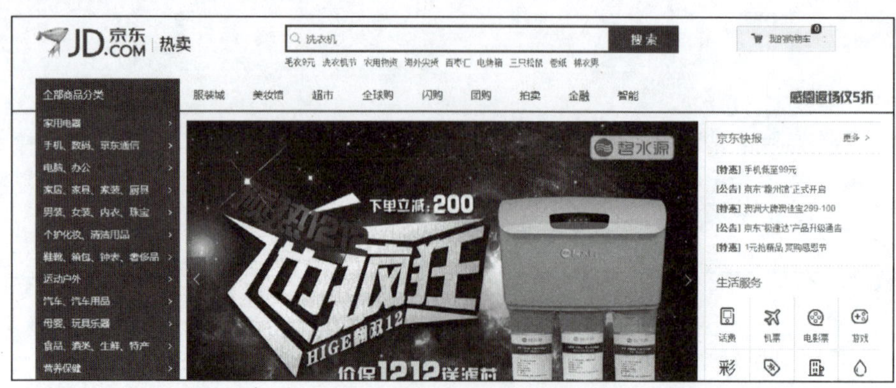

图 2-10　京东商城的功能

【实施分析】

下面来欣赏一篇优秀的关于京东商城的软文，在软文中可以看到京东商城广告的痕迹，但是软文本身的含金量还是颇高的。

买高颜值多功能一体机　就去京东商城

想要抛弃笨重的多功能一体机，为办公室里添加一台高颜值的多功能一体机，迅速提升整体格调，就上京东商城购买联想小新打印机。联想小新打印机 11 月 3 日正式上市，目前正在京东商城预售中，想要充分释放桌面空间，拥有一台灵巧轻盈外观设计的多功能一体机的朋友们可以猛戳以下链接参加预售哦。

预售链接：http://****.jd.com/act/****JLcEKdVDI3.html

预售便宜 200 元，还赠红玛瑙手链。

此次在京东商城参加预售的有两款联想多功能打印机产品，分别是：联想小新 M7208、联想小新 M7208W，这两款打印机均具备打印、复印、扫描三大功能，能够很好地满足用户的日常文印需求。

预售链接：http://****.jd.com/****985.html。

联想小新 M7208W，预售价 999 元。

……

释放桌面空间　高颜值打印机值得拥有

办公桌的空间永远不够用，光是那一台笨重的多功能一体机就已经占据了桌面很大一部分空间。要释放桌面空间，可不是嘴巴说了算，还得看行动。想让你的办公桌变得干净利落，就要先把精致小巧的联想小新打印机 M7208、M7208W 请回去。

作为全新互联网打印机，联想小新在设计上绝对是费了一番心思，光是仅为 13cm，远小于传统打印机的高度，就让技术工程师们费了一番苦心，在保证功能全面的前提下兼顾颜值，想来也是够拼的。此外，花瓣式的出风口设计，活生生把技术逼成了艺术家，也是可圈可点的经典之作。

总之，联想小新打印机搬回去，你会发现，绝对不仅仅是多了一台打印机这么简单，还多了一件艺术品。

(软文来源：泡泡网)

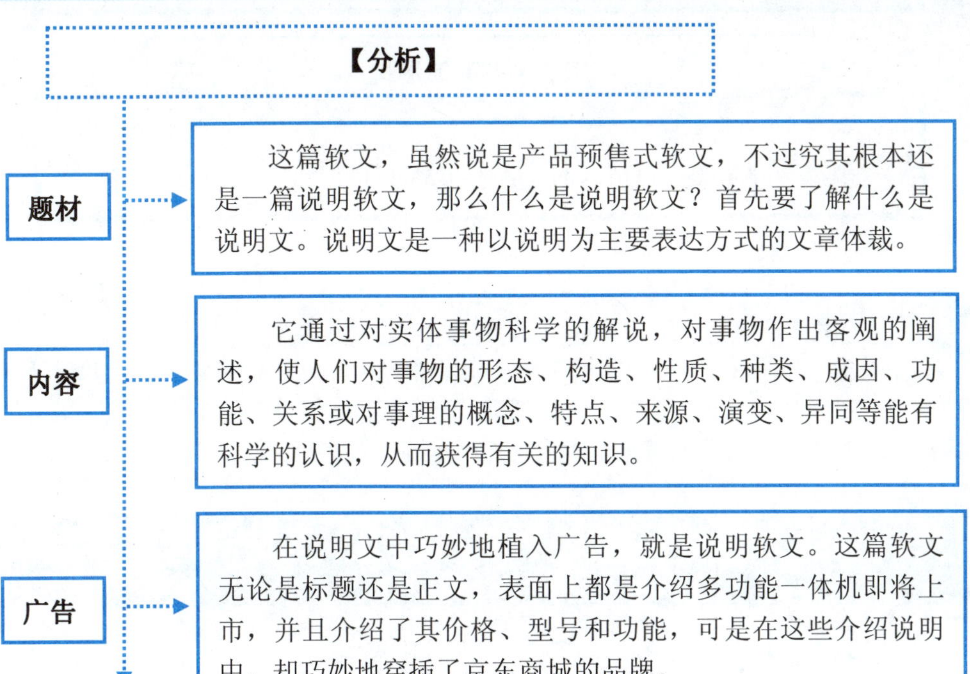

所以这篇软文的目的有两个，首先是让读者知道多功能一体机的存在，其次就是购买多功能一体机，要上京东商城，那么，在软文中如果想植入产品或者品牌的广告，都有哪些方法呢？下面就一起来看看。

通过举例展示产品信息

这种方式可以适当展开几十字，多用于平面媒体的软文。

借用第三者提出产品

比如，某专家称、某网站的统计数据、某人的话中说出产品。

借用标题关键词植入

这种方式能展现的只有产品名字，适用于大品牌。

用故事揭秘的形式

围绕一个故事，以植入的广告为线索进行展开。

专家提醒

本篇软文就是利用在标题中嵌入关键词的方式，进行的广告植入，这样无论在搜索引擎中搜索多功能一体机还是在京东商城中，都可以搜索到这篇软文，极大地增加了搜索引擎的抓取度。

【案例 13】新闻类软文：京东钱包把软文伪装成新闻——善用新闻软文制造权威性

【平台简介】

京东网银钱包是京东商城推出的一套投资理财产品，其中包括类似余额宝的“小金库”，用户只需要把资金转入京东网银钱包就可以进行消费，2014 年 3 月 14 日京东正式对外宣布网银钱包上线。

【功能解析】

下面就来了解京东商城的功能，如图 2-11 所示。

图 2-11 京东商城的功能

(1) **京东小金库：**赚钱轻松快捷，稳健的个人资产增值服务。

(2) **京东白条：**京东打白条购物，一种新的支付方式。

(3) **京东支付：**付款轻松搞定，一种安全的支付方式。

【实施分析】

下面来欣赏一篇优秀的新闻式软文，学习如何将软文进行新闻体的转变，可以在很大程度上降低读者对于广告的抵触情绪。

京东钱包首推人脸识别技术

如果哪天你在大街上看到有人用脸正对着手机，那她可能不是在自拍，而是在用京东钱包的人脸识别技术进行支付。日前在京东钱包推出人脸识别技术时，其相关负责人对记者如是表示。

从二维码到指纹，支付行业的不断创新正给人们提供更快捷、更安全的账户安全解决方案。京东钱包通过不断创新求变，在行业率先上线的人脸识别技术，使“刷脸解锁”成为现实。

……

分析人士指出，互联网的本质特征是高效、快捷，然而资金交易过程本身存在的风险绝不能忽略。指纹、人脸技术在资金交易过程中的应用，不仅可以简化支付流程，增加用户黏性，最重要的是，通过生物特征识别完成支付环节，可大大提高支付安全指数，随着人脸识别等相关支付技术的不断成熟，未来其将成为主流的支付方式。

(软文来源：赛迪网)

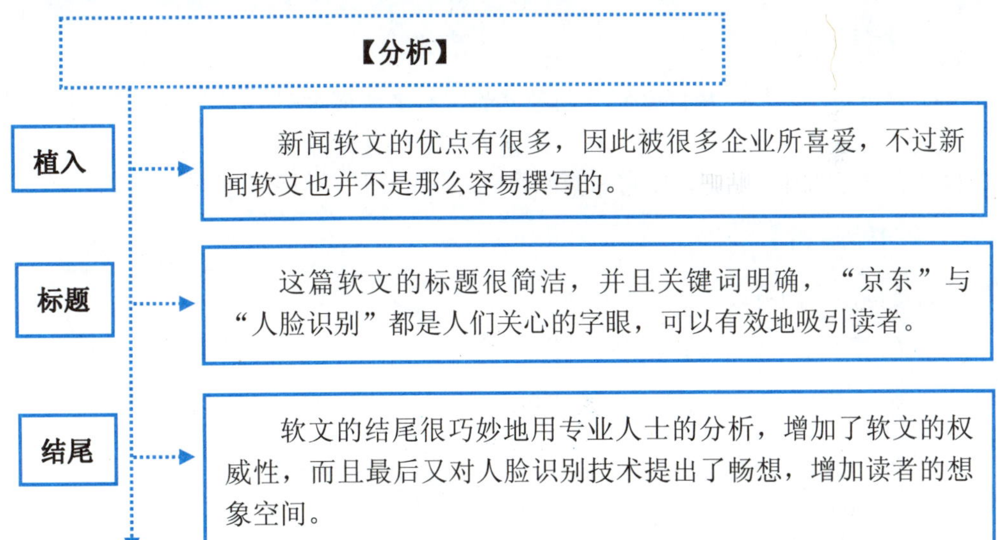

这篇软文的优点，其实也很明显，主要在标题、结尾两部分沿用了新闻软文写作方式，那么，新闻软文具有哪些写作方式呢？

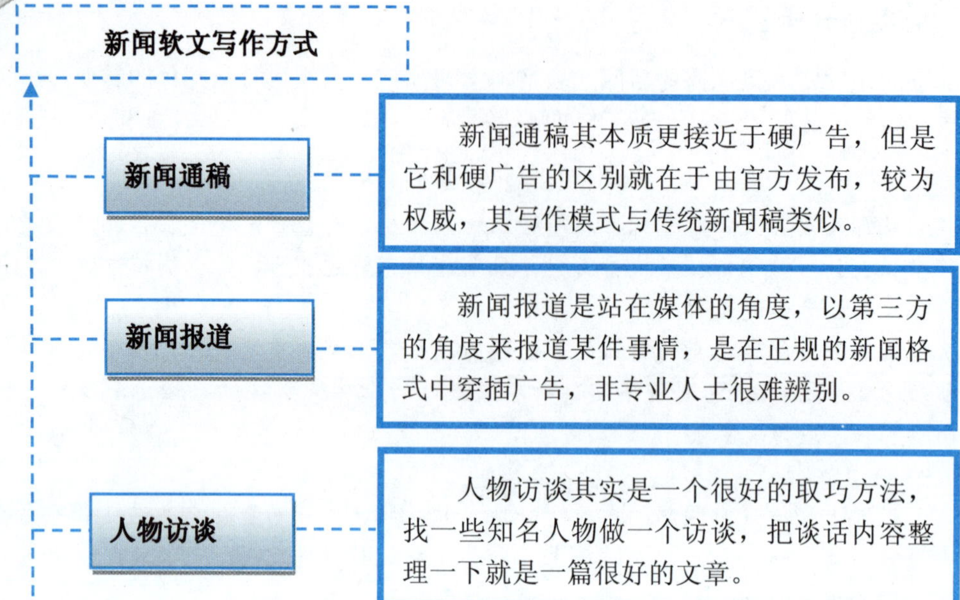

【案例 14】自我叙述类软文：贴吧里的京东商城
——以第三者角度避免读者抵触

【平台简介】

贴吧即百度贴吧，是百度旗下的独立品牌，全球最大的中文社区，意在让那些对同一个话题感兴趣的人们聚集在一起，方便地展开交流和互相帮助。京东商城自然也拥有自己的官方贴吧，是京东商城用户之间一个比较重要的交流平台。

【功能解析】

百度贴吧中的板块，如图 2-12 所示。

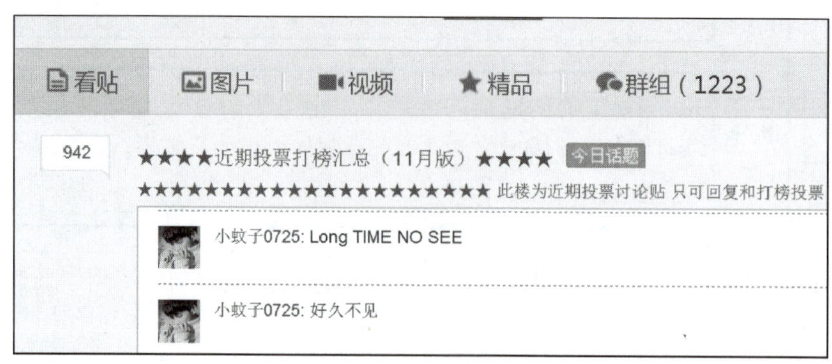

图 2-12　贴吧

(1) 看贴：贴吧的主体部分，吧友发布的帖子，都会在看贴吧板块中显示。

(2) 图片：贴吧图片项目旨在帮助吧友，更快地找到感兴趣的图片，创造更加优秀的阅读环境以及体验。

(3) 视频：在贴吧接入相关视频，吧友可以边看视频边互动。

(4) 精品：被吧主添加为精华的帖子，会在精品板块中显示。

(5) 群组：贴吧打造的因兴趣而聚集的，吧友私密交流空间。

【实施分析】

下面来欣赏一篇优秀的贴吧软文，贴吧软文首先就拥有很好的广告效用，而且对于软文发布者也有不错的隐藏效果。

开贴，聊聊我喜欢的京东

先来聊聊京豆的话题，京东最初用的是积分，购物评论都能获得积分，那时候10个积分就能抵1元钱。后来京东可能觉得数量少的积分没那么好看，开始使用京豆，100个京豆抵1元钱，基数大了，也比较好搞活动，便慢慢把积分淘汰了。

京豆一路走来，功能也越来越多样化，可以在线支付，冲抵现金；可以兑换优惠券；可以兑换第三方的服务等。

……

包括京豆客户端签到，京豆网页端签到，京东金融签到等，数量虽不多，但平均下来一天也有16个以上京豆入账；评论，之前京东的商品，不管金额大小(除了赠送的)，评论都是有京豆的，而且钻石会员每评论一次都有40个京豆。

再来说说白条：京东白条真的是个好东西，为什么这么说呢？在我印象中，京东“白条”是先于淘宝的“花呗”还有苏宁的“任性付”出来的，更重要的是，白条有很多后两者无法比拟的优势。

(软文来源：百度贴吧)

【分析】

亮点

这篇软文拥有一个很大的亮点，那就是作者是以自己的亲身经验来写软文的，这篇软文很明显是京东商城的广告宣传软文，可是却是用第三者的口吻写的，就避免了太直接的广告会引起读者和吧友反感的弊端。

本篇软文在很大程度上避免了这个问题。由此可知，用第三者的口吻来叙述软文，能大大降低降低广告意味，这对软文撰写者来说，是一种撰写软文可行的方式。

那么贴吧软文到底要如何操作呢？如下所示。

首先要考虑软文发在哪儿？

为了避免帖子被管理员删除，最好的办法就是把软文发布在对应的贴吧，例如，衣服的软文就发布在服装吧等。

其次考虑怎么发？

软文并不是发出去就完事的，发完帖子之后，一定需要进行顶贴的操作，从而保证软文不会被淹没在如同汪洋般的帖子当中。

最后注意软文链接

贴吧中发布的软文，尽量不要堆砌大量的链接，最好只有 1～2 条链接。

第3章

房地产软文：软文营销更具魅力

门户网站软文

新安房产网开盘软文

搜房网活动软文　　新浪网盘点类软文

腾讯网情感类软文　　吉屋网的八卦软文

微信平台软文

融科的热点类微信软文

金茂的养生类微信软文

3.1 门户网站软文

所谓门户网站，是指通向某类综合性互联网信息资源并提供有关信息服务的应用系统，门户网站最初提供搜索引擎、目录服务。

【案例 15】新安房产网开盘软文：用软文发声——软文提供更广的宣传途径

【平台简介】

新安房产网，是一家非常优秀的房产网，网站为大家提供非常专业的房产在线交易服务和新闻资讯，并且提供淮北非常全面的新房、二手房等即时资讯。

【功能解析】

下面就来了解新安房产网中板块相关内容，如图 3-1 所示。

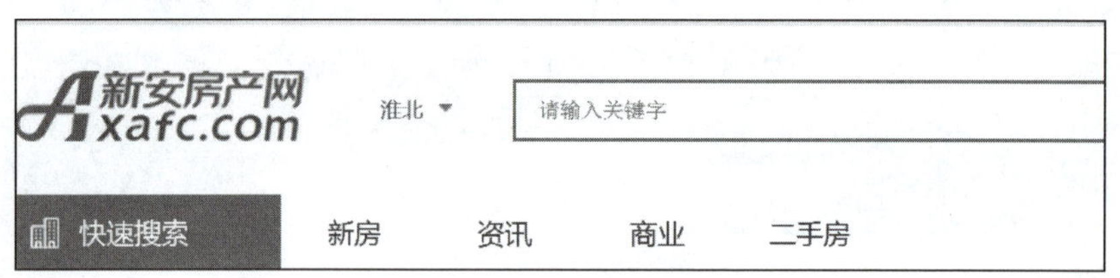

图 3-1 新安房产网

(1) **新房：**提供用户快速浏览和搜索最新的楼盘信息，查看想看的楼盘信息资料，进行多个楼盘的对比，方便用户准确地找到自己想买的楼盘、房型等。

(2) **资讯：**使用户便捷地浏览新闻资讯，拥有资讯中心首页、栏目页、新闻内容页、专题直播、组图等核心产品，全方位、多角度地向用户展示最新的房产新闻和楼市动态。

(3) **商业：**提供房地产行业的商业资讯，包括商铺以及写字楼等。

(4) **二手房：**提供买房、卖房和租房的最佳平台。

【实施分析】

下面来欣赏一篇优秀的发布在门户网站中的房地产开盘软文。

【栢悦公馆】11 月 28 日开盘　多重巨惠来袭后惠无期

继 11.21 认筹前夜的彻夜排队、两小时认筹疾速突破 110 组让黄山人彻底陷入“疯狂”之后，黄山文旅力作、城市中心人居典范——栢悦公馆再次迎来“大喜”时刻——11 月 28 日，栢悦公馆即将盛大开盘！毫无疑问，它的恢宏面世，必将续写昨日辉煌，再谱纯粹高尚人居新篇!

近期，栢悦公馆以火速蹿红之势，再次给较为冷淡的黄山画上一个惊叹号。短短的时间内，售楼中心迎来天天爆满的火热景象，以及认筹量火速飙升的惊人数据。让整个黄山再次对栢悦公馆瞩目，而此次，栢悦公馆开盘消息一出，更是使黄山楼市大有“山雨欲来风满楼”之势。

栢悦公馆，凭借其市中心绝佳的地理位置和高端的品质，傲领黄山之巅！此外，项目在开盘之际也推出了购房多重礼的重磅优惠。

巨惠一：认筹优惠，所有开盘前参与认筹客户均可享受存 5000 元抵 10000 元的购房优惠。

巨惠二：凡开盘当日成功下定购客户均可享受总房款立减 3%的优惠。

巨惠三：开盘期间选择一次性付款客户可额外享受 2%的优惠。

巨惠四：拥有置地社金卡还可另享 1%的房款优惠。

除此之外，所有开盘当天成功订购客户，还可参与现场抽奖活动，多重神秘大礼更可收获额外惊喜，多重巨惠，让您错过即后“惠”无期。

(软文来源：搜狐焦点网)

【分析】

含义

开盘软文，是开发商提供给媒体或其他传播渠道的一种新闻通稿。主题是项目开盘消息，软文中把开盘时间、地点、项目信息和开盘现场描述清楚即可，软文应条理清晰，突出价格如何，所以软文所传达的目的，是为客户群增强购买信心的。

结构

首先选好切入点，想好如何把需要公布的信息有条理地嵌入软文中；其次设计好软文结构，先列提纲，把重点都列举出来；最后要将软文中的要素清楚而且准确地表达出来，特别是开盘的时间、地点等。

标题

本篇软文首先在标题中就很明确地点出了主题，而且谁开盘、什么时候开盘、开盘有什么优惠都一一说清楚。软文开头先对栢悦公馆开盘这件事进行了详细描述，软文结尾时，也将 4 重大礼明确指出，对读者和购房者具有很强的吸引力。

专家提醒

开盘软文主要目的是为了房地产项目出现在人们的视野中，一个新生事物初露端倪，可称其为一个新闻事件，这时，即可采用新闻播报等形式，对事件进行报道，如开工、奠基等节点，以引起客户群的关注。

【案例 16】搜房网活动软文：用软文报道——软文也可以化身新闻报道

【平台简介】

搜房网房天下，是中国一家非常优秀的房地产家居网络平台，为广大网友提供全面及时的房地产新闻资讯，为绝大多数的楼盘提供网上浏览、业主论坛和社区网站、房地产精英人物个人主页等内容。

【功能解析】

下面就来了解组成搜房网的主要板块，如图 3-2 所示。

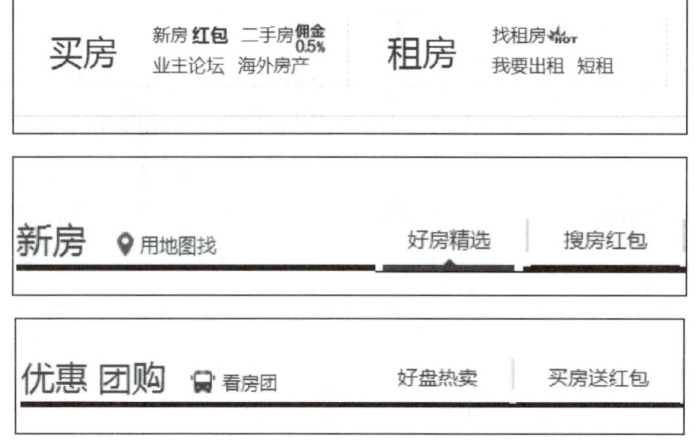

图 3-2　搜房网

(1) 买房：该板块其实是一种买房筛选器，在买房筛选器中，可以选择想要买的房子的类型、区域、户型、价格。

(2) 租房：搜房网的“租房”环节解决了租房者的很多问题，并且可以根据不同的需要进行筛选，房源也非常可靠。

(3) 新房：该板块不仅可以根据楼盘价格挑选需要的楼盘，还可以及时查询到最近开盘的一些楼盘。

(4) 优惠、团购：该板块，设有学区房、地铁沿线、优质精装、二环以内、特价房的内容。

【实施分析】

下面来欣赏一篇优秀的房地产活动的报道软文，软文主要的内容为房地产活动时的报道或者总结。

恒大名都 精彩活动人气爆棚 缤纷好礼欢乐不停

11 月 21 日，恒大名都销售中心人气火爆，精彩活动让整个售楼现场变得热闹非凡。上午全民明星亲子时装秀“古典中式时装秀”，宝贝们美丽与可爱指数爆棚；下午金牌置业顾问业主感恩答谢会，与老业主大联欢，老友新邻欢乐升级。

古典中式时装秀 欢乐参与赢大奖

如今的 T 台已不再是成人时装模特们的专业场地。在恒大名都时装周的舞台上，一些小朋友们的 T 台走秀也走得有模有样。自恒大名都举办的全民明星亲子时装秀隆重启幕以来，萌宝们每周都会带来不同主题的时装秀，让人格外期待。

在比赛过程中，每个孩子的表演都非常认真，孩子走秀时的定位动作、可爱表情、耍酷眼神、飞吻手势等不同表演，都会迎来台下观众的鼓掌和喝彩声。孩子们举手投足间有模有样的姿态可爱至极，让现场观众不由自主地举起手中的相机和手机留下一个个美丽的瞬间。

金牌置业顾问答谢会 感恩老业主

自恒大名都进驻淮北以来，一直受到购房者的青睐和关注而持续热销。在充满感恩的十一月，为了答谢新老客户一直以来的支持与厚爱，11 月 21 日下午 3 点，淮北恒大名都举行了一场主题为“在最美的地方 遇见最好的你”——金牌置业顾问感恩答谢会活动，左邻右舍欢聚一堂，畅享欢乐的时刻。

……

(软文来源：新安房产网)

【分析】

首段：本篇软文就是经典的活动软文，在首段就点明主题，恒大名都在 11 月 21 日举办了活动，那么活动有哪些？下面的内容就一一进行详细说明，通篇软文采用总—分—总的结构，布局流畅。

注意：房地产活动类软文撰写的时候始终记得，房地产商无论举办什么活动，为的都是可以提高人气、聚集客户，从而提升品牌形象或者是宣布一些重要事情。

内容：本篇软文中间部分为活动的内容介绍，通过详略得当的手法突出“时装秀”活动的重点，条理清晰，重点清楚。结尾处同样做了活动总结，并且对恒大名都项目进行了介绍，进一步加深读者对活动的印象。

下面就来了解什么是房地产活动软文以及活动类软文需要注意的地方，如下所示。

什么是房地产活动软文？

活动类软文是房地产软文中比较常用的一种类型，一般在开发商举行活动的时候，以跟踪报道或者事后总结的方式将活动内容报道出来。

活动类软文需要注意什么？

活动类房地产软文在撰写的时候，需要记住一点，一定要按照一定的顺序进行活动说明。要么按照时间顺序，要么按照地点说明。

专家提醒

如果软文写的是活动总结，就需要注意将软文的重点放在项目身上，不要通篇都在讲活动如何精彩，虽然活动内容以及人气很重要，不过最重要的还是活动的效果或者作用。

【案例 17】新浪网盘点类软文：最直接的软文广告
——读者最喜欢的盘点类软文

【平台简介】

新浪乐居搭载新浪网、百度、新浪微博等国内重量级网络平台，把握移动互联网和大数据的时代脉搏，在房地产互联网行业经过多年积累，其经营范围覆盖房地产营销的全过程。

【功能解析】

下面就来了解新浪乐居组成板块，如图 3-3 所示。

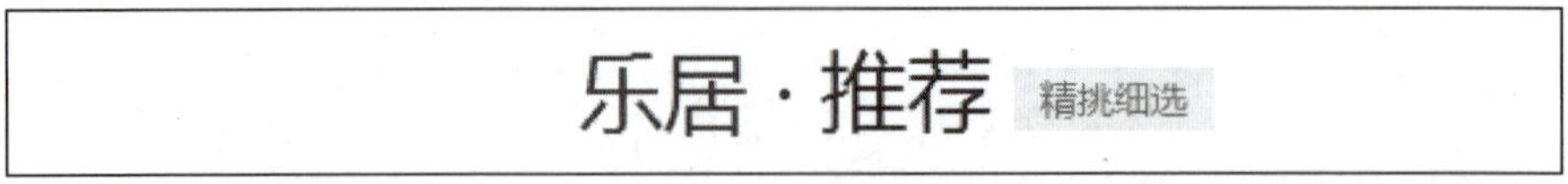

乐居·推荐 精挑细选

图 3-3　新浪乐居

图 3-3 新浪乐居(续)

(1) 乐居推荐： 该板块中，共有 3 部分内容，分别为：楼市热点、乐居原创、低价置业。

(2) 乐居为您： 该板块中，目前分为 4 个部分，分别为：专车接驾、免费看房、长沙乐居会、金杧果地产等。

(3) 乐居新房： 该板块中，主要为新浪乐居挑选的新开盘的一系列项目。

(4) 乐居二手房： 该板块中，主要为新浪乐居挑选的优秀的二手房。

【实施分析】

下面来欣赏一篇优秀的楼盘盘点类软文。

实力证明一切：昆山淡季热销楼盘大盘点！

据新浪乐居官方统计显示，11 月第三周昆山楼市商住总计成交 1137 套，环比 11 月第二周 1311 套下滑近 15%，接近年底，楼市的淡季效应已显现。

小编探访了几家这样的楼盘，单看售楼处这么多来看房的购房者，就足以表明他们对购房者强大的吸引力了。其实，没有哪一家楼盘只靠市场来买房子，最终还是实力决定一切啊！

新城郡尚海

已于 11 月 14 日开始认筹 1 号楼高层房源，总高 32 层，两梯四户，面积 89～117 平方米，价格待定，认筹金 5000 元，认筹后将获得每日 300 元收益。另外，在售少量 2#、3#、6#、9#楼小高层房源，户型面积为 89～117 平方米，均价约 11000 元/平方米，购房享“3 万抵 6 万”优惠。详情请咨询售楼处。

万科 MixTown

万科 MixTown 地处花桥板块，与上海直线距离近，交通便利，班车、轨交、通勤时间短。健康宜居：清静、水土好、空气好、环境好，生活成本低。万科百万方社区，自有齐全配套。其升级版装修小户型，总价低，功能强，品质优，轻松置业。

中星城际广场

在售 2#楼带装修房源，面积 180～223 平方米，目前剩余 10 套左右的房源，均价约为 14000 元/平方米，购房可享团购交“7 万享 7 折”优惠，年内无加推房源计划。详情请咨询售楼处。

中星城际广场位于昆山城南板块中华园商务区。南靠昆山高铁南站，东邻柏庐公园，中星城际广场占地 99430 平方米，建筑面积达到 342826.62 平方米，容积率为 2.8，绿化率约为 37%。

世茂东外滩

目前在售 18#楼高层景观楼王，2 梯 2 户，还剩 30 多套，目前仅剩 164 平方米房源，均价约 7600 元/平方米，世茂东外滩携手昆山新浪乐居“3 万享 6 万”优惠火热进行中，预计 2016 年 6 月 30 日交房。一期房源已于 4 月底交房。

世茂东外滩沿街商铺将于 2017 年加推，面积为 90～202 平方米，具体待定。详情请咨询售楼处。

(软文来源：新浪)

【分析】

内容

盘点类的软文，一直广受读者的喜爱，究其原因就在于软文包含的信息极多，读者往往只阅读一篇软文，就可以获得大量的信息。

本篇软文就是一篇典型的房地产中的盘点类软文，根据某些条件将选择的楼盘放在一篇软文中，通过详略得当的介绍或者对比，使得读者可以更加明确地进行选择。

什么是盘点？

所谓盘点，是指定期或临时对库存商品的实际数量进行清查、清点的作业，也就是为了掌握具体货物情况进行的盘查。

除了盘点类软文，还有几种房地产软文类型很受读者的欢迎，如下所示。

常规类

常规类软文，也就是在开发商没有任何活动、没有任何节点、也没有什么特殊事情的时候，作出常规的软文发布。

节点类

节点是指项目销售控制过程中的各个时间点。销售节点还可以根据季节、节日、消费习惯等区分。

活动类

活动类软文是房地产软文当中比较常用的一种类型，一般在开发商举行活动的时候，以报道或者事后总结的方式将活动内容报道出来。

专家提醒

任何事物都有规律可循，房地产软文亦如此，总结并把握好事物的规律后，运用起来就会如鱼得水，事半功倍了。当然，软文写作的方法也不是一成不变的，遇到具体问题还要具体分析，活学活用才是最好的方式。

【案例18】腾讯网情感类软文：情感才是有力武器
——情感才是最有力的武器

【平台简介】

本篇软文是在腾讯大苏网中发布的，腾讯大苏网是腾讯旗下的一款网站产品，以移动化、社交化的传播方式，为用户带来丰富、便捷的在线资讯服务，倾力打造拥有江苏文化气息的门户网站。

【功能分析】

下面就来了解腾讯大苏网的组成板块，如图3-4所示。

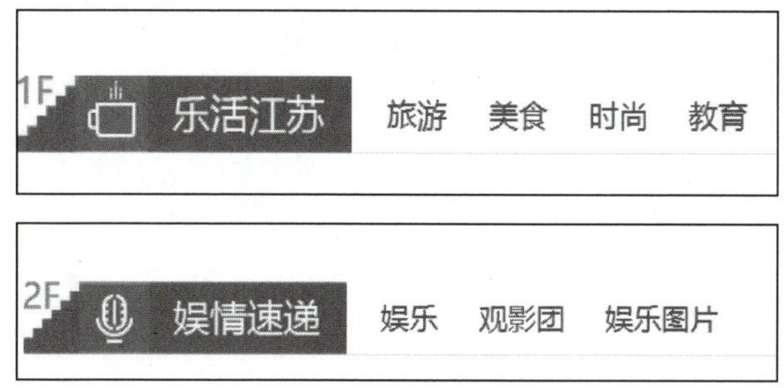

图3-4 腾讯大苏网

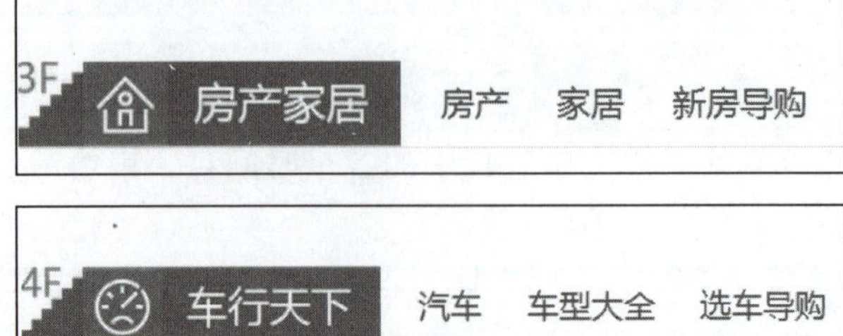

图 3-4　腾讯大苏网(续)

(1) 乐活江苏：该板块中，由旅游、美食、时尚和教育 4 部分内容组成。

(2) 娱情速递：该板块中，有娱乐、观影团以及娱乐图片等内容。

(3) 房产家居：该板块中，由房产、家居、新房导购、看房团、家居商城和验房等内容组成。

(4) 车行天下：该板块中包括汽车、车型大全、选车导购和降价行情等内容。

【案例分析】

下面来欣赏一篇优秀的房地产情感类软文，利用情感做营销，往往会取得非常好的效果。

【倾诉】五年感情敌不过一张房产证

故事梗概

男友认为，房子的首付是他爸妈付的，房子只署他的名字是应该的，当然也为了防止以后有个什么万一。我听后很伤心，忍不住大声质问他：“你有没有为我着想一下？房子的首付是你父母出的，但是以后的分期付款是我们自己负责啊！”而男友却说：“房产署名只是一个形式，你依旧是房子的女主人。”

口述情感

我与男友的恋情是从进入大学开始的，现已经是第五个年头了。在这五年中，我们双方的感情很好，也很稳定，都已经把对方当成了要度过终生的人。在双方父母的催促下，我们决定在年底结婚。

……

房产证署名实际上就是财产权问题，你和男友都犯了同样的错误，把署名权当作爱情的砝码，这是一种误区。希望你能走出这一误区， 才能消除目前的心理纠结。

(软文来源：网易女人论坛)

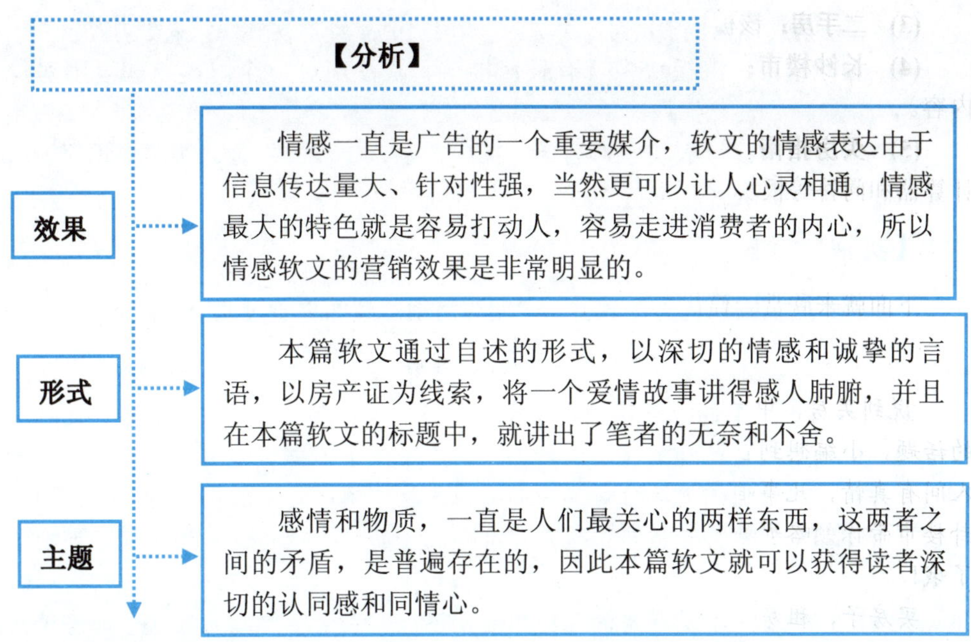

【案例19】吉屋网的八卦软文：用八卦挑起好奇心——不是只有娱乐圈才有八卦新闻

【平台简介】

吉屋网是吉屋科技有限公司旗下的房产交易平台，是服务于购房者的房产垂直网站，全国大中小很多城市都已经被吉屋网所覆盖，为百万用户提供非常方便的新房网络导购服务。

【功能解析】

下面来了解吉屋网的组成板块，如图3-5所示。

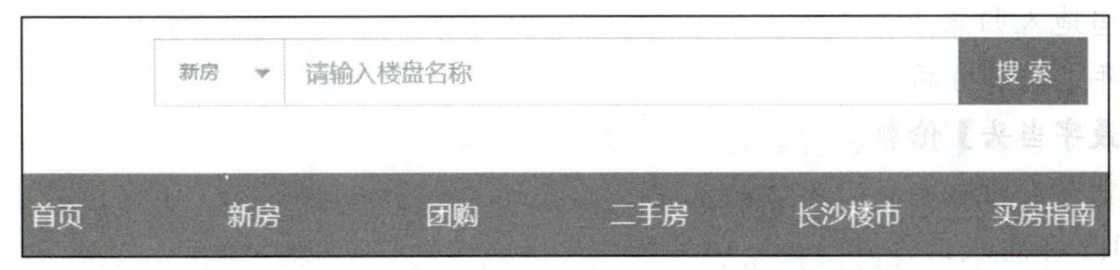

图3-5 吉屋网

(1) 新房：该板块中，主要有新盘、房源、地图找房和楼盘动态等内容。

(2) 团购：该板块中，有当前城市中的大部分接受团购的楼盘，并且提供楼盘的详细介绍。

(3) 二手房：该板块中，有二手房源、二手小区、学区房和经纪人等内容。

(4) 长沙楼市：该板块中，有长沙楼市、长沙房价、全国楼市和全国房价等内容。

(5) 买房指南：该板块中，有长沙买房指南、长沙公积金、买房知识库、房贷计算器和问答等板块。

【实施分析】

下面就来欣赏一篇优秀的软文，“全球房地产趣闻你听过几个”。

全球房地产趣闻 你听过几个？

说到买房，中国的老百姓都要叹气了，买一次房要用上一生的积蓄！这么严肃的话题，小编想到自己连首付都凑不齐，简直都说不下去了，但是！人间有真爱，人间有真情，凡事咱们都要往好的方面去想，楼市不一定是沉闷无趣有压力的，八卦楼市带你领略那些关于楼市、地产界有趣的一面。小伙伴们，闭上嘴，可别惊呆了哦！

买房子、租房子都是严肃的经济问题，不过，在全球民众为买房、租房等问题认真忙碌的过程中，也出现了不少有意思的趣闻。

【另类房产】公共厕所也热销

买房的目的是什么？居家过日子还是投资？不同的人肯定有各自的答案。好笑的是，有些人不惜花大笔金钱购置房产，但买入的物品实在有些不可思议，居然是公共厕所。2006 年 10 月，英国西南英格兰佩维斯地方政府以发展的名义出售了一个公厕，卖方的卖点之一就是这个厕所是一个“可以观看到优美自然风光”的地点。

伦敦一家拍卖行最终以 2.5 万英镑的价格将其卖给了一位匿名人士，而卖家最初曾希望卖出 3.5 万英镑的好价钱，因为这个公厕设在世界遗产保护区之内，由花岗岩石砌成，紧邻公厕还有一处停车场。

【名人效应】名人落户邻居们惨了

和名人“比邻而居”，这恐怕是不少人所希望的吧。但名人入住的地方房价飙升，被当地人归罪于名人落户的行为，对低收入家庭的确是沉重的经济负担，尤其是一些年老又贫穷的人只能选择搬家。

【最字当头】伦敦最贵楼盘售价 12 亿人民币

伦敦中心的海德公园附近将兴建一个堪称“全球最昂贵楼盘”的超级豪宅区——预计 2017 年正式出售，该楼盘每平方米售价将高达 66 万元人民币，最便宜的 93 平方米的一套也要约 6100 万元人民币，而最大的一套 1858 平方米，售价则将高达 12.26 亿元人民币。

(软文来源：新浪房产)

【分析】

标题

这篇软文的标题就不仅非常有吸引力，而且还利用了软文标题中的“呼应正文”的写作手法，标题字数虽然不多，但却很好地勾起了读者的好奇心，从而引出了下文。

布局

这篇软文的内容运用了典型的罗列型的布局形式。罗列型的正文布局，也可以叫作并列型，一般在软文内容是横向的、静态的情况下使用。

软文各部分之间，相互并无紧密联系，独立性强，没有主次之分，但共同为说明主题服务。

优点

罗列型布局各部分先后次序不那么固定，可以进行适当的调整。罗列型正文布局的好处是概括面广，条理性强。罗列型的正文布局，不仅可以囊括很多元素，放在本篇软文中，就是可以拥有更多的楼盘，也可以植入更多的广告。

专家提醒

软文撰写者需要从消费者自身的疑问出发，先肯定质疑，再分析疑问，最后告诉消费者根本原因，并且软文中的专业名词需要进行一定的解释，因为读者并不是专业的医疗人士。

3.2 微信公众平台软文

微信公众平台，曾命名为“官号平台”和“媒体平台”，最终定位为“公众平台”。和新浪微博早期从明星战略着手不同，微信此时已经有了亿级的用户，挖掘自己用户的价值，为这个新的平台增加更优质的内容，可以创造更加强大的黏性，并且形成一个不一样的循环。

【案例 20】融科的热点类微信软文：11.26 感恩节
——契合节点更有时效性

【平台简介】

融科东南海择址长沙韶山路中段香樟路，西邻长沙民政学院，地处长沙商业枢纽、人文枢纽、交通枢纽的交集，行政、文化、商务、医疗、教育、购物等生活配套完备，地理位置较为优越。

【功能解析】

下面就来了解融科东南海微信公众号的组成板块，如图 3-6 所示。

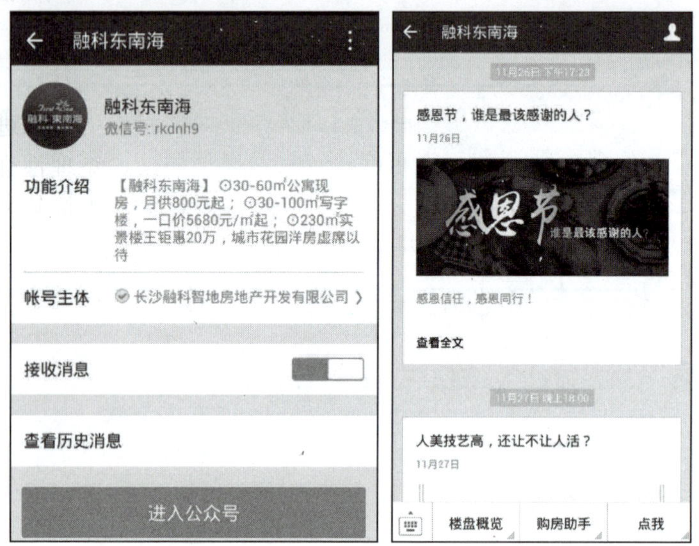

图 3-6　融科东南海微信公众号

(1) **楼盘概况：**该板块中，有楼盘简介、品牌团队、楼盘特色以及周边配套等内容。

(2) **购房助手：**该板块中，有近期热销、效果图、户型图、实景图和一键导航等内容。

(3) **点我：**该板块中，有近期活动、业主活动以及官方网站等内容。

【实施分析】

下面来欣赏一篇融科东南海官方微信公众平台在 11 月 26 日发布的一篇关于感恩节的微信，如图 3-7 所示。

感恩节，谁是最该感谢的人

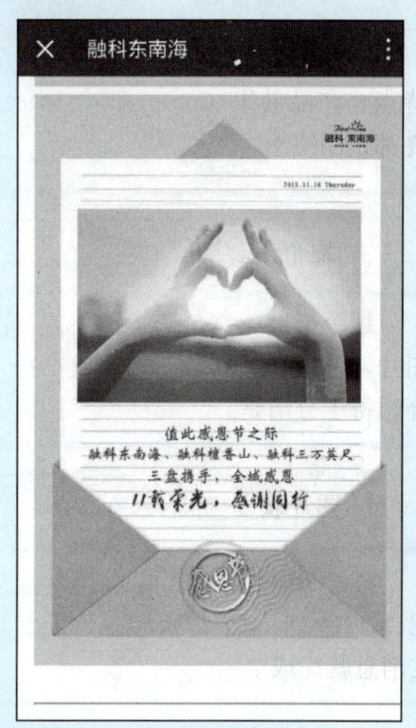

图 3-7　融科东南海微信

【分析】

定位

微信公众平台不同于微博或者 QQ，微信公众平台拥有非常精确的用户定位，本篇软文就是如此，关注了这个公众号、收到并阅读这篇微信的人，几乎都是融科东南海的业主或者意向客户，因此这篇感谢信一样的微信软文，所拥有的价值就会得到很大程度的提升。

内容

本篇软文的正文，全部是一个系列的图片，极大地迎合了当今用户的阅读习惯，可以有效地减少阅读时间，降低用户对广告的抵触。

那么微信软文的写作都有哪些技巧呢？如下所示。

核心扩展法

核心扩展法就是先将核心产品单独列出来，再从产品的销售方法、产品特点、产品效果等方面对核心内容进行扩展，这样软文就显得很有条理，始终都是围绕着一个中心在表述的，这样的软文对读者的引导力会更强。

逐个击破法

逐个击破法是最常见的方法，就是从产品的每个特点分别单独介绍，配合图片，突出产品功效，这种微信软文写作方式虽然老套，但是对于产品的卖点介绍得十分清楚。

图片软文法

精美的图片可以使微信软文增色。一篇成功的微信软文离不开精美图片的配合，结合时事新闻图片，将内容和图片合理地分布在文章内，一篇精美的图文消息就完成了。

倒三角写法

微信营销软文一般篇幅较长，现在很多人是没有耐心读完全文的，所以在撰写软文时，要把重点都放在首段，先将读者的胃口吊起来，再继续解释为什么要看这篇文章，最后再强调产品的优势，为客户产生购买欲望再推一把。

【案例 21】金茂的养生类微信软文：抓住消费者养生心理——养生软文总能获得更多支持

【平台简介】

长沙梅溪湖金茂广场，位于梅溪湖一线滨湖区域，真正享有梅溪湖、岳麓山的一线山水资源。地上总建筑面积约 40 万平方米，物业形态涵盖别墅、小高层、高层、超高层，地理位置十分优越。

中国金茂控股集团有限公司，是世界 500 强企业之一，旗下拥有酒店和房地产等平台，并且于 2007 年上市，是香港恒生综合指数成分股之一。

【功能解析】

下面就来了解长沙金茂广场微信公众号组成板块，如图 3-8 所示。

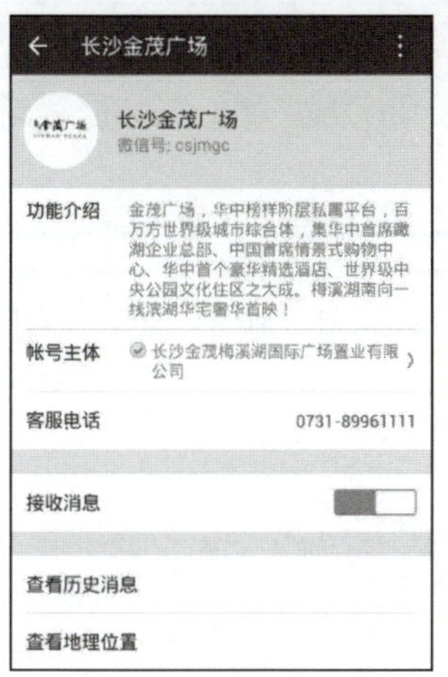

图 3-8　长沙金茂广场

(1) **金茂广场：**该板块中，有金茂府、金茂 ICC、金茂汇合方兴地产等内容。

(2) **金茂活动：**该板块中，有取暖调查、挑战宣言、精彩活动、项目动态和工程进度等内容。

(3) **金茂会员：**该板块中，有会员中心、领取任务和积分兑换等内容。

【实施分析】

下面来欣赏一篇长沙金茂广场官方微信公众平台中发布的优秀的养生软文，如图 3-9 所示。

图 3-9　长沙金茂养生微信

【分析】

特色

这篇软文最大的特色，就是软文内容中的图片是动图。本篇软文的标题是清寒小雪时节的养生，因此软文中的下雪图片都是动图，非常生动。

主题

这篇软文很好地抓住了节气中的小雪，然后也摸准了当今人们都非常关注的养生，二者结合，可以引发读者的关注。

结尾

本篇软文的结尾也很有特点，在软文的正文内容结束之后增加了两张金茂广场的宣传广告，并且增加了自己的二维码，如果用户转发了此微信，很有可能增加新的关注。

第4章

餐饮软文：用软文挑战味蕾

餐饮软文：用软文挑战味蕾

- 中式餐饮
  - 中华美食网解读类软文
  - 团味小仙加盟类软文
  - 禾花香风险类软文
  - 齐鲁网攻略类软文
- 自助餐厅
  - 大辽网盘点类软文
  - 网易推荐类软文
  - 大渝网开业类软文

4.1 中式餐饮

餐饮行业内的主要内容，是从事该行业的组织(如餐厅、酒店、食品加工厂)或个人，通过对食品进行加工处理，满足食客的饮食需要，从而获取相应的服务收入。不同的人群、不同的文化乃至不同的地区，饮食习惯和口味都会有所不同，因而世界各地餐饮的表现形式也各不相同。

【案例22】中华美食网解读类软文：专家解读更有权威性——专家软文更具威慑力

【平台简介】

中华美食网，是一个针对中国餐饮业而开设的专业性信息平台，在这个平台上，丰富的餐饮信息交流、资源共享、政策普及、人才互动等积极有效的作用得到了最大程度的开发。

【功能解析】

下面就来了解中华美食网组成板块，如图4-1所示。

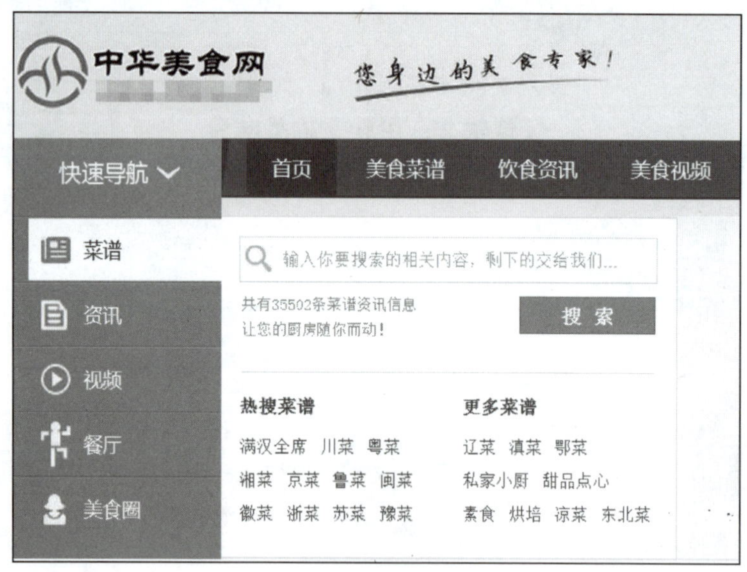

图4-1 中华美食网

(1) 菜谱：该板块中，主要有两部分内容，分别为热搜菜谱与更多菜谱，其中包括了大多数的菜系。

(2) 资讯：该板块中，有烹饪技巧、饮食误区、饮食疗养、美容保健、饮食礼仪等内容。

(3) 视频：该板块中，为各种烹饪教学视频，包括蔬菜肉卷、黄金饼等一系列菜品的制作视频。

(4) 餐厅：该板块中，有大多数省份的知名餐厅。

(5) 美食圈：该板块中，有吃喝玩乐、旅游自然、食尚男女等内容。

【实施分析】

下面来欣赏一篇优秀的饮食解读类软文，通过专家权威性的解读吸引读者的目光，并且在软文中穿插广告。

金勺山茶油：专家解读植物油炒菜致癌

近日，一条来自英国《每日电讯报》的消息被国内网友热捧，该报道称，植物油炒菜可以产生醛类物质，严重的话或许可以致癌，并称经实验证明，只有椰子油在高温下产生醛类物质最少。网友们表示忧心："不能吃地沟油就算了，怎么正品油也不能吃了？"

就这个问题，记者走访了正在北京参加第十二届中国科学家论坛的有关专家，在谈到植物油炒菜的问题时，中国著名科学家、第九届全国人大常委会副委员长、中国科协名誉主席周光召院士谈道："植物油在200℃的高温下，确实能够产生醛类物质，但是，我国已经研发出全新的植物食物油超低温压榨技术，经过超低温压榨的山茶油，在400℃以下的高温都不会产生醛类物质，网友不必担心。"

……

今天的胡文龙和他的金勺公司一样，意气风发，用中国人的杰出智慧，再一次刷新了"中国创造"的技术高度。胡文龙本人也因《注射用茶油精炼工艺的研究》《山茶油冷冻脱脂工艺的研究》等多篇具有里程碑意义的技术性论文受邀参加科学家论坛，使这位著名的民营企业领军人物，多了一重科学家的身份。

(软文来源：搜狐)

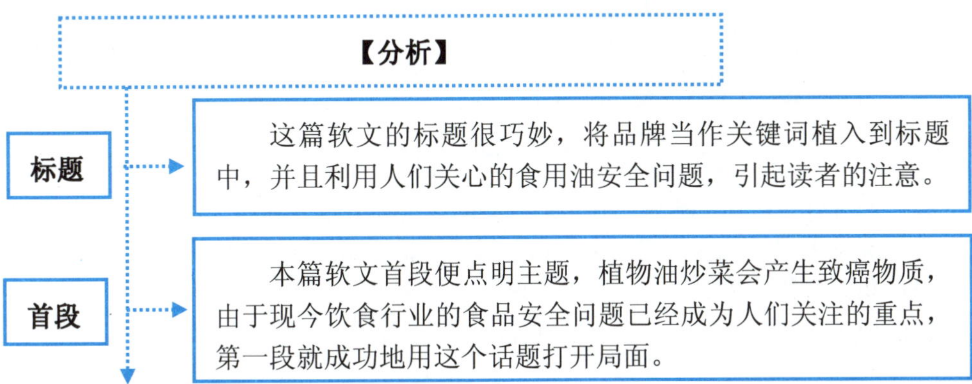

内容

在提出植物油炒菜可以致癌之后，就将这篇软文最重要的广告进行了植入，无论是金勺山茶油还是金勺公司，都属于广告的一部分，不过软文中却通过采访和报道的形式，将二者巧妙地融合，并且通过专家解读，从而让金勺山茶油是安全油的观念深入人心。

专家提醒

解密和悬疑一样，大家最喜欢听到各种真相，人类的求知本能也让大家更喜欢探索未知的秘密，于是揭秘的标题往往更能引起关注。

【案例 23】团味小仙加盟类软文：软文体现价值——软文中的商机

【平台简介】

团味小仙是 2015 年比较受欢迎的创意美食，同时也是一家连锁加盟的企业，3 款店型灵活百变，4 重商机选择多，60 余种热销单品四季火爆，经营总部拥有强大的后期研发团队，保障创业无忧。

【功能解析】

下面就来了解团味小仙官网的功能，如图 4-2 所示。

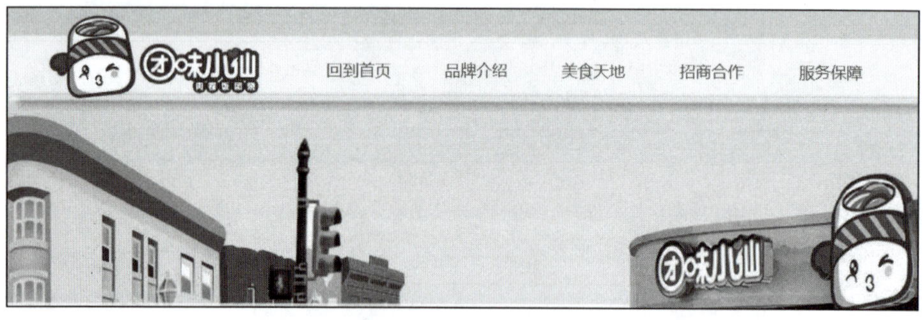

图 4-2　团味小仙官网

(1) **品牌介绍：**该板块中，包括品牌基因、市场前景和最新资讯等内容。

(2) **美食天地：**该板块中，主要包括美味秘籍、明星菜单和美食菜单等内容。

(3) **招商合作：**该板块中，有单店投资、区域代理和准入条件等内容。

(4) **服务保障：**该板块中，有盈利保障、服务支持、流程支持等内容。

【实施分析】

下面来欣赏一篇优秀的推荐食品品牌的软文，软文中对于食品品牌有着明显的推荐目的。

加盟团味小仙项目，畅享中式快餐市场

最近，权威调查机构发布的《中式快餐食客消费行为研究》指出，近几年中式快餐消费次数呈稳步增长的趋势，而西式快餐则有明显下滑的趋势，这就为中式快餐的发展提供了一个难得的契机。团味小仙中式快餐加盟项目从台湾来到内地，凭借独特的制作工艺和一流的口味，为中式快餐行业画上了浓重的一笔。

为了适应时代发展的需要，中式快餐也呈现出了一些新时代的特色，今天就带领大家看看团味小仙是如何适应这些新特色的吧！

……

店铺小型转化

随着国家对勤俭节约提倡力度的加大，以及当前经济形势不太乐观的情况下，很多投资者转向了小本投资项目，而不再一味求大求全。团味小仙中式快餐加盟项目就是专为中小投资者准备的小本创业项目。

中小型店面租金少、人工费用少，特别是餐饮店面周转比较灵活，所以备受投资者欢迎。团味小仙中式快餐店面可大可小，如果你被资金所困，只需要找一间几平方米的店面，就可以选择加盟团味小仙的创业店，较低的房租、零工资支付，但是丰富的产品线照样能吸引大量的顾客。

饭市全天转化

一般的早餐店只经营早餐，而其他饭店只经营午餐和晚餐，不能充分利用全天时间段。团味小仙不仅早中晚三餐可以经营，而且还开辟了夜宵时段。

随着生活方式的转变，很多年轻人夜间生活比之前丰富了很多，甚至在十点钟以后还有用餐需求。夜深人静时，和朋友来团味小仙吃几个暖暖的饭团烧，然后再品一杯纯纯的咖啡，完美地结束一天的生活。

……

(软文来源：我的加盟网)

【分析】

主题

餐饮连锁加盟者可以用较小的代价，分享授权者经过长期经营形成的品牌和信誉，并且对销售有很大的促进效用，以便扩展业务范围。

因此随着餐饮行业的发展，餐饮加盟已经成为一种常态，本篇软文就以团味小仙的连锁加盟为主题，契合了当前餐饮业人员的从业心理。

标题

这篇软文的标题，采用关键词为主的形式，直接点明主题"加盟团味小仙项目"，随后又加上了一句话"畅想中式快餐市场"，就很明显地展示了团味小仙是中式餐饮，并且属于快餐类，标题明确。

结构

这篇软文的结构也很巧妙，采用小标题的模式，将软文正文的重点进行提炼，然后用一两段文章进行重点阐述，让读者在阅读的时候，可以准确地捕捉到软文要表达的重点。

专家提醒

餐饮企业连锁经营已经在餐饮连锁行业内被证明有成功之处，大多数的投资者在加盟之后，都获得了不同程度的成功。因此加盟连锁类的软文，还是拥有很不错的读者市场的。

【案例 24】禾花香风险类软文：餐饮行业也有风险

——规避风险的软文，会引起更多的注意

【平台简介】

一道来自川湘的地道风味，将中国人对于辣的感情，融入四川、湖湘的麻辣美食，以健康快餐的形式，带给你味蕾的刺激与享受，这就是禾花香的定义。

【功能解析】

下面就来了解禾花香官网中的板块，如图 4-3 所示。

图 4-3　禾花香官网

(1) 关于我们：本栏目主要为禾花香企业的公司简介，详细地介绍了禾花香公司、品牌的来历等。

(2) 美食精选：本栏目为禾花香官网为网友推荐的一系列的精美菜系，包括菜品展示以及烹饪方法。

(3) 新闻：本栏目主要为官网中的一些新闻等。

(4) 形象展示：本栏目主要包括禾花香公司、员工、顾客以及招牌菜的展示。

(5) 项目介绍：本板块包括禾花香连锁加盟的流程介绍，禾花香的品牌介绍等内容。

(6) 联系我们：本栏目给出了禾花香企业的联系方式。

【实施分析】

下面来欣赏一篇优秀的餐饮行业加盟时，如何规避风险的软文。

规避餐饮创业风险，选择禾花香川湘中式快餐

随着越来越多的人投身到餐饮行业中来，关于餐饮加盟项目的讨论就开始在网络及线下热传。而在众多项目中，中式快餐行业应该是参与人数众多、容易出成绩的一种。尤其是其中的禾花香川湘中式快餐品牌，不仅革新了消费者的体验，还让众多创业者欢欣鼓舞。

所谓灵活，正是不拘一格。因此，禾花香川湘中式快餐面对投资者推出了不同的加盟方案，分别是创业店、标准店、财富店、旗舰店、至尊店 5 种。其中，创业店主要针对那些刚刚走出校门的年轻创业人群。对于他们而言，创业的最大难题不是热情，而是资金。禾花香川湘中式快餐的创业店模式，不需要大量的资金投入，且只需要一两个人就能完成店面的正常经营。

……

至于那些有经验，也有着一定财力的加盟者，则可以选择标准店。区别于创业店的起步低，禾花香川湘中式快餐的标准店具有禾花香鲜明的服务特色，像单点和套餐两种模式兼具，会吸引许多消费者的到来。

如果喜欢高回报且自身拥有雄厚的实力，那么创业者应该选择财富店及旗舰店这两种。特别是旗舰店，因禾花香川湘中式快餐自身也在经营这类店面，所有的新品能够第一时间送至加盟店面之中，并且在经营心得与经验交流上做到高效互通。

至尊店作为规模最大的一种店型，适合有经验、有资本的投资商，这种店铺能够直接经营全线餐品，美食更加丰富。

相比于其他单一的合作模式，多种经营模式充分考虑到加盟者自身的投资愿望与能力大小，自然是更胜一筹。综合来看，想要规避餐饮创业风险，选择禾花香川湘中式快餐无疑是非常适合的。

(软文来源：株洲网)

【分析】

标题

本篇软文的标题很巧妙，看上去，软文的标题是教人如何规避餐饮行业创业的风险，但实际上却是禾花香的一篇广告。

内容

本篇软文的正文内容，也是以规避创业风险为主线，将禾花香品牌的各大优点都巧妙地融合进其中。正文中不止一次地指出禾花香品牌的安全性以及企业的雄厚实力，这就让读者在思考如何避免风险的时候，不知不觉地倾向于禾花香品牌。

结尾

本篇软文的结尾，详细地介绍了禾花香系列投资加盟项目中的至尊店，这就使得软文详略得当，通过最后的重点介绍，为至尊店增加了读者的印象，有助于读者潜意识的选择。

专家提醒

既然是加盟连锁品牌，那加盟连锁品牌的效应肯定是不错的，这也是投资餐饮加盟商所看重的地方，所以如果软文中的产品是知名品牌，那么就要对品牌进行详细的说明，增加品牌效应。

【案例25】齐鲁网攻略类软文：攻略中的餐饮信息——攻略软文最受欢迎

【平台简介】

齐鲁网是国务院新闻办公室批准成立、山东广播电视台主办的国家重点新闻网站，是山东的主流网络媒体，也是名列前茅的视频门户。

【功能解析】

下面就来了解齐鲁网的板块，如图4-4所示。

(1) 新闻：该板块中，包括时评、权威发布和孔子等内容。

(2) 图片：该板块中，包括理论、阳光政务和网画等内容。

(3) 网络台、微电影：这两大板块中，分别有主持人、专题、爱贝果、直播等内容。

(4) 社区、拍客：这两大板块中，分别有公益、课堂、摄协、爆料等内容。

(5) **财经**：该板块中，包括鲁商、旅游、汽车和艺术等内容。
(6) **教育**：该板块中，包括房产、健康、体育和阅界等内容。

图 4-4 齐鲁网

【实施分析】

下面来欣赏一篇优秀的餐饮行业的攻略类软文。

一位济南吃货的笔记本 济南美食最全攻略大盘点

作为济南吃喝玩乐第一大号，小编一直都在呕心沥血地为吃货贡献各种美食攻略，然而强大的吃货们仍旧不能感到满足，面对你们举起的小皮鞭，小编痛定思痛决定放大招啦，奉上济南美食最全攻略大盘点，拿走不谢！

在济南，起早排队的美味早餐

1. 草包包子铺(普利街总店)：市中区普利街×××(近趵突泉)。
2. 油旋张(纬三店)：济南市中××××(纬三路口)。
3. 张家油条：历下区按察××××(济南市××××)。
4. 米家牛肉：历下区××××。
5. 甜沫唐(和平路店)：历下区×××(和平路路北华夏银行东临××××)。
6. 赵家馄饨：济南市中区××××××对面。
7. 亮亮面馆(经十路店)：槐荫区经十路××××华联购物超市附近。
8. 金家马蹄烧饼：济南市中区××××。
9. 老陈家豆腐脑(佛山街店)：历下区佛山街××××(文化西路)×
10. 许记糁汤：济南历下区×××(×××山店对面)。

在济南，风靡济南朋友圈的冷面馆

1. 柯利亚韩国料理：历下区朝山街×××(近加州牛肉面)。
2. 土大力(经四万达店)：市中区经四路××××广场××(近人民商场)。
3. 南宫韩食(世茂店)：历下区世茂购物广场东座××××。
4. 料理先生的十五分钟：历下区世茂广场××××。
5. 全州韩式料理(和谐广场店)：槐荫区经七银座中心××××。
6. 韩品小厨(山师东路店)：历下区×××路文东菜市场××××(山师东路口)。
7. 槿花小馆：历下区师××。

8. 九州家：历下区泉城路××××(齐鲁金店西路口南侧)。
9. PANKOO 釜山料理：历下区泉城路 188 号××××(近朝天门火锅)。
10. 东谷滋：高新区新泺大街与舜风路路口奥盛大厦××××。
……

(软文来源：吃喝玩乐在济南)

【分析】

标题

本篇软文的标题，融合了攻略与盘点两大关键词，随着互联网的迅速发展，各种各样的攻略与盘点越来越多地进入人们的视野中，二者的结合，更增加了这条标题的重量。

布局

本篇软文的正文布局，采用了组合型布局的方法，也就是利用几个有关联的小内容，共同为一个主题所服务，这样的布局不仅可以更紧凑，也更加凸显主题。

片断组合型正文布局有哪些优点呢？如下所示。

片断组合型软文的优点

- 中心明确，主题清晰，分步骤表达，清晰自然。
- 文章层次清晰，结构严谨，一目了然。
- 选材的灵活性和自由度很大，既能充实文章内容，作者思路也容易打开，解除了无话可说、写不下去的障碍。
- 片断之间无须衔接，省去了过渡语句，因而作者不需过多考虑结构安排。
- 片断数量可多可少，因此可灵活控制篇幅。

专家提醒

运用片段组合型正文布局时要注意，各个片段之间必须有紧密的联系，分述部分应是总述部分的总纲或水到渠成的结论。

4.2 自助餐厅

自助餐厅就是客人自选自取适合自己口味菜品就餐的餐厅。就餐方式有两种：一是客人就餐先购票，到餐厅随意自取食品和饮料；二是先进餐厅自取随意食品和饮料，就餐完毕后结算。

【案例26】大辽网盘点类软文：盘点类软文容纳更多信息——盘点软文广告多，含金量自然也高

【平台简介】

腾讯·大辽网，是辽宁日报报业集团与腾讯公司，联手打造的辽宁城市生活门户网站，于2013年6月18日正式上线。

【功能解析】

下面就来了解腾讯·大辽网中的板块内容，如图4-5所示。

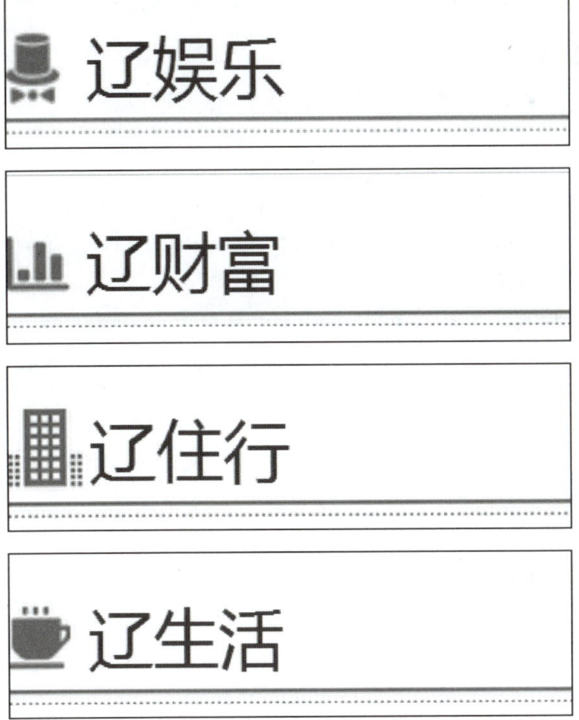

图4-5 腾讯·大辽网

(1) **辽娱乐：**该板块由时尚篇、娱乐篇以及演艺篇等内容构成。

(2) **辽财富：**该板块由理财篇、经济篇以及健康篇等内容构成。

(3) **辽住行：**该板块由家具篇、汽车篇以及房产篇等内容构成。

(4) **辽生活：**该板块由数码篇、美食篇以及旅游篇等内容构成。

【实施分析】

下面来欣赏一篇优秀的餐饮行业的盘点类软文。

盘点沈阳好吃的自助餐

吃自助的最高境界是什么——扶墙进、扶墙出。既想吃烤肉又想吃甜点，既想吃比萨又想吃甜点……恐怕只有自助餐才能满足你停不下来的要求了。来看看沈阳还不错的自助餐厅，挨个去拔草吧。老规矩：欢迎下方留言互动补充。

1. 龙腾四海国际自助餐厅

菜品很多，分好多区。牛排不比正宗牛排店的味道差。其他海鲜类基本就是扇贝、生蚝和籽虾，都是随便吃不限量，烤扇贝、生蚝要等很长时间。还有许多来自各国各地的美食。

电话：024-××××0999。

地址：东陵区营盘北街××××大奥莱×××××(奥体中心)。

2. 千炉·缘自助烤肉

菜品全，肉类多，水产品的种类也很多，晚上还有演出。值得一提的是水煮鱼很不错，甚至据说有的人就为它而来。在中兴新一城里，千炉·缘自助烤肉而且也是连锁品牌，口味非常不错。

电话：024-××××1777。

地址：沈河区中街路××××中兴××××××。

3. 比尔森健康烤肉

环境比较舒适，中午时候的人也很多。菜品比较丰富，各类别的都有。水饺是现煮的味道很不错，一些炒菜的口味也不错。他家的性价比超高，挺好的，烤鸭强烈推荐！好吃不贵，各种菜都有，蛋挞，比萨，薯条，蛋糕，冰激凌，水果……还有好多，适合各类吃货，里面收拾卫生的大爷服务态度很好。

电话：024-××××1888。

地址：和平区南京路××××国际××××××。

……

(软文来源：搜狐网)

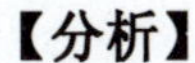

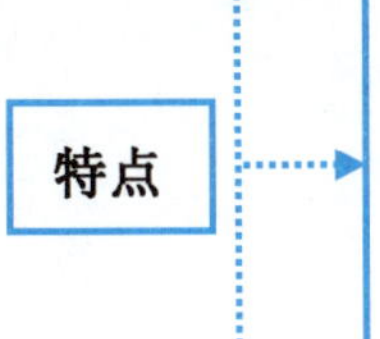

这篇软文最大的特点就是直接，无论是标题还是正文内容，都相当直接，可以说是开门见山，除了首段有一部分的过渡文字外，其余部分都是直接介绍餐厅，然后讲解其特点，甚至还写出了餐厅的电话以及地址，可以说是一篇真正对消费者有用的软文，非常受消费者的欢迎。

标题

这篇软文的标题就是直接，先将“盘点”两个字放在最前面，告诉读者这是一篇盘点类软文，其次指明地点是沈阳，最后注明是好吃的自助餐，标题虽短却结构清晰。

内容

这篇软文的内容也很有特点，文中所推荐的自助餐厅，基本上都是作者亲身体验过的，所以真实性很高，而且文中所推荐的餐厅，都标注了餐厅的位置，极大地方便了消费者前往体验。

【案例27】网易推荐类软文：吃货推荐不能错过
——标价明确的推荐软文，引发二次传播

【平台简介】

网易新闻是网易倾力打造的精品应用，已成为国内第一新闻客户端，因为体验流畅、新闻快速、评论犀利而备受推崇。

【功能解析】

下面就来了解网易新闻中适合放置软文的板块，如图4-6所示。

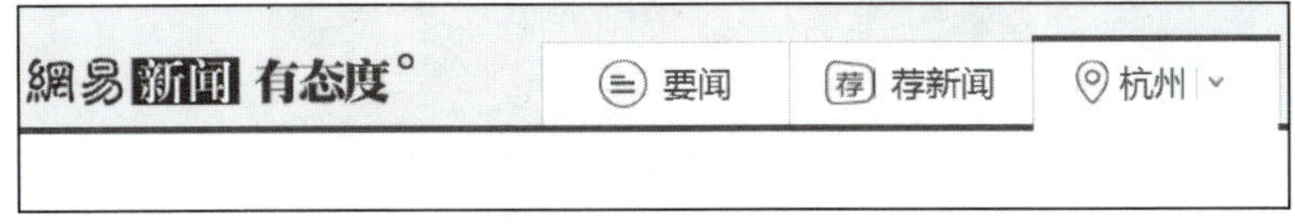

图4-6 网易新闻

(1) **要闻：**该板块有图片、国内、国际、社会、军事、航空等新闻信息。

(2) **荐新闻：**该板块有娱乐、体育、科技、交友、杭州等部分的新闻资讯。

(3) **杭州：**该板块中，除了有一些国内及时的新闻之外，还有杭州的本土新

闻，新闻更新速度较快。

【实施分析】

下面来欣赏一篇优秀的餐饮行业的美食推荐类软文。

杭州高端自助餐厅推荐　高价美味好风景

静岸标帜自助餐厅&酒吧

人均：443 元。

地址：上城区望江东路×××杭州××××。

甜品展示，如图 4-7 所示。

图 4-7　菜品展示

据说这是杭州目前最好的自助餐厅，靠窗的位置可以看到无敌江景。甜品和海鲜都很棒！其他菜色就相对稍微少一点，价格确实偏贵，海鲜不错，据说牛肉面是非常有名的哟！

西湖之春 103

人均：398 元。

地址：上城区××××××

海鲜展示，如图 4-8 所示。

图 4-8　菜品展示

环境很赞，落地窗外，及目皆绿。鳌虾、牡丹虾、龙虾、海胆、鹅肝、牛排这些全部任意吃，每桌有送限量的菜，有时送吉拉多，有时送蟹，说不定呦。

……

(软文来源：网易新闻)

【分析】

特点

本篇软文的特点明显，一是图文结合，既然是推荐类软文，那么在介绍餐厅的时候，如果配上一张餐厅环境或者精美菜品的图片，图文结合会更加形象；二是推荐餐厅中加入了价格，每一家餐厅下面都有人均消费金额，可以为读者提供更加全面的参考意见。

标题

这篇软文的标题，有一个很明显的特点，那就是在标题中，体现出了“高价”和“高端”等字眼，在标题中就告诉读者，软文中推荐的餐厅，消费水平都是较高的，当然，高消费自然也会有更加优质的服务。

亮点

推荐类的餐饮软文，如果能在软文中将餐厅或者企业的亮点展现出来，那定然可以利用亮点吸引读者。本篇软文在餐厅介绍时，只用了寥寥数笔却把餐厅的亮点介绍得很明确，例如，可以欣赏江景、餐厅会送菜等。

专家提醒

推荐类软文中，如果明确标出了价格，那么所标出的价格和实际价格出入不可过大，甚至没有出入是最好的。无论是餐饮类还是食品类，都属于一种消费行为，既然是消费行为，那么消费者对价格就会十分在意。

【案例28】大渝网开业类软文：开业软文首先发声——纯粹的论坛软文更受欢迎

【平台简介】

腾讯·大渝网是由腾讯科技有限公司和重庆日报报业集团联合打造的一家优秀的商业性区域门户网站，由腾讯网和《重庆商报》共同组建成立。

【功能解析】

下面就来了解腾讯大海网中的板块，如图 4-9 所示。

要闻	娱乐	麻辣探
城市	报料	城•视

图 4-9　腾讯大渝网

(1)　要闻：该板块中，有重庆时政、社会新闻、国内国际、原创新闻、城市民生等内容。

(2)　娱乐：该板块中，有娱乐有料、渝情播报、来渝明星、精彩图集等内容。

(3)　麻辣探：该板块中，有往期浏览、缩略图、列表等内容。

(4)　城市：该板块中，有新闻、策划、活动、微信等内容。

(5)　报料：该板块中，有最新报料、回音壁、最新报料、我要爆料等内容。

(6)　城 • 视：该板块中，拥有城市版“黄石公园”“山城爬楼族”“探访重庆主城旧书市”等内容。

【实施分析】

下面来欣赏一篇优秀的餐饮行业的开业软文。

大融城新开自助餐厅　100 元海鲜烤肉吃到饱

烤言海鲜烤肉，开在江北大融城 LG 层。装修走质感雅致路线，米白色木纹材质点缀灵动小物，更像是一家咖啡厅的装潢。

菜品展示，如图 4-10 所示。

图 4-10　菜品展示

主打海鲜和烤肉，有近一百种自助餐品供选，围桌而设的餐台长得离谱，酱料都有近20种。

菜品展示，如图4-11所示。

图4-11 牛肉

三文鱼、海螺、雪蟹味道挺不赖，牛羊肉牛排上都来了一轮，德国现酿啤酒不多见，有心思，八喜各种口味冰激凌更是降火良药，餐后还有萌萌点心奉上，冰爽鲜榨果汁和暖心热茶都有。

11月11日正式开业，江北核心商圈黄金位置享自助美味。

美食资费：

午餐：100元，晚餐：119元。

具体地址：江北×××××。

(软文来源：腾讯•大渝网)

【分析】

标题

虽然简短的标题很容易让读者记住，但是稍长一些的标题却也可以容纳更多的信息。例如，本篇软文的标题虽然长，可是包含的信息却非常多。

“大融城”是江北大融城，也是餐厅所在的楼盘项目名称；“新开自助餐厅”指出了软文的时间；“100元海鲜烤肉”指出了餐厅中能享受的美食；“吃到饱”对于很多食客来说，应该是最有吸引力的。

图片

本篇软文中的图片选取也非常有技巧，选择的都是充满诱惑的海鲜和肉片的图片，更有吸引力和诱惑力。

特点

本篇软文的特点就是软文简短但是图片精美，所选图片都是餐厅内部的实拍图片，真实可靠，而且软文中对于餐厅并没有进行过多的宣传。

第 5 章

金融软文：软文刺激金融行业

保险软文

新闻报道

活动软文

平安保险

租赁软文

美丽租：租赁电商助力租赁行业

宝贝租车儿童用品租赁：母爱最伟大

汽车租赁：德国大众汽车的租赁业务

5.1 保险软文

金融业指的是银行与相关资金合作社，还有保险业，除了工业性的经济行为外，其他的与经济相关的都是金融业，包括银行业、保险业、信托业等都属于金融业。

【案例29】新闻报道：中国人寿冠名电视剧——真正的新闻报道软文

【平台简介】

中国人寿保险公司，是国有特大型金融保险企业，总部设在北京，世界500强企业之一、中国品牌500强。该公司前身是成立于1949年的原中国人民保险公司，公司拥有非常强大的领导班子。

【功能解析】

下面就来了解中国人寿网站的相关板块，如图5-1所示。

图5-1　中国人寿网站

(1) **个人客户**：该板块中，有机动车辆保险、货币基金、混合基金、债券基金、定期寿险等内容。

(2) **企业客户**：该板块中，有企业员工养老保险、企业年金投资保障、人身意外风险保障等内容。

(3) **网上商城**：该板块中，有汽车保险、交通保障、家庭保障等内容。

(4) **服务中心**：该板块中，有下载中心、给我们留言、购买意向申请、成为会员等内容。

(5) **辉煌国寿**：该板块中，主要是中国人寿的一些介绍，包括集团介绍、新闻动态、形象宣传等内容。

【实施分析】

下面来欣赏一篇优秀的新闻报道式软文。

中国人寿助力北京卫视《生命缘》 荣获中国新闻奖一等奖

近日，由中国人寿独家冠名的北京卫视《生命缘》“无影灯下的生死博弈”荣膺第二十五届中国新闻奖一等奖。这是中国人寿继10月在中国国际广告节上摘得金奖后获得的又一殊荣。

作为国内最大的国有金融保险集团，中国人寿一直践行“成己为人、成人达己”的企业文化核心理念，致力于助学、扶贫、慈善捐助、志愿者等活动，积极回馈社会，支持公益事业的发展。

作为一家有情怀、有温度，具有强烈社会责任意识的企业，中国人寿独辟蹊径，与北京卫视国内首档医疗真人纪实类节目《生命缘》开展合作，选取全国最具权威性的医疗资源和高难病例。

将拍摄内容延伸到急诊室、抢救室、手术室等细微之处，记录当事人的真实故事和由此衍生的医学奇迹，记录生命中突然遭受的挫折、病痛，记录医院里每天都会上演的生死攸关，记录每一份祈祷与守护，力图弘扬人文关怀、体现对个体的尊重与珍视，让观众深深体会到生命的珍贵和亲情难得。

据悉，该栏目自2014年开播以来，多次受到中央有关领导的表扬，评价其为一档“传播正能量”的优秀节目。自从中国人寿本季独家冠名以来，北京卫视《生命缘》凭借独特的视角和精良的制作，连续位列省级卫视相关时段收视排名前列，不但多次登上各大网站话题榜首，更引发了整个社会对生命和亲情的思考。

(软文来源：新疆天山网)

【分析】

标题

本篇软文的标题，其实属于一种创新的标题类型，也就是借势类标题。所谓的借势类标题，就是借取别人的名气，进行标题的撰写，再直白一点就是利用名人或热点事件的名气为噱头，定会吸引读者的眼球。本篇软文借的就是《生命缘》的势。

内容

新闻类软文的表现形式自然就是新闻，通过新闻报道或新闻评论分析的形式把广告自然地穿插在软文中。本篇软文就是典型的新闻报道，但是其中多处体现了中国人寿的广告，而且将中国人寿的理念巧妙地融入到软文当中。

专家提醒

新闻类软文在形式上的隐蔽性和表达上的悬念性、完整性与可看性，抓住了消费者的心理，为企业的宣传起到了非常重要的口碑作用。

新闻类软文，对于企业能起到什么推广作用呢？如下所示。

直接性

新闻软文让用户有机会直接在门户网上的相关频道看到关于企业产品的新闻，产生直接的点击或者评论，带来直接客户。

促进交易

用户运用搜索引擎，搜索企业的公司名或者产品的关键词，那么就会在一个或几个页面上，多次看到各大网站的相关报道，促进交易过程。

产生信任

企业可以把所有各大网站发表过的关于企业的报道按照原网站网页的形式收集起来，将链接放在自己的官网上，以供用户浏览，使其迅速产生信任感。

【案例 30】活动软文：太平洋保险“保险公众宣传日”——活动需要软文进行辅助

【平台简介】

中国太平洋保险公司，1991 年经中国人民银行批准，由交通银行筹建的股份制保险企业，于 1991 年 5 月 13 日在国家工商局注册成立，注册资本为 10 亿元。

【功能解析】

下面就来了解太平洋保险官网中相关板块，如图 5-2 所示。

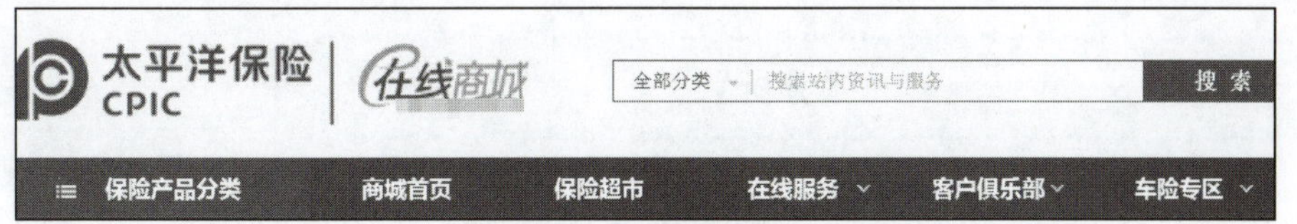

图 5-2 太平洋保险官网

(1) 保险超市：本板块有汽车保险、人身意外保险、家庭保险、少儿保险等内容。

(2) 在线服务：本板块有保单查询、保单贷款、会员认证、电子保单认证与下载等内容。

(3) 客户俱乐部：本板块有会员中心、互动社区、积分乐园等内容。

(4) 车险专区：本板块有车险产品、车险理赔、车险投保、车险服务等内容。

【实施分析】

下面来欣赏一篇优秀的活动软文。

太平洋保险火热开展“保险公众宣传日”客户互动活动

2015 年 7 月 8 日，作为“一键保险呵护无限”全国保险公众宣传日的重要主题活动之一，国内首部保险行业原创话剧《生命密码》在北京解放军歌剧院首演。

该剧以太平洋保险杰出员工林萍的真实事迹为原型，生动地讲述了林萍捐肝救人的故事，用艺术化的手法表现了林萍大爱无疆的精神，有力地彰显了保险业的优秀品格，赢得现场观众的热烈掌声和一致好评。

在 2016 年全国保险公众宣传日，太平洋保险公司高管、媒体记者还走进门店、社区，详细了解创新技术应用情况及客户体验，各地机构也积极开展形式多样的保险知识普及活动，加强公众保险教育，大力传播“保险让生活更美好”的行业理念。

在北京，中国保监会主席项俊波等领导、全国各大保险公司负责人、有关嘉宾、专家学者和各大媒体记者 800 余人观看了《生命密码》的全国首演。

该剧由中国保险行业协会出品，生动地讲述了林萍捐肝救人的故事。演出结束后，保监会主要领导、太平洋保险集团总裁霍联宏、林萍等亲切慰问了话剧主创人员，并合影留念。

……

与此同时，“保险，让生活更美好”“一键保险呵护无限”的旗帜同时飘扬在大江南北，全国各地的太平洋保险分支机构均如火如荼地开展了各种客户互动行动。

(软文来源：北方网)

【分析】

作用

为了提升品牌影响力，促进产品销售，各个网站每隔一段时间都就会推出一档大型营销活动，软文就会在活动前投向客户。所以软文和企业活动的结合，所能起到的效果是非常好的，就算是活动之后的软文报道，也可以用总结的口吻进行报道，延续活动的影响力。

内容

本篇软文以“保险公众宣传日”活动为主线，对活动现场进行了详细报道，无论有没有参加过活动，读者都可以通过软文见识到活动当日的盛况。

亮点

本篇软文将活动的重点体现得非常好，任何企业举办的活动，肯定都会有一个主题，这个主题就是正常活动的亮点，本篇软文的亮点就是话剧《生命密码》，而且这则话剧还是根据中国保险真实的故事改编，更加体现了中国保险的价值。

专家提醒

活动软文在撰写的时候，一定要懂得“抛砖引玉”，就是用自己的东西引出别人更好的东西，相当于在活动的前期宣传做得不错，在后期更是要让用户惊喜，否则大家就会对活动失去信心，甚至对整个品牌产品都失去信心。

【案例 31】平安保险：助力穷家孩子——社会公益事件软文更具效力

【企业简介】

中国平安保险(集团)股份有限公司，于 1988 年诞生于深圳蛇口，是一家股份制保险企业，至今已经发展成为集金融保险、银行、投资等金融业务为一体的整合、紧密、多元的综合金融服务集团。

【功能解析】

下面就来了解平安保险网站上的功能，如图 5-3 所示。

(1) **保险购买：**该板块中，有汽车保险、旅游保险、意外保险、健康保险等内容。

平安直通保险 不止于领先 平安保险官方网站 热门搜索：车险 意外险 健康险

首页 保险购买 理赔服务 会员俱乐部 车主商城

图 5-3 平安保险的功能

(2) **理赔服务：** 该板块中，有理赔介绍、理赔进度查询、理赔网点查询等内容。

(3) **会员俱乐部：** 该板块中，有安全驾驶月领 10 元、优惠券天天抢、每日赚积分等内容。

(4) **车主商城：** 该板块中，有安全自驾、发现频道、本地服务等内容。

【实施分析】

下面来欣赏一篇优秀的社会公益新闻类软文。

平安保险南阳平安财险 助力穷家孩子得保障

近年来，随着保险业改革创新步伐的不断加快，中国已初步探索了一条改革与发展相促进、行业发展与服务全局相协调的中国特色保险业发展道路，而作为人口众多、全国少有的较大地级市，南阳农村家庭也深受中国平安保险的惠泽，让贫困的孩子又多了一层保障。

据悉，在邓州市裴营乡一初中就读的潘同学，上体育课时，因练习百米跑而突发意外，造成左小腿骨折。而被送到邓州市中心医院救治后，高达 2 万多元的医药费，让这个本就不太富裕的农村家庭雪上加霜，潘同学的父母却迟迟没有办法。

"好在裴营乡一初中给潘同学办了我们的中国平安校方责任险，事后接到信息反馈，我第一时间赶到学校了解情况后，才知道学生已经在家休养，并未到校正常读书。

我到学生家里了解完具体情况后，便以最快的时间、尽量减免相关手续来给孩子办理保险理赔款，希望他能得到及时救治，早日康复回到学校继续读书。"平安财险南阳中心支公司王康讲道。

对于王康简化手续帮助农村学生获得理赔一事，平安财险南阳中心支公司客服理赔部经理张康表示，这种做法正是我们保险从业人员的工作责任，遵照合同精神简化程序，不耽误学生治疗，是我们处理此次理赔的工作重心。

随后，本网电话联系了潘同学所在学校的李老师，李老师说："事情发生后，我们第一时间给中国平安报案，理赔人员也及时赶到，还去了学生家里，家长意思是二次手术后再一起进行理赔，平安保险给我们学校解决了大问题……"

潘同学的父亲告诉记者："孩子目前仍在家休养，还在继续治疗。学校在事后拿给我们5000元表示慰问，平安保险也理赔30000元，我们家很感激。”

(软文来源：映象网)

【分析】

素材

素材一般来自于软文撰写者的积累，来自于采访，来自于阅读，来自于思考。只要有了足够的积累，才能在写作的时候随时将它们拿出来用，而不是绞尽脑汁地去编。

本篇软文的素材就非常好，“平安保险助力穷家孩子”，这属于社会公益性活动，本来就是一项充满正能量的事情，当作软文要素是非常好的。

伪装

这篇软文无论是从什么角度来看，其实都是一篇新闻报道，一篇关于“平安保险助力穷家孩子”的公益性活动的新闻报道，但是实际上，只是因为这篇软文伪装得太好了，将软文的特点都隐藏了起来，如果不是专业人士是很难分辨的。

一篇优秀的软文，除了要有合适的素材，还有其他要点需要掌握，如下所示。

主体

软文中的主体是指“核心主角”，而这里的“主角”指的并不单单是一个人，而是所有的事物，如企业、品牌、产品、网站等。

思想

一篇富有独特思想、正确见解的软文，能引来不少读者进行“围观”，一般来说，写作是作者思想的展现、表达，是作者对人生的感慨、感悟、感叹，是对自己身边事物的回忆、回想。

写作手法

对于软文来说，写作手法是将素材与软文内容加工、整理的手段。

专家提醒

软文撰写者，最好是先找到软文写作技巧，再来规定自己的写作风格文风，这样循序渐进、步步成长，才能使软文发挥营销效果。

5.2 租赁软文

目前，国内具备法人资格的融资租赁公司有百余家，资产规模超过百亿元的有十多家。虽然发展时间短，但是市场规模和企业规模的增长却是一日千里，并且中外合资的租赁企业更是占据了大部分市场。

【案例32】美丽租：租赁电商助力租赁行业——美丽租成为软文营销受益者

【平台简介】

美丽租是一个立足于打造专属高端设计师时尚品，租赁及服务的O2O平台，从共享经济到体验经济，从线上衣橱管家到线下体验馆，从分享经济切入，为女性精心打造的一站式专业服务。

【功能解析】

下面就来了解京东商城的功能，如图5-4所示。

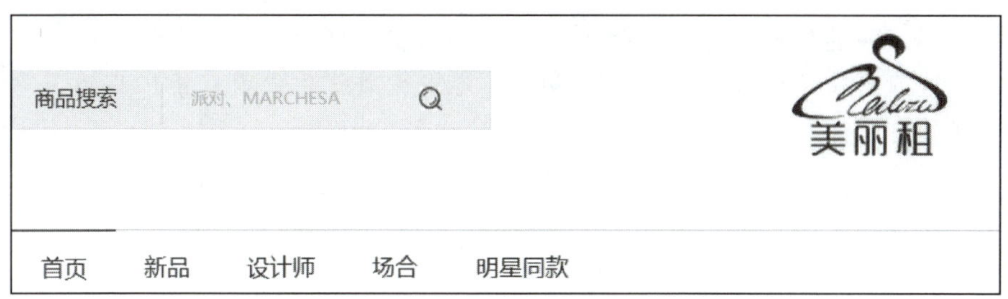

图5-4　美丽租的功能

(1) 新品：该板块中，都是美丽租网站最新款的服装，搜索条件分为租借时间、衣服长度、颜色、场合以及设计师等内容。

(2) 设计师：该板块中，按照设计师英文名首字母排列，方便用户搜索钟爱的设计师。

(3) 场合：该板块中，分为婚礼新娘、年会晚宴、派对酒会和每日每租等内容。

(4) 明星同款：该板块中，有诸多明星的同款服装。

【实施分析】

下面来欣赏一篇优秀的租赁软文。

美丽租租赁电商正式启动　开启你的无限衣橱

当晚近200位贵宾、VIP忠实用户、时尚博主、国际买手及30余位回馈客户代表，包括京东金融、九合创投、联创、初心资本、富唐、蓝湖资本在内的多家投资机构，知名企业家领袖代表、青年精英女性投资协会——百俪会、赫斯特集团、寺库、36kr、创业邦、投中集团，高校代表(清华大学、传媒大学)等多家国内主流媒体应邀出席。

此外，美丽租还发布了与招商银行和CCTV中国品牌创新发展工程的战略合作并举行签约仪式。

发布会中引人瞩目的时装秀展示环节呈现了美丽租30套高端礼服和日常服装，围绕四个主题——“婚礼”“办公室”“宴会”和“日常”，分别呈现出在不同场景内所搭配出的不同造型，突出强调了美丽租“场景化订阅式”的核心概念。

每一个造型都可以在美丽租的官网及手机APP上找到。如光临美丽租线下体验店，更可预约专属搭配师或专业造型师，为你一站实现整体造型装扮，美丽租无限衣橱，让你在每个需要的场合，散发出夺目的美丽光芒，成为众人中的焦点。

……

同时美丽租推崇“时尚分享经济”这个概念，将人们爱美的天性和对时尚的追求，与更加环保、低碳的生活方式相结合。这种分享消费观念，是对互联网消费方式的一种升级，也是在全球分享经济浪潮下美丽租带给人们的一种全新体验。美丽租位于上海外滩的线下体验馆也已经建成，预计将于年底正式开幕。

美丽租品牌创始人吴夏有着清晰而明确的目标，“帮助所有的女孩实现关于美的梦想，不论她的职业、背景、收入，这是美丽租的使命，也是我的责任。”美丽租承载着这般解决中国人穿衣痛点的初衷，在探索着优化中国零售行业的道路上和大家一起并肩前行。

(软文来源：Pclady)

【分析】

类型

这篇软文可以说是比较标准的新闻软文了，虽然篇幅较长，不过无论是从整体结构还是从文章的写作手法上，都是新闻软文的惯用方式。

标题

从标题上看，这篇软文也充满了新闻的味道，主标题与副标题的结合，可以让读者更加详细且清晰地明白标题的含义，甚至对于正文内容有一些猜测。

内容

一篇成功的新闻软文，在正文中是少不了大量的新闻词汇的，在这一点上，本篇软文做得很好。除了活用新闻词汇外，本篇软文对于美丽租的介绍也可谓不惜笔墨，详细地介绍也就使得读者对于美丽租的印象更深刻。

一篇新闻报道，如果很难让人看出这是软文广告，那么这就是一篇非常成功的软文，具体要求如何做呢？如下所示。

新闻词汇运用方法

- 注意地名、姓名的使用规范。
- 重视异形词的正确使用。
- 数字用法要规范。
- 计量单位要规范统一。
- 成语使用要规范正确。

新闻软文格式运用方法

- 红色标题比黑色标题好。
- 标题宽的比窄的好。
- 有副标题的比无副标题的好。
- 有标志性图片比没有的好。
- 注意整体颜色的差异化与唯一性

专家提醒

新闻软文的标题，一定要满足关键字和长尾关键词，并且软文中需要存在关键字标签。

【案例33】宝贝租车儿童用品租赁：母爱最伟大——情感营销百试不爽

【平台简介】

宝贝租车是一款提供高端母婴用品在线出租电商平台，有汽车座椅、婴儿高餐椅、婴儿推车等用品在线出租，以“诚信、精品、正品，用最低的价格给孩子最好”为经营理念，如图5-5所示。

图 5-5　宝贝租车

【功能解析】

下面就来了解宝贝租车的功能，如图 5-6 所示。

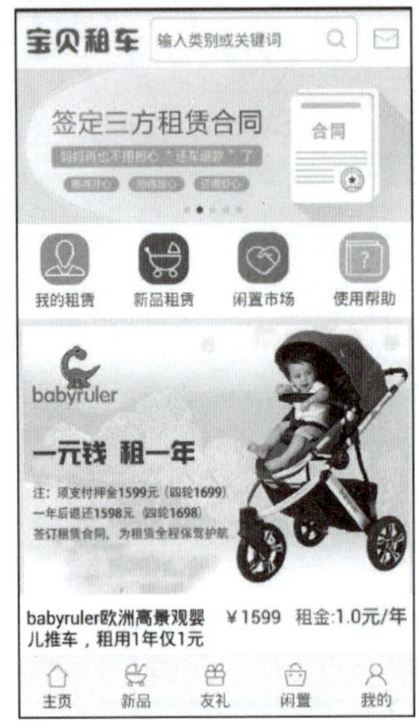

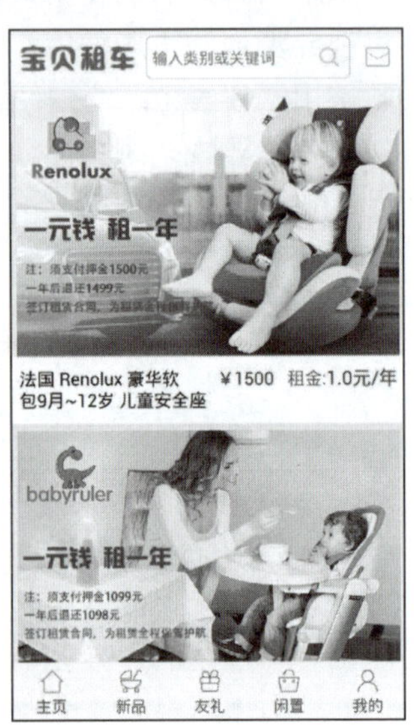

图 5-6　宝贝租车

(1) **新品：**该板块内都是新上市的商品，可以按照销量与价格进行商品搜索。

(2) **友礼：**友礼其实就是推荐有礼，如果将宝贝租车 APP 推荐给朋友，好友可以获得 20 元优惠券，还可以领取 50 元现金。

(3) **闲置：**该板块内，拥有很多母婴相关的闲置信息，可以进行信息发布与商品展示。

【实施分析】

下面来欣赏一篇优秀的宝贝租车的租赁软文。

儿童用品租赁　轻奢·母爱新生活

据有关数据统计，“双十一”当天某个以母婴产品为主的网站开场 17 个小时成交量便突破了3亿元，开创了中国母婴电商单日销售新纪录。

笔者以为，在这巨大的数字背后，我们看到的不仅仅是当今网购行业的快速发展，还应看到数字背后那浓浓的爱，看到宝妈们对宝贝无私的付出。

现在，“双十一”渐渐走远，大家也慢慢地从“双十一”的紧张氛围中呼出了一口气。但是仍有不少妈妈表示，在那些大牌产品打折的时候，应该再给孩子多买一些东西。

……

而对于此次活动中产品的质量问题，宝妈们也可完全放心。记者了解到，与宝贝租车的合作对象都是雷诺丝等知名品牌。另外，在租赁之前，平台也会对婴儿推车的工艺及安全性进行全方面检查，可确保产品安全万无一失。每天花一元钱就可以使宝贝享受到最安全、最舒适的生活环境，宝妈们还在犹豫什么，快快行动吧！

宝贝租车，这个母婴行业中的佼佼者，它以其精益求精的态度和不断进取的作风，把时尚与环保完美结合。相信随着品牌在租赁流程和服务体验等方面的不断完善，宝贝租车将进入一个全新的创新发展时期。

(软文来源：山西新闻网)

【分析】

主题

情感营销就是把消费者个人情感差异和需求作为企业品牌营销战略的情感营销核心，通过借助情感包装、情感促销、情感广告、情感口碑、情感设计等策略来实现企业的经营目标。

本篇软文就很好地抓住了母爱这一明显的情感营销点，通篇以母爱为主线，对宝贝租车进行了细致的阐述。

亮点

抓住某件事物最大的亮点进行描述，是软文写作中比较有效的方法，本篇软文就抓住了宝贝租车中产品质量过硬这一亮点，毕竟母婴用品，质量的好坏尤为重要。

广告

本篇软文并没有一开始就说宝贝租车如何，而是通过“双十一”母婴产品的热销，引出母婴用品市场的巨大需求，然后才通过宝贝租车租赁平台上线这一事件，引出宝贝租车这一专业母婴用品租赁平台，随后详细地介绍和描述，增加用户对宝贝租车的了解，从而促进宝贝租车用户下单量。

专家提醒

情感营销是从消费者的情感需要出发，唤起和激起消费者的情感需求，引发消费者心灵上的共鸣，将情感融合在软文当中，让营销变得有情有义。

很多企业对于情感营销都青睐有加，那么情感营销有何魅力呢？如下所示。

营造更好的营销环境

营销环境不仅可以给企业带来威胁，也可以带来机遇。营销环境制约着企业的生存和发展，企业应重视对良好营销环境的利用和营造。随着情感消费时代的到来，消费行为从理性走向感性，消费者在购物时更注重环境、气氛、美感，追求品位，要求舒适，寻求享受。

提升消费者的品牌忠诚度

市场竞争日益激烈，品牌是否优秀已经成为企业胜败的重要因素，一个好的品牌能建立顾客偏好，吸引更多的品牌忠诚者。情感营销正是以攻心为上，把顾客对企业品牌的忠诚建立在情感的基础之上，满足顾客情感上的需求，从而得到顾客的心理认同，进而产生偏爱，形成一个非该企业品牌不买的忠实顾客群。

情感营销有助于打败对手

市场竞争，其实质就是与同行争夺顾客，争夺顾客除了注意商品质量上乘、包装新颖、价格公道外，更重要的是要实施情感营销，对顾客要真诚、尊重、信任，从而赢得顾客的好感和信任。

【案例 34】汽车租赁：德国大众汽车的租赁业务
——汽车租赁行业也需要软文营销

【企业简介】

德国大众汽车集团成立于 1937 年，大众汽车公司是一个在全世界许多国家都有生产厂的跨国汽车集团，名列世界十大汽车公司榜首。公司总部曾迁往柏林，现仍设在沃尔夫斯堡。

【功能解析】

下面来了解大众汽车官网的功能，如图5-7所示。

图5-7 大众汽车官网

(1) **车型总览：**本栏目中，有大众汽车的众多车型可供用户浏览或者挑选，例如，甲壳虫、高尔夫、宝来等。

(2) **购车服务：**本栏目中，有购车指南、经销商查询、预约试驾、保险服务等内容。

(3) **大众关怀：**本栏目中，有售后服务、大众新动力、大众车联网、大众驾驶学院等内容。

(4) **企业信息：**本栏目中，有大众汽车(中国)、大众汽车历史、新闻中心等内容。

(5) **大众汽车文化：**本栏目中，有车展在线、大众自造、大众之美等内容。

【实施分析】

下面来欣赏一篇优秀的大众汽车的租赁软文。

德国大众汽车租赁业务众多，车队管理为百姓的安全护航

谈及汽车租赁公司，让大家熟悉放心的必有德国大众汽车租赁。随着经济的发展，许多人尽管有了自己的汽车，但为了方便，还是想向租赁公司租车。

随着汽车的租赁业务的增多，租赁公司的事情也变得更多，因为一些售后的问题很多。因此一个汽车租赁公司如果要营造一个让中国人信任的车队管理，是需要付出许多精力的。德国大众汽车租赁就是在这样的环境中不断成长起来的一家公司。

……

那么，什么是车队管理呢？车队管理是对车队及驾驶员的技术监督和安全管理。管理范围包括：登记检验车队信息，考核审验驾驶员，核发车队号牌、行车证和驾驶证，监督车队的制造、保养、维修和驾驶员的培训工作，管理非机动车。

其目的在于提高运输效率，保证交通安全，预防犯罪分子利用车队进行犯罪活动，维护社会治安秩序。车队管理对德国大众汽车公司而言，还包括车队档案管理、驾驶员档案管理、行车安全管理、车队定位管理、用车记录管理、加油管理、维修管理和费用管理等几大方面，目的在于增加车队安全行驶，提高车队使用效率。

德国大众汽车租赁公司结合企业的工作性质和实际情况，制定相关的车队管理制度，并结合目前较为流行的车队管理软件，从制度到技术两方面提高对车队的监控力度，降低管理难度。

(软文来源：新浪博客)

【分析】

亮点

本篇软文虽然是一篇宣传性的广告软文，但是却有一点做得很好，那就是在宣传自己的时候，在软文中加入了知识点的解读。

这就使得本篇软文从单纯的广告软文变成了有价值点的软文了。正文中有一整段的内容，都是在解释什么是“车队管理”，这样的知识解读的内容，是很有价值的。

广告

作为一篇以宣传品牌为主的广告软文，值得注意的是软文中不能有太过明显的广告内容，否则就算对品牌的介绍足够详细，但是失去了读者，也就没什么太大的意义了。

发布软文广告是企业的需求，无非是要达到品牌宣传目标或产品销售目标，但写作软文广告时首先要考虑读者的需求，因此给软文拟一则新闻标题就显得很重要了。

标题

本篇软文的标题就属于新闻标题，主标题与副标题的结合，让软文内容更加丰富，而且本篇软文的标题就抓住了“百姓”这两个字眼，增加了软文的公益性，可以扩大阅读面。

第 6 章

手机软文：手机营销需要软文

苹果手机

中关村在线报价软文

泡泡网预告软文

网易手机话题类软文

国际在线提问类软文

腾讯网曝光类软文

比特网活动报道类软文

IT168 资讯类软文

三星手机

6.1 苹果手机

iPhone，是苹果公司研发的智能手机，它搭载苹果公司研发的 iOS 操作系统。第一代 iPhone 于 2007 年 1 月 9 日由苹果公司前首席执行官史蒂夫·乔布斯发布，并在 2007 年 6 月 29 日正式发售。

【案例 35】中关村在线报价软文：iPhone6S 苹果手机报价——报价软文直接简单

【平台简介】

中关村在线，资讯覆盖全国并定位于销售促进型的 IT 互动门户，是一家商业价值相当高的 IT 专业门户。

【功能解析】

下面就来了解中关村在线的功能，如图 6-1 所示。

图 6-1　中关村在线

(1) ZOL 商城：本板块中，主要有 Z 团、手机馆、DIY 攒机馆、限时抢购、秒杀和众筹等内容。

(2) ZOL 新闻中心：本板块中，主要有快讯、Z 直播、趣科技、汽车科技、Z 解密、人物访谈、图说频道等内容。

(3) ZOL 论坛：本板块中，主要有论坛活动、试用中心、兴趣圈子、Z 神通联盟和排行榜等内容。

【实施分析】

下面来欣赏一篇优秀的手机报价软文。

港版 iPhone6 Plus 报价国行苹果 6S 价格

最火爆的手机又降价啦，说的就是苹果 iPhone6S。虽然在机身设计方面没有改变，但内置了全新的 A9 处理器，速度较前代 A8 有着接近一倍的提升，并且搭配 2GB 内存，性能更加恐怖，并且将传统的 800 万像素摄像头调整至 1200 万像素摄像头，1200 万像素后置摄像头搭配 500 万像素前置摄像头带来绝佳的拍摄体验。

目前该机在经销商“中港数码”处报价为 iPhone6S Plus 报价 5688 元，iPhone 6S 报价 4488 元，有兴趣的朋友可以与经销商联系，咨询购机专线：QQ：××××5808，购买还有礼品送。

苹果 iPhone6S 延续了上代机型的设计，采用了 4.7 英寸大屏，分辨率依旧维持在 1334×750 像素，十分细腻，鉴于 iPhone6 饱受“弯弯门”的影响，此次机身采用了强度更高的 7000 系列铝合金材质制作而成。

最吸引人眼球的莫过于采用了全新 3D Touch 技术的触控屏，很有可能是手机从键盘到触控操作后的一次新的操作革命，将二维操作升级到三维，具体的表现十分值得期待。

……

[手机型号]：苹果 iPhone6S Plus 16GB—5688 元(包邮)。

[手机型号]：苹果 iPhone6S 16GB—4888 元(包邮)。

[手机型号]：苹果 iPhone6Plus 16GB—3880 元(包邮)。

[手机型号]：苹果 iPhone6 16GB—3080 元(包邮)。

[手机型号]：苹果 iPhone5S 16GB—2280 元(包邮)。

[销售商家]：中港数码。

[商家销售 QQ]：××××5808。

[联 系 人]：陈先生。

[联系电话]：××××5508166。

[商家地址]：深圳市福田区××路××工业区×××××××。

购买本店产品可享受三包服务：全国联保、带发票、未拆封、未激活、承诺假一赔十，支持任何方式检验 7 天包退 15 天包换，全国 2 年保修，购买还有礼品送。

(软文来源：中关村在线)

【分析】

广告

这篇软文其实就是一篇广告软文，通过对苹果手机的介绍，最后将手机报价放在软文结尾并且留下联系方式，可以说这篇软文对于广告没有什么技巧可言，不过由于软文结尾的一系列报价，对于用户来说还是有很大价值的。

布局

一篇优秀的软文，肯定是有着自己的布局形式的，本篇软文就是利用了软文布局中的说明书布局手段，整篇软文以说明性文字为主，对于苹果手机有一系列的说明解释。

产品说明书类型的正文布局，是以文体的方式对产品进行相对详细的描述，使人认识、了解该产品。产品说明书类型的布局，要实事求是，不可以为了宣传效果而刻意夸大。

除了这种说明书类型的正文布局外，软文还有着其他的布局手法，如下所示。

创编型

创编正文布局即对正文内容进行创作编辑。借用大家熟悉的神话、寓言、童话等，对其进行创意的改造和编辑。

书信型

书信型的软文布局还是比较受欢迎的，借用书信的布局格式组织材料，这种布局对于成文效率有很大帮助。

独白型

独白型也就是自问自答，像是在说单口相声一样，整篇软文都是自己问自己，当然，还是需要一些巧妙的过渡的。

专家提醒

只有合理的布局，在实施接下来的步骤的时候才可以有条不紊。在软文写作中，对软文的整体布局也是非常重要的。软文布局，就是在软文撰写过程中对素材、文字、标点符号及数字的排兵布阵。

【案例 36】泡泡网预告软文：Apple Pay 手机上市预告
——手机上市自然也需要软文营销

【平台简介】

泡泡网是一家权威性与影响力并存的，IT 垂直互动门户网站之一，自 2000 年创立以来始终致力于 IT 产品的价值创造与资讯传播。

【功能解析】

下面就来了解泡泡网的功能，如图 6-2 所示。

图 6-2 泡泡网功能

(1) **手机**：该板块中，有科技生活、平板电脑、移动电源、耳机、iPhone 频道、GPS 频道等内容。

(2) **笔记本**：该板块中，有台式机、一体电脑、游戏本、资讯频道、软件频道等内容。

(3) **平板电脑**：该板块中，有手机频道、笔记本频道、超极本频道、移动电源频道等内容。

(4) **数码相机**：该板块中，有数码摄像机、镜头、闪光灯、三脚架等内容。

【实施分析】

下面来欣赏一篇优秀的手机上市预告软文。

苹果发布 Apple Pay 新广告：明年年底登陆中国

近段时间苹果基本上每周都会有一则产品宣传广告，比前不久的新版 Apple TV，而在官方发布的最新一则广告中，主角轮到 Apple Pay 移动支付服务了。

Apple Pay 的广告并没有太华丽的场面，主要是强调了这项移动支付服务方便、安全、注重隐私的特点，正如视频中所提到的那样，利用 Apple Pay 支付只需轻按 Touch ID 即可实现，并且苹果重申在完成绑定后，设备上并不会直接存储用户的银行卡账号信息。

与其说这是一则广告，倒不如说这是一则功能说明，使用 Apple Pay 要先在“钱包”中添加银行卡，若要添加的银行卡同时也是 App Store 账号正在使用的银行卡就会更简单；最后用户设置好认证方式即可使用 Apple Pay 。

Apple Pay 发布于 2015 年 9 月，一个月后在美国启用，发展至今已拓展至英国、加拿大和澳大利亚等国家，使用人群正在逐渐增加。Apple Pay 已经在上海自贸区注册并且可以顺利使用，不过正式登陆中国市场恐怕要等到 2016 年年底了。

(软文来源：威锋网)

【分析】

标题

这是一篇预告式软文，而且也是一则产品宣传广告，软文中对于 Apple Pay 的介绍也相当详细，不仅将 Apple Pay 以往的广告作了总结，也对于 Apple Pay 作了一些介绍。

软文的标题中，信息非常齐全，光看标题读者也能对于软文内容有一定的了解，这样才能起到很大的揭示正文的作用。

布局

这篇软文正文字数并不是很多，而且把重点放在了结尾，算得上是先抑后扬的布局手法。

先抑后扬，也叫欲扬先抑，是一种常用的写作手法，指的是在突显某些人、事、景、物的时候，先用曲解或嘲讽的态度尽力去贬低或否定，然后再给予极大力度肯定的一种手法。

专家提醒

一篇软文，特别是故事性软文，看完开头就知道结尾，不是好的软文。如能运用抑扬法就能做到千折百转，避免平铺直叙，可使软文产生诱人的艺术魅力。

先写坏的，后写好的，这就好像用低谷来衬托山峰的高耸一样，前后形成鲜明对比，使软文更精彩，给读者留下更加深刻的印象。

【案例 37】网易手机话题类软文：谈谈苹果手机
——话题类软文更加真实

【平台简介】

网易是中国领先的互联网公司，利用最先进的互联网技术，加强人与人之间信息的交流和共享，实现“网聚人的力量”，网易手机则是网易旗下的一个频道，是非常全面的手机门户。

【功能解析】

下面就来了解网易手机的功能，如图 6-3 所示。

(1) 安卓专区：安卓专区板块中，均为安卓系统的手机，拥有大量的安卓相关的软文。

(2) 苹果专区：苹果专区板块中，均为苹果手机的软文与新闻资讯。

(3) WP 专区：WP 专区板块中，均为与 WP 操作系统相关的软文。

(4) **移动互联网：**移动互联网板块中，所包含的内容相对广泛，除了手机资讯外，还有部分手游的新闻与软文。

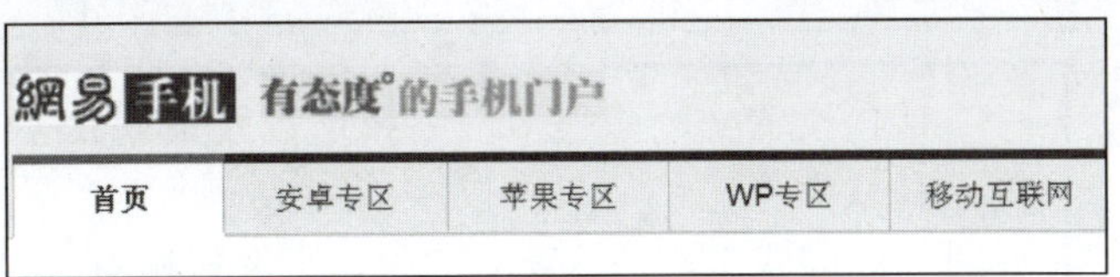

图 6-3 网易手机

【实施分析】

下面来欣赏一篇优秀的话题类软文。

谈谈苹果 iPhone 手机的过去现在以及将来

苹果 iPhone 从 2007 年面世至今，在全世界范围内赢取了许多消费者的心。今天，我们就来说一说“果粉”对苹果过去几年的一些看法以及对未来的期待。日前，有网友就苹果过去几年的发展历程以及未来走势发表了自己的看法，一起来看看吧。

……

在 2015 年 9 月份的新品发布会上，苹果推出了 iPhone6S/6 Plus，并且新增了玫瑰金配色，主摄像头像素从 800 万提升到了 1200 万，并首次将 iPhone 的运行内存从 1GB 提升到了 2GB。此外，3D Touch 和 Live Photo 等新鲜功能的加入大大提升了这款手机的可玩性。

而在 iPhone 的未来走势方面，网友认为，根据 iPhone 两年换一个设计的周期，苹果应该会带来让人耳目一新的 iPhone7s/7 Plus，并搭载无线充电和快速充电技术，当然，这只是网友的一个猜想。

不过，既然是猜想，我们不如再进一步，如果苹果能够在明年的 iPhone 上提升电池的容量、支持双卡双待、Apple Logo 支持背光以及不再凸出来的主摄像头设计等，那就再好不过了。

最后，苹果在推出 iPhone6S/6 Plus 的时候还推出了首款大尺寸平板电脑 iPad Pro，库克信心满满地表示这款产品将会取代 PC，成为新一代的生产力工具，不管它能不能取代 PC，我们都有理由相信，苹果将会在生产力工具方面发力了。

(软文来源：IT 之家)

【分析】

话题

话题类软文，是很多网络推广以及策划人士都很喜欢用的一种软文形势，如果可以成功制造一个拥有吸引力的话题并且拓展成软文，那这篇软文无疑会取得相当大的成功。

本篇软文的话题，就是苹果手机的过去、现在以及将来，这个话题对于手机用户来说，可能并没有太大的吸引力，但是对于手机行业的从业人士来说，就有相当大的价值了。

如果可以吸引到同行人士，那软文的二次转发也就变得很容易了。

亮点

软文首段就很明确地表明，这篇软文的观点，并不是什么专家学者，而是一位网友。网友的观点，更加贴近苹果手机的用户群，而且如果这位网友有一定的专业知识，那自然也会受到行业内人士的肯定。

结尾

这篇软文在结尾的时候，加了一个小小的广告——平板电脑 iPad Pro，如果读者能阅读到软文的结尾，那就说明读者对这篇软文很有兴趣，那么这个小广告的价值就会被放大，而且能超越 PC 的平板，也会引起读者的期待。

6.2 三星手机

三星集团是韩国规模非常庞大的企业集团，包括 26 个下属公司及若干其他法人机构，在近 70 个国家和地区建立了近 300 个法人及办事处，员工总数 19.6 万人，金融、机械和化学等领域均有涉及。

【案例 38】IT168 资讯类软文：三星 A7 获入网许可证——资讯软文需要及时准确

【平台简介】

IT168 是中国指导 IT 产品采购的知名媒体品牌，自 1999 年创立以来，IT168 以鲜明的定位、专业到位的服务，已经成为企业或者个人获取 IT 产品、导购资讯的首选网络媒体。

【功能解析】

下面就来了解IT168的功能，如图6-4所示。

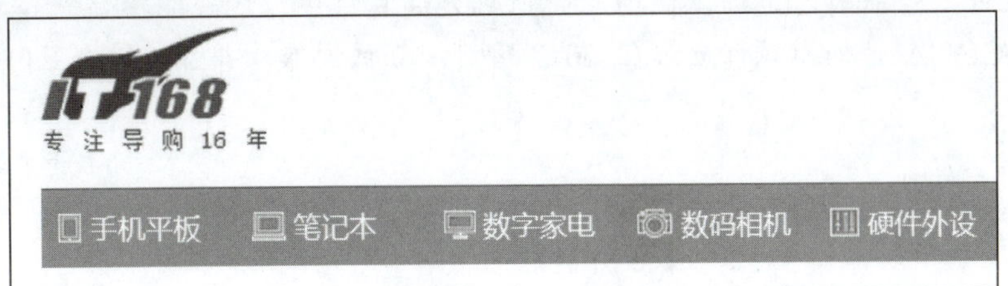

图6-4　IT168

(1) **手机平板：**该板块中，有手机、平板电脑、特会买以及4G等栏目。

(2) **笔记本：**该板块中，有一体电脑、超极本、商用电脑、台式机等内容。

(3) **数字家电：**该板块中，包括智能电视、数码频道、智能生活、小家电等内容。

(4) **数码相机：**该板块中，包括DV摄像机、单电之家、摄影配件等内容。

(5) **硬件外设：**该板块中，包括键盘鼠标、机箱电源、显示器等内容。

【实施分析】

下面来欣赏一篇优秀的资讯类软文。

指纹识别 16款三星A7获入网许可

如果你喜欢三星GALAXY S6的外观，但又不愿意为昂贵的价格埋单的话，那么即将推出的2016款三星GALAXY A7或许是值得考虑的对象。

日前，这款造型酷似GALAXY S6的三星新机国行版本SM-A7100已经在工信部设备认证中心网站上亮相，不仅拿到了上市所需的入网许可证，而且还支持全网通和双卡双待功能，但暂时不清楚具体的发布时间。

对于2016款三星GALAXY A7或许我们不会感到陌生，此前网络上曾经曝光过该机的谍照。

而从此次工信部公布的备案照片来看，该机确实引入了三星GALAXY S6的设计元素，采用了双面玻璃加金属中框的设计，甚至背面的摄像头也同样有些凸起。同时2016款三星GALAXY A7还采用了弧形玻璃和窄边框设计，不仅提升了手机的屏占比，而且整体风格相比现款GALAXY A7有了显著的变化。

……

当然，如果仅仅是硬件和外形上的升级或许不够吸引人，所以三星还有可能为该机搭载指纹识别功能。根据消息人士此前在推特上披露的消息称，三星准备在全新GALAXY A系列上搭载指纹识别传感器，并且会整合到home键上。所以不出意外的话，此次拿到入网许可证的2016款三星GALAXY A7国行版本将会搭载指纹识别功能，并支持 Samsung Pay 服务。

不过，尽管 2016 款三星 GALAXY A7 国行已经拿到了入网许可证，并且按照惯例应该在近期登陆国内市场，但由于此前曝光的真机中，已经明确显示该机的名称为 GALAXY A7，所以预计应该在 2017 年年初正式发布，并且不排除国内首发的可能性。

(软文来源：IT168)

【分析】

标题

这篇软文的标题，最大的亮点就是关键词的运用，关键词特指单个媒体在制作使用索引时，所用到的词汇。本篇软文标题中指纹识别、入网许可等都属于关键词。

资讯

资讯是用户因为及时地获得它，并利用它而能够在相对短的时间内给自己带来有价值的信息，资讯有时效性和地域性，它必须被消费者利用。

所以资讯类软文中的信息，必须要及时而且新鲜，老生常谈的内容不叫资讯。本篇软文的三星 A7 获得入网许可证，就属于新鲜的信息，作为资讯类软文的主题非常合适。

资讯类软文在撰写的时候，需要找到一个亮点，让所有的内容都围绕着一个或者两个亮点来铺排，那么该如何寻找亮点呢？如下所示。

服务

现在顾客在购买产品时越来越注重产品的软实力，所谓软实力，更多的是指产品的售后或是保修期，所以如果产品质量过硬，售后较为完善，就可以将服务当作亮点。

技术

如果企业在某一技术上获得了突破，那绝对会是很好的引爆点，不管是对软文的写作还是推广都有很大好处，只是详细完整地把技术能达到的东西阐述出来，就会非常吸引人。

任务

每一个企业的老板都会或多或少有一些故事，即使没有也要创造出来一个精彩的故事，软文中只留企业名称和老板姓名，任何有广告形式的话都不要说，当成一篇励志文章写。

文化

企业文化可以当作亮点，写进软文当中。

专家提醒

很多人写不出软文的根本，是找不出新闻点来写，其实对于一个公司来说可以写的太多了，很多人感觉没有东西可写，是因为他把目光都聚焦在产品上，其实除了产品还是有很多亮点可以写的。

【案例39】比特网活动报道类软文：三星W2016发布会——活动报道用软文的形式最合适

【平台简介】

比特网是一家比较早的IT互联网媒体，创建于1997年年初，在行业中开创了中国互联网历史的很多里程碑，也充分验证了比特网的商业价值。

【功能解析】

下面就来了解比特网的功能，如图6-5所示。

图6-5 比特网

(1) **产品库：**该板块中，有服务器、存储设备、网络设备、软件、安全等内容。

(2) **视频：**该板块中，有IT瞭望台、IT零距离、IT解码器、IT新干线、IT不

跟随等内容。

(3) 专题：该板块中，有新闻中心、企业计算、云计算、信息化、移动互联等内容。

(4) CIO 俱乐部：该板块中，有 CIO 热点话题、精彩活动、俱乐部章程等内容。

【实施分析】

下面来欣赏一篇优秀的活动报道软文。

三星 W2016 御尊发布　心系天下公益先行

11 月 20 日晚，中国电信，携手三星电子，在北京万事达中心举办了万人规模的“心系天下公益基金启动暨心系天下 W2016 天翼手机发布音乐会”。

音乐会现场不仅邀请到华语小天后张靓颖、男高音歌唱家莫华伦和戴玉强担当表演嘉宾，更有著名指挥家谭利华先生携手北京交响乐团全力助阵，为所有到场来宾奉上一席顶级视听盛宴。

耀目京城的超高端商务手机 W2016 完美延承了“心系天下”系列精湛的大师工艺，尽显顶级尊贵的旗舰风范。W2016 玻璃金属相融合的外观设计，稳重大气之余，更添灵动高雅。

W2016 内外共配备两块 3.9 英寸屏幕，搭载 Exynos 7420 八核处理器，拥有 3GB RAM 系统内存和 64GB 的手机存储空间。W2016 内置智能管理器，能够及时清理存储空间并对内容信息进行全天候 24 小时的严密保护，对手机易用性与安全性进行了最周到、缜密的优化升级。

活动现场，中国电信携手三星电子，以及中国青少年发展基金会还共同启动“心系天下”专项公益基金，将面向农村青少年开展公益资助。中国电信代表与三星电子代表现场向中国青少年发展基金会捐赠人民币 200 万元。受捐师生代表也回赠了自制礼物，场面十分感人。

多年来，秉承着“传承、创新、尊贵、思仁”的品牌理念，“心系天下”的公益精神已经融入 W 系列产品的灵魂之中。其深厚的人文底蕴，也使其成为使用者内外兼修的身份象征。毫无例外，W2016 亦将成为年度最为成功人士所关注的名匠之作。

(软文来源：IT168)

【分析】

类型

活动软文分为两种，一是活动之前的预告性软文，根据宣传的需要，可以撰写多篇预告性软文，以表达活动的热烈、紧迫性；二是活动之后报道性软文，活动结束之后对活动现场进行报道以及总结。

本篇软文就是活动之后的报道软文，对手机发布会进行了详细的活动报道，并且在结尾进行了活动总结。

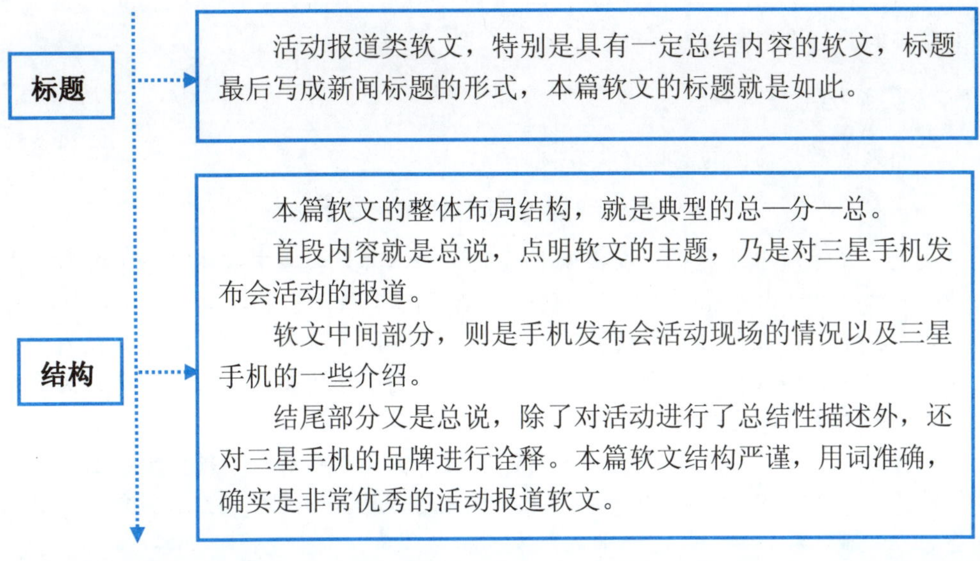

【案例40】腾讯网曝光类软文：三星手机专利曝光——曝光类软文更有神秘感

【平台简介】

腾讯网是腾讯公司推出的集新闻信息、互动社区、娱乐产品和基础服务为一体的大型综合门户网站，腾讯网下拥有专门的数码频道，也就是腾讯数码频道。

【功能解析】

下面就来了解腾讯数码的功能，如图6-6所示。

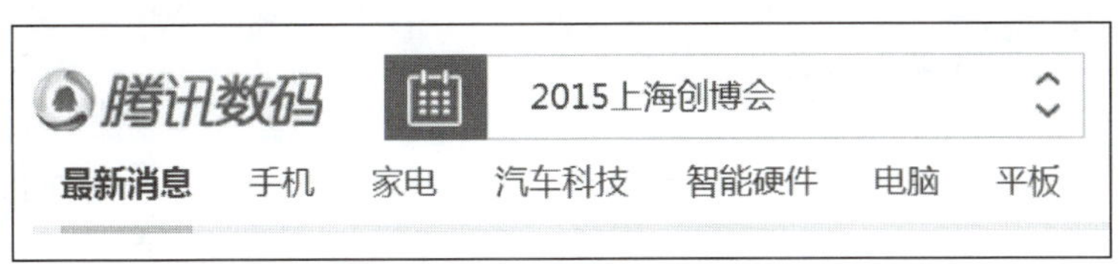

图6-6 腾讯数码

(1) **手机：**该板块有每日报价、热门手机、码客排行榜、新机实验室、硬碰硬等内容。

(2) **家电：**该板块有壁上观、数聚酷、最佳选择、智能家居等内容。

(3) **汽车科技：**该板块有第一视察厅、科技频道等内容。

(4) **智能硬件：**该板块有很多数码产品硬件的新闻报道以及咨询，以供用户查询。

(5) **电脑、平板：**这两个板块中，主要内容为电脑、平板相关的新闻，新闻内容非常及时，拥有很高的及时性。

【实施分析】

下面来欣赏一篇优秀的曝光类软文。

三星手机专利曝光 可作为笔记本的大脑

最近，三星所申请的一项设备专利遭到了媒体曝光，当中描述了一个非常有趣的产品概念：一台由智能手机提供处理性能的笔记本。

这种技术就是在笔记本中设置了一个，放置智能手机的凹槽。将手机放入其中之后，用户便可将其作为一台计算机使用。考虑到如今的高端手机都拥有强大的性能，用于基本的计算处理任务完全有可能。

实际上，这个产品概念并不是三星首创的。在几年之前，华硕曾经推出了一款类似的产品，名叫 Padfone。它基本上就是智能手机和平板电脑的组合，前者可作为设备的“心脏”和“大脑”，而平板则多多少少只是一个空壳。

这种设备类型的好处在于，用户可以在需要时使用手机，而当他们需要更大的屏幕时，只需将手机放入平板当中便可。

(软文来源：腾讯数码)

【分析】

价值

一篇软文如果想获得读者的认可并且获得二次传播，那软文就一定要有价值，实用价值、娱乐价值、学习价值等。

本篇软文就有很明确的新闻价值，新闻价值就是指把需要宣传的点，附着于某个新闻上，能够让读者阅读软文时了解新闻动态或者产品软文。

内容

本篇软文虽然只有一张图片，但是整篇软文都是围绕着这张图片进行讲解，通过对于三星专利技术的讲解，为读者营造了非常好的期待和憧憬。

切入

所谓切入点，就是作者写这篇软文是从什么方向写、从什么角度写，软文不同于其他文章，需要一个点切入进去。本篇软文的切入点很直接，由三星申请的专利技术曝光为切入点，直接切入到智能手机提供处理性能的笔记本的概念。

软文中的价值点非常重要，下面来看看这些价值点到底如何驾驭吧。

学习价值

学习价值，是指要宣传的点，附着于某个知识点或知识体系，能够让读者阅读软文时获得知识。这样的软文，缺点是针对的知识面有些狭窄，对于不需要这类知识的读者就会缺少吸引力，不过一旦读者正好是需要这类知识的，那软文的宣传效果就会提升。

娱乐价值

娱乐价值，这应该是软文撰写者最熟悉的一点了。软文附着于某个娱乐点或者搞笑点，让读者在娱乐时，不知不觉接受软文。这样的软文宣传效果会差一些，读者往往一笑而过，不会太过在意。

实用价值

实用价值，是指软文能给读者带来某些实际的用处，看过软文之后能够改善用户生活的某一方面。这样的软文，转化率极高，读者往往对软文中提到的“举例”“比如”等非常重视，愿意通过搜索引擎搜索相应的关键词做个试验。

【案例41】国际在线提问类软文：三星手机有何大招？
——提问软文抓住读者好奇心

【平台简介】

国际在线网站，用61种语言发布，旨在介绍中国的政治、经济、体育和文化等各个方面，主要提供新闻、文化和经济类信息，并以丰富的音频节目为特色，现在国际在线网站已经拥有了环球网络电台、网络电视和播客平台等新媒体在内的诸多知名媒体。

【功能解析】

下面就来了解国际在线网站的功能，如图6-7所示。

(1) 环球资讯：该板块中，有图谋天下、国际、国内、趣新闻、聊天下等内容。

(2) 环球城市：该板块中，有城市名片、城市动态、地方联盟等内容。

(3) 环球产业：该板块中，有图说新车、海外置业、理财频道、汽车·资讯等内容。

(4) 环球体坛：该板块中，有体坛视觉、体坛资讯、体坛逗比逗等内容。

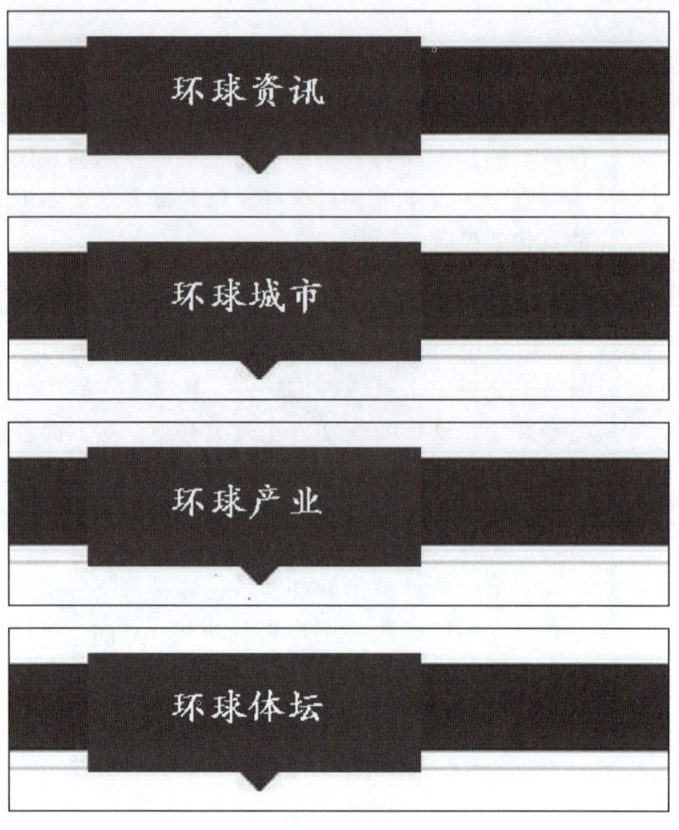

图 6-7　国际在线

【实施分析】

下面来欣赏一篇优秀的提问式软文。

手机技术革命风雨欲来　三星手机有何大招？

自从 2007 年苹果发布第一代 iPhone 手机以来，全球智能手机行业一直在做组件的技术升级，更快的芯片、更大的内存、更宽的屏幕，8 年来很少看到手机硬件技术上有颠覆性的变化，即使是最新的 iPhone6S 也变得十分平庸。

……

智能手机技术革命风雨欲来

无论是领跑全球的手机巨头三星、苹果，还是国产出货量大户“中华联酷”，还有国产手机后起之秀小米、魅族等，目前都在手机技术上面临升级的瓶颈，产品同质化越来越严重，除了品牌上的差异，硬件上各家厂商基本大同小异。

不久前国内某大型门户网站做了一个关于“未来手机猜想”的网络调查。调查结果显示，改进电池技术延长手机使用时间、增加投影技术让手机使用更自由、增强配件性能让手机替代更多其他产品，这三大选项依次排在“最实用的未来手机技术”投票结果前三名。

……

曲面屏创新之作三星 S6 edge+惊艳亮相

根据以往技术发展的经验，从电视、PC、功能手机、智能手机到近期的智能眼镜，电子设备屏幕视觉效果的体验改善往往都代表了当前的科技发展水平。三星手机的技术创新才得以遥遥领先业界， Galaxy S6 Edge+的曲面屏就是三星手机技术创新的典型成果。

……

三星手机创新产品疯狂构想

作为全球数一数二的科技巨头，三星无论从手机芯片、屏幕面板还是从闪存、内存及电池等核心元器件上都占据举足轻重的位置，市场上很大部分比例品牌智能手机都能或多或少找到三星的影子。

……

(软文来源：泡泡网)

【分析】

标题

提问式标题，是通过提出问题来引起关注，从而促使消费者发生兴趣，启发他们的思考，产生共鸣，留下印象。

本篇软文的标题就是标准的提问式软文，可以很有效地引起读者的好奇心，并且标题中还运用了一些欲扬先抑的手法，对读者来说是很有效的。

开头

本篇软文的开头，就运用了开门见山的写作手法，开门见山类型的开头，就是需要直截了当，直奔主题，毫不拖泥带水地将主题体现出来。

在软文的一开始，就引出文中的主要人物、点出故事、揭示主题或点明说明的对象。

结尾

本篇软文的结尾，运用了回味法的写作手法，就是给读者留下深刻的印象和回想的空间。

给读者留下一个自由驰骋、纵横想象的世界，读者可以适当补白，续写来揣测写手的心思，这样的思维阅读会有令人惊奇的收获和非同寻常的深刻体验。

第 7 章

汽车软文：激烈的市场竞争需要软文“救市”

汽车软文

奥迪的汽车软文
- 车讯网：奥迪 Q5 行情软文
- 凤凰网：奥迪活动预告软文
- 汽车中国网：奥迪 A4L 促销软文
- 盖世汽车网：奥迪 Q7 试驾软文

丰田的汽车软文
- 车主之家：丰田汉兰达科普软文
- 爱卡汽车：丰田情感软文
- 搜狐汽车：丰田业绩软文

7.1 奥迪的汽车软文

奥迪是德国大众汽车集团，子公司奥迪汽车公司旗下的豪华汽车品牌，作为高技术水平、质量标准、创新能力以及经典车型款式的代表，奥迪已经成为世界标志性的品牌之一。

【案例 42】车讯网：奥迪 Q5 行情软文 ——消费者需要专业的汽车行情分析

【平台简介】

车讯网，是北京车讯互联网信息服务有限公司旗下的网站，成立于 2008 年，前身为车马驿站汽车网，2010 年更名为车讯网，逐渐成为市场潜力巨大的汽车垂直互联网领域。

【功能解析】

下面就来了解车讯网的功能，如图 7-1 所示。

图 7-1　车讯网

(1) **新闻：**该板块中，有新车、人物、行业、图解、专题和滚动新闻等内容。

(2) **导购：**该板块中，有购车手册、多车导购、终极 PK 和车讯实验室等内容。

(3) **评测：**该板块中，有车讯评测、新车抢先试和星爷说车目等内容。

(4) **用车：**该板块中，有用车费用、汽车召回、车教会、用品试用和汽车百科。

【实施分析】

下面来欣赏一篇优秀的汽车行情软文。

一汽新款奥迪 Q5 北京 12 月最新行情报价

一汽奥迪 Q5 哪里便宜？哪里价格最低？北京团购多少钱？在北京购车回当地可否落户，是不是全国联保？新款一汽奥迪 Q5 配置怎么样？油耗多少？北京最新报价，现金直降 10 万元，无区域限制，全国均可落户，全国联保。

图 7-2 奥迪 Q5

奥迪继续着自己的理性中庸哲学，并将这种平衡推向极致，无论是豪华感还是舒适感以至操控性，奥迪 Q5 在豪华城市 SVU 这个阵营里都占据着极其重要的地位。目前奥迪 Q5 最高现金优惠 11.37 万元，现车销售。全国包牌，提车便捷，可提供购车、验车、上牌一条龙服务。感兴趣的网友可致电详询。

2015 款奥迪 Q5 外观延续了老款车型的设计风格，变化之处仅在于细节部分。新车对进气格栅、前后保险杠、前后大灯及排气管进行了改动，营造出更精致更动感的整体风格，同时也为其带来了一定的新鲜感。

……

编辑点评：奥迪 Q5 是一款动感而全能的 SUV，它完美融合了运动型轿车的车身设计、高效动力和灵敏操控、SUV 的越野性能和安全性能。强劲的绿色高效发动机、全时四驱系统以及灵敏的行驶机构，使其无论是公路行驶还是越野前行都游刃有余。

(软文来源：车讯网)

【分析】

优点

行情软文在汽车行业中，是比较常用的，根据不同车型的不同促销方式，在软文中分段列出，可以让人清晰地了解车型价格等信息。

标题

这篇软文的标题算是长标题，汽车行业软文的标题，字数最好是控制在 8～20 个字之间，标题太短了信息肯定涵盖不全，但是字数太长，会显得很累赘，很难让读者记住。

构造

软文中除了标题很重要，关键词的布局和运用也非常重要，在汽车行业软文中，需要控制好“关键词”的出现频率，根据中文搜索引擎的搜索习惯，如百度、搜狗、谷歌等，在文章开头和结尾处添加能代表软文的主要关键词：表达信息的关键词，大概 3～7 个字，不要选择太长的字眼，全篇文章中出现次数 3～12 次。

本篇软文中的关键词，布局比较均匀合理，例如，奥迪 Q5、优惠、奥迪报价、奥迪等都属于关键词。

专家提醒

一篇成功的汽车软文，可以带来难以预料的销量提升，但要发布一篇合格甚至优秀的网络软文，还是有很多技巧和方法值得学习的。

【案例 43】凤凰网：奥迪活动预告软文
——活动预告提前点燃用户激情

【平台简介】

凤凰网，是全球领先的跨平台网络新媒体公司，整合旗下综合门户凤凰网、手机凤凰网和凤凰视频三大平台，秉承“中华情怀，全球视野，兼容开放，进步力量”的媒体理念，将互联网、无线通信和电视网等三大网络媒体融合，从而提供优质的内容与服务。

【功能解析】

下面就来了解凤凰汽车网的功能，如图 7-3 所示。

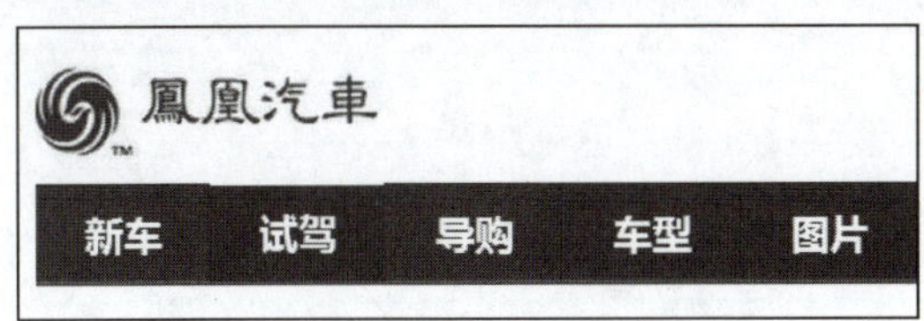

图 7-3　凤凰汽车网

(1) **新车：**该板块中，主要为贴近人们生活的新车动态和新闻等内容。

(2) **试驾：**该板块中，提供快速、准确且全面的帮助消费者了解车辆性能。

(3) **导购：**该板块中，拥有很多价值非常好的导购文章，让消费者的选车变得更加轻松和简单。

(4) **车型：**该板块中，可以通过品牌、价格、结构等对中意车型进行筛选。

(5) **图片：**该板块中，根据品牌首字母进行筛选，查询自己中意车型的图片。

【实施分析】

下面来欣赏一篇优秀的活动预告软文。

奥迪 2015 冬季服务活动即将温暖启航

奥迪人生，卓越旅程。奥迪冬季服务活动，浓浓呵护，温暖随您畅行。在潮湿寒冷的冬季，路况愈加复杂难行，您的爱车做好了挑战的准备吗？2015 年 11 月 28 日至 12 月 20 日，鹏峰奥星奥迪冬季服务月活动温情启航。

届时您将尊享多项服务，到店客户亦有精美礼品相赠。鹏峰奥星奥迪在此诚邀奥迪车主莅临我司，获享阁下专属呵护。

服务预约热线：0755-****5555

微笑为您服务，尊享服务，尽善尽美。

进店即赠 6 大好礼:

1. 提前一天预约且准时到店，赠送壁虎香薰一个，还可以享受维修保养工时七折优惠。

2. 提前一天预约且准时到店，消费金额 2000 元以上的，赠送奥迪精美礼品一份(送完即止)。

3. 提前一天预约且准时到店，免费赠送机油格一个(当次使用)。

4. 提前一天预约且准时到店，赠送 200 元工时券一张(下次使用)。

5. 购买原装进口橡胶脚垫，享受活动优惠价 592 元起。

6. 到店更换 4 条轮胎，赠送 880 元四轮定位一次。

活动时间：2015 年 11 月 28 日至 12 月 20 日。

活动地点：某某奥星奥迪 4S 店。
活动地址：深圳市××区×××路×××号。
……

（软文来源：凤凰汽车）

【分析】

主题

如今，汽车对于人们来说算是一种比较“烧钱”的产品，对于那些有想法购车、准备购车的人群来说，活动是最能吸引他们眼球的营销招数了。

所以活动软文也就成为近年来比较常用的一种软文写作形式，本篇软文属于活动预告型软文，即利用预告来提前告知消费者，以增加活动当天的火爆程度。

内容

一般来说，活动预告软文的主要作用有两种，一是增添企业和消费者的互动性；二是以活动价格来激起消费者的购买欲望。想要达到这两个目的，软文中的很多要素就是必不可少的，例如，活动内容、活动时间以及活动地点等。

准确

活动预告类软文，有一点非常重要，需要软文撰写者仔细核对，那就是活动的时间和地点，这两点必须确认无误，特别是地点，要保证消费者可以准确地找到。

专家提醒

活动预告软文在撰写的时候，需要抓住活动对汽车行业的作用点来下手，撰写出有“场景”“有促销”的活动汽车行业软文，只有这样的汽车行业软文，才能紧紧地扣住读者想要购买汽车的欲望。

【案例 44】汽车中国网：奥迪 A4L 促销软文
——促销活动配合促销软文效果更好

【平台简介】

汽车中国即汽车中国网，成立于 2007 年 11 月，以自身魅力迅速引起业界的瞩目，赢得了广大网友的拥护，通过不断的努力和发展，汽车中国网已经成为行业内比较优秀且有影响力的汽车网站。

【功能解析】

下面就来了解汽车中国网的功能，如图 7-4 所示。

新车资讯

新车图库

汽车视频

图 7-4　汽车中国网

(1)　新车资讯：该板块中，均为新上市的车型的介绍以及新闻等内容，内容更新较为及时。

(2)　新车图库：该板块中，除了新车的专题图片外，还有很多热门新闻图片。

(3)　汽车视频：该板块中，除了试驾视频之外，还有一些测试性能的视频甚至名车对比的视频。

【实施分析】

下面来欣赏一篇优秀的奥迪汽车的促销软文。

2015 款最新一汽奥迪 A4L 亏本降价 10 万元特价促销　全国销售

近日，汽车中国车市编辑在北京汇鑫伟业汽车销售有限公司了解到，店内现车 2015 款最新一汽奥迪 A4L 亏本降价 10 万元特价促销，全国销售送礼包，现车配置丰富，颜色齐全，手续正规。欢迎来电咨询。

奥迪 A4L 车型最新价格变化报价表

车　型	厂商指导价(万元)	优惠金额(万元)	裸车价(万元)	成交价(万元)	赠送礼包	现车情况
奥迪 A4L 2015 款 50 TFSIquattro 旗舰型	57.81	↓ 12.00	询价	45.81	20000	现车

续表

车　型	厂商指导价(万元)	优惠金额(万元)	裸车价(万元)	成交价(万元)	赠送礼包	现车情况
奥迪 A4L 201 款 45 TFSIquattro 运动型	47.36	↓ 12.00	询价	35.36	20000	现车
奥迪 A4L 2015 款 45 TFSIquattro 个性运动型	35.30	↓ 10.00	询价	25.30	20000	现车
……						

单台也享团购价，万元礼包任性发，分期置换更享意外惊喜。

1. 购车即送 6880 元无忧保养礼包与 1880 元店庆耀世礼包。

2. 每周推出 10 台特价车，价格降至冰点。

3. 置换或分期形式购车客户可享更多现金折让，与砸金蛋等特色活动。

4. 知名企事业单位或公务员购车更享受额外点位优惠。

5. 全系车型均可享受免息贷款优惠礼遇。由于亚太地区的研发外包及癌症和艾滋病等疾病发病率的增加，预测亚太地区将成为最赚钱的地区。

不以减慢速度为代价，却创造出前所未有的精准驾驭。新奥迪 A4L，升级搭载超前科技，从全新 LED 大灯延伸呈现出犀利车身造型，是辉耀所开创的完美驾控之道。

新一代全时四轮驱动系统，可为前轴左右轮精确分配不同扭矩，快速过弯时仍稳定出众；动态转向系统通过调整转向传动比，轻松完成绝佳表现；驾驶模式选项更可一键切换不同驾驶乐趣。

……

(软文来源：汽车中国)

【分析】

结合

如今，越来越多的汽车厂商认识到，打动消费者仅仅依靠硬性广告是不够的，还要有效运用软文传播的策略。

所以在汽车行业常用的促销活动中结合软文进行营销，已经成为汽车厂商最喜欢用的手段，在促销软文中，可以将汽车价格报价表嵌入其中，就像本篇软文，当读者看到报价表的时候，对于价格的对比会有一个更加明确的认识。

内容

软文具有说理清晰、信息容量大、渲染气氛、潜移默化的作用，进而达到良好的传播效果。本篇软文就很好地利用了软文的特点，首段通过促销信息作为切入点，并且用价格表吸引读者注意力，最后才进行广告的植入，这样层层相扣，可以很大程度地避免读者对广告产生反感。

之所以越来越多的汽车厂商更加青睐软文，是因为软文在传播上，有着自己独特的优势，如下所示。

传播具有隐蔽性

硬广告多属于叫卖式传播，广告目的很明显；而软文多属于渗透性传播，广告意图不明显，但是也可以达到传播的目的，具有很强的隐蔽性。

传播具有亲和性

软文基本是在消费者不设防的情况下进行传播，信息到达率很高，而且软文细腻、可信度高，对受众来说具有良好的亲和力。尤其是新闻类软文，读者大多数都会以新闻的角度去阅读，传播的效果比硬广好得多。

传播具有灵活性

针对某一特定媒体，硬广的形式有限，灵活性差，而软文则形式多样，例如，针对平面媒体，硬广告只能从创意的角度去追求变化，包括表达、色彩、规格等方面变化，软文则可以有多种形式，诸如新闻报道、人物专访、专栏文章等。

专家提醒

软文与硬广相比，最大的区别之处就在于“软”字，汽车厂商若能把软文与硬广结合起来，则会把传播的效用发挥到极致。

【案例 45】盖世汽车网：奥迪 Q7 试驾软文
——试驾软文体现新车功效

【平台简介】

盖世汽车网是一家优秀的汽车产业电子商务采购平台，有着专业的汽车行业背景和丰富的全球采购经验，为全球汽车行业的采购商与供应商，提供线下洽谈、业内新闻甚至包括买卖的详细信息。

【功能解析】

下面就来了解盖世汽车网的功能，如图 7-5 所示。

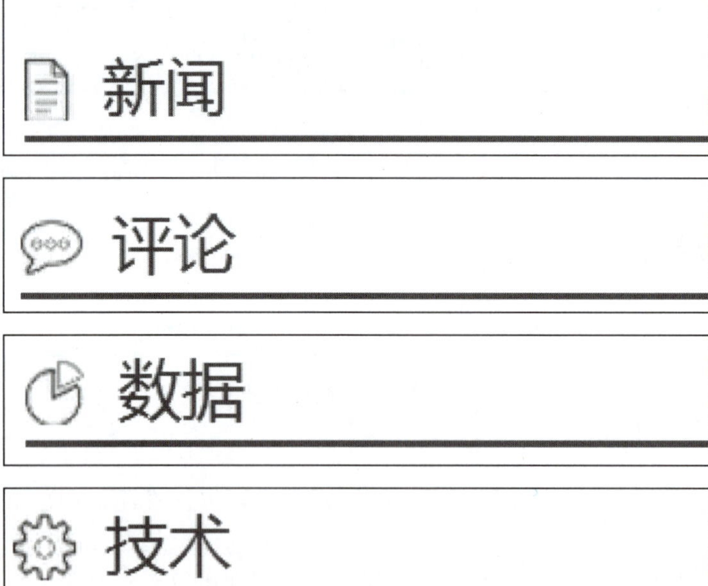

图 7-5　盖世汽车网

(1)　新闻：该板块中，包括国际新闻、国内新闻、商用车新闻、零部件新闻和后市场新闻等内容。

(2)　评论：该板块中，包括产业论坛、高端访谈、数据分析和热点专题等内容。

(3) 数据：该板块中，包括环球市场、乘用车数据、商用车数据和零部件数据等内容。

(4) 技术：该板块中，包括技术动态、动力总成、节能与新能源等内容。

【实施分析】

下面来欣赏一篇优秀的试驾软文。

奥迪也玩儿自动驾驶？试驾全新奥迪 Q7

乘坐及使用空间

作为一款大型 SUV，乘坐空间从来都不是我们关注的重点，反而是乘坐舒适性引起了我们的注意。

真皮座椅、座椅加热、座椅通风、电动调节、支撑调节、电动按摩的强大设计，符合全新 Q7 的产品定位。主副驾驶席的座椅配置完全一致。而按摩及支撑设置可通过座椅侧面的按键调节，并在中央显示屏上显示调节状态。

……

驾驶体验

我们驾驶的是 45 TFSI quattro S line 运动型，配备的是 3.0 TFSI 发动机，最大可输出 245 千瓦的动力，官方标称百公里加速时间仅需 6.2 秒。四条轮胎规格为 285/45 R20，也为 Q7 的动态体验提供了有力保证。

值得一提的是，全新 Q7 的后悬挂设计可以让后轮跟随前轮进行一定角度的转向运动，辅助前轮转向，从而可以达到更好的操控目的。

……

试驾总结

奥迪声称全新奥迪 Q7 是第四代 SUV 的首款车型，我们认为是有一定道理的。在岛屿上，我们见识到了 Q7 较为可观的越野能力，而今天的试驾中又亲身体验了全新 Q7 优秀的道路行驶能力，证明了全新奥迪 Q7 兼具良好的道路和野外行驶性能，确实符合奥迪对于第四代 SUV 的定义。

尤其是在我们体验的道路试驾中，奥迪优秀的舒适性、豪华感和科技配置，为我们留下了深刻印象。我们相信，全新奥迪 Q7 有能力在即将到来的豪华品牌大型 SUV 竞争中，凭借其优秀的产品素质和较为亲民的价格，取得先机。

(软文来源：盖世汽车)

【分析】

试驾

在汽车行业，所谓的试驾软文，主要是介绍汽车的驾乘体验，汽车厂商可以把媒体试车、媒体测评的结果以软文的形式进行传播。

或者汽车品牌的老客户、潜在消费者的试车体验也可以作为试驾软文发布出去，软文的形式可以更加灵活一些，诸如“试车日记”“试车感言”等，提炼出一个醒目的标题，必然会收到良好效果。

内容

本篇软文采用组合型的行文布局，每一个小标题下都有相对应的内容，详细对总结的小标题进行说明，读者在阅读时非常地清晰。

最重要的是，试驾软文可以很好地突显汽车的价值，通过对于试驾体验的描述，将汽车的价值体现得淋漓尽致，也能让读者可以进一步了解汽车的性能，通过这篇软文，能让读者感觉到这款汽车是一部性价比很高的汽车。

专家提醒

值得注意的是，试驾软文内容必须真实，不可有虚假的成分，不然会给读者造成欺骗，反倒会引起读者的反感。

7.2　丰田的汽车软文

丰田汽车公司，简称丰田，是一家总部设在日本爱知县丰田市和东京都文京区的日本汽车制造公司，属于三井财阀。

【案例46】车主之家：丰田汉兰达科普软文
——技术控更喜欢科普软文

【平台简介】

车主之家，深圳市车友联盟汽车服务有限公司，成立于2005年4月，公司立足汽车行业，秉承“先车主之忧而忧，后车主之乐而乐”的经营理念。

【功能解析】

下面就来了解车主之家的功能，如图 7-6 所示。

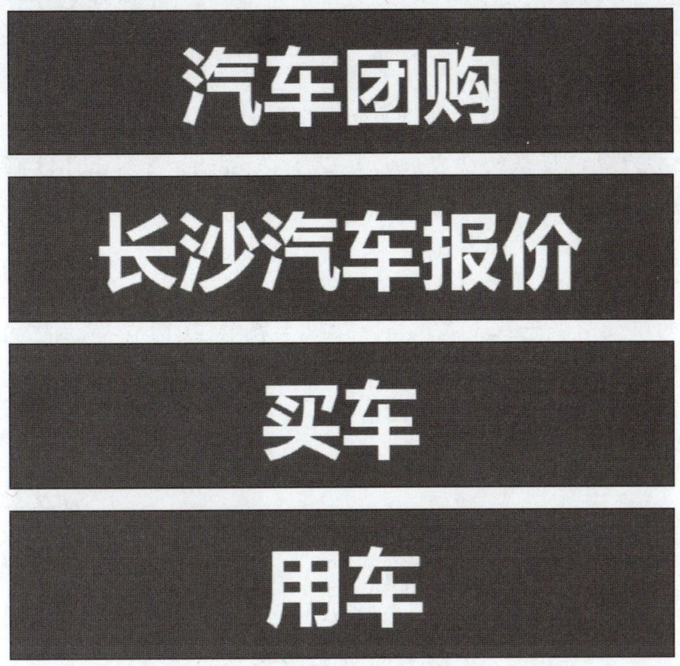

图 7-6 车主之家

(1) **汽车团购：**该板块中，有汽车团购咨询、汽车团购排期和汽车团购报名排行榜等内容。

(2) **长沙汽车报价：**该板块中，包括车型、指导价、报价以及经销商等内容。

(3) **买车：**该板块中，有新车实拍、购车手册、国内新车、试驾评测等内容。

(4) **用车：**该板块中，有独家策划、用车知识、养车费用、热门口碑等内容。

【实施分析】

下面来欣赏一篇优秀的科普软文。

2016 技术改革！丰田汉兰达价格震惊全场 21W

第三代汉兰达在 2014 年纽约车展正式全球首发。既然是换代，想必从里到外都有新的变化。2014 款汉兰达除了对外观以及内饰进行部分改动外，同时推出了八个版本，进一步丰富产品线，提升在同级别车型里的竞争力。

外观上犹如之前曝光的图片一样，后掠带有飞翼造型的大灯以及尾灯成为最新的标志，前脸中网更强调立体感的体现，同时造型上有了新的突破。底部的镀铬装饰包围看起来很有新意。同时雾灯位置也有了新的变化，带有 LED 行车灯，大面积的中网看起来非常的霸气。

丰田坦途的前脸一直以雄壮宽阔著称，这也很符合其美式大皮卡的定位。而再看看新汉兰达的前脸有没有向丰田坦途看齐的趋势，明显加大的中网配合镀铬装饰，自有一种美国大车风范。这种粗犷的风格应该很受北美市场欢迎。

……

动力方面，2014 款汉兰达将搭载 2.7L 直列四缸和 3.5LV 型六缸汽油发动机，同时将推出混合动力版，搭载的动力系统由 2.7L 发动机和可输出 143 匹马力的电动机组成。在自然吸气发动机车型上搭配的是六速自动变速箱，有手动换挡功能，而混合动力版匹配的则是无级变速器。

来到车的侧面，车顶的平直线条以及车体 D 柱造型的变化都与现款车型不同，后窗和 D 柱的改变更多一丝美式风格。此次车展中 2014 款汉兰达的车外视镜集成了转向灯，并且造型变得流畅许多，满足观感的同时也能降低风阻。

2014 款汉兰达还配备了盲点监控系统，在并线时，通过左右两个后视镜提醒驾驶员后方视野盲点中有来车。

(软文来源：高城峰业 1)

【分析】

类型

科普型软文是通过科学宣传或介绍，让消费者认识到产品所采用的科技成果的价值，进而接受它。汽车是高技术行业，总会有新技术或者新材料被用到新产品中。

在这种情况下，汽车厂商会把这种新技术作为一个卖点。通过硬广可能无法把其技术原理原原本本传递给受众，所以科普软文在此时就会派上用场。

本篇软文就是一篇科普型软文，以丰田汉兰达的技术改革作为主题，进而展开整篇软文。

布局

除了需要选择合适的软文类型，还要拥有妥善的布局，本篇软文就使用了一种名为转针引线的布局手段，当主题明确之后，从数个方面对主题进行诠释。

本篇软文就从丰田汉兰达的外观、动力、内饰等方面的技术改革来诠释主题。

【案例47】爱卡汽车：丰田情感软文
——情感软文更具杀伤力

【平台简介】

爱卡汽车成立于2002年8月，是一家非常优秀的社会化网络互动媒体，拥有功能非常完善的汽车主题社区。日均浏览量超过1.4亿，拥有1300多万有效注册用户，开放的互动交流平台超过2100个。

【功能解析】

下面就来了解爱卡汽车网的功能，如图7-7所示。

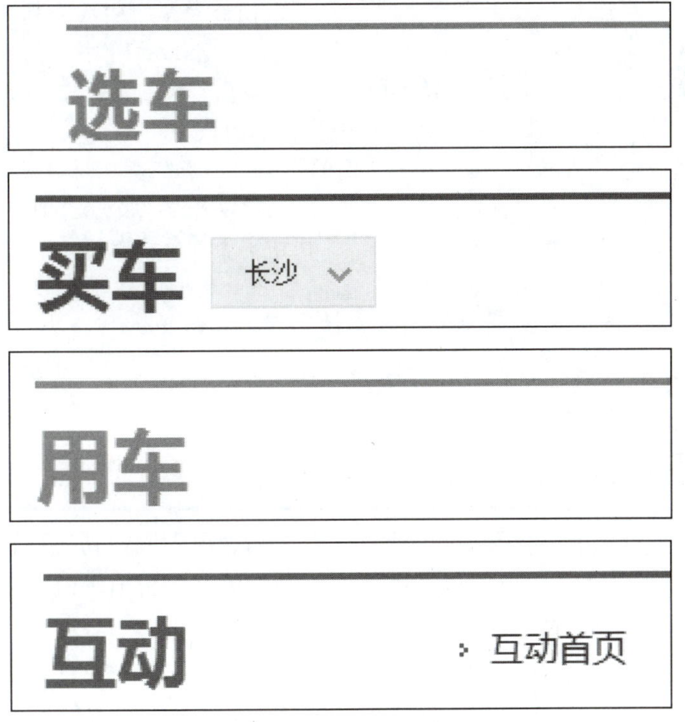

图7-7　爱卡汽车网

(1) **选车**：该板块中选车的时候，可以根据小/微型车、SUV/越野车、豪华车/跑车、MPV商务车等进行选择。

(2) **买车**：该板块有新车到店、全国比价、热销车型、二手车等内容。

(3) **用车**：该板块有推荐文章、新手入门、高手进阶、车主改装等内容，软文较多。

(4) **互动**：该板块有推荐论坛、爱车俱乐部、地方分会和人·车·生活等内容。

【实施分析】

下面来欣赏一篇优秀的情感式软文。

一汽丰田推出“安心车主行动”

“客户第一”是一汽丰田成立伊始便确立下来的经营理念，多年来始终贯穿其经营活动的方方面面。近期一汽丰田率先提出以车主“0 损失”为目的的“客户关怀方案”，便是“客户第一”理念的又一次体现。

同样秉持这一理念，一汽丰田于近日推出“安心车主行动”，即无论是现有车主还是未来新购车客户，若出现因群体事件遭受恶意破坏而产生损失，修理费用由一汽丰田承担，当车上人员遭受伤害时，一汽丰田提供治疗费用及误工补偿。

进入中国 9 年来，一汽丰田不但推出专为中国消费者量身打造的产品，还不断丰富产品线，形成涵盖高级、中高级、中级、入门级轿车，SUV、城市 SUV 以及豪华商务中巴等细分市场的 10 款车型。在提供高品质产品的同时，一汽丰田亦始终致力于为客户提供高品质的服务，努力降低客户保有汽车期间的总体费用，以“专业对车 诚意待人”的诚信服务理念令客户畅享精彩的汽车生活。

除了产品、服务等关系客户切身利益的活动，一汽丰田还积极探索在情感、价值层面让更多客户“体验拥有汽车的喜悦”。连续 9 年发力公益事业，持之以恒地践行企业社会责任，令一汽丰田在环保节能、教育安全等领域取得了有目共睹的成就。

而此次“安心车主行动”的推出，也标志着一汽丰田对客户的关怀从关系其切身利益的产品、服务，向更高境界的内心情感需求方向发展。

(软文来源：每日商报)

【分析】

营销

对于汽车行业，在汽车品牌向人们勾勒一种独特的人车生活方式时，以及阐释一种独特的社会价值观时，一定会引起消费者的兴趣。

在这种兴趣中加入某种感情，会进一步提升营销效益，本篇软文就以“顾客第一”为情感营销点，毕竟没有任何一个用户会拒绝一家以顾客至上的汽车厂商和后续服务。

情感

同时，当汽车品牌向人们兜售生活情趣及驾驭乐趣时，感性化的描述一定会在精神层面产生巨大影响。

另外，尊贵、豪华、成功、地位、身份等都已不再是生硬的东西，抢占心理阵地与精神阵地会收获更大的成功。本篇软文就以顾客的安全为主线，打造一系列的情感。

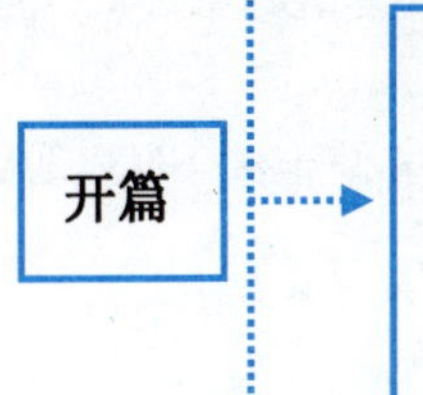

软文开篇就以“‘客户第一’是一汽丰田成立伊始便确立下来的经营理念”，从这第一句就能体现出这篇软文的主题，无论读者是不是丰田的用户，这第一句话都可以打动读者，并且在下文继续强化这一理念，从而引出后续主题——“安心车主行动”。

【案例48】搜狐汽车：丰田业绩软文 ——业绩彰显企业实力

【平台简介】

搜狐公司是一家优秀的新媒体、通信及移动增值服务公司，是中文世界强劲的互联网品牌。搜狐汽车频道是搜狐网旗下的一个栏目，为广大的汽车用户提供选车、买车、用车等与汽车生活相关的全程服务。

【功能解析】

下面就来了解搜狐汽车的功能，如图7-8所示。

低价买车 长沙

自媒体

新车T台

车主口碑

图7-8 搜狐汽车

(1) **低价买车：**该板块中，有地方车市、行情、报价、促销活动和新车到店等内容。

(2) **自媒体：**该板块中，有最新、新闻、买车指导、用车宝典、车文化和二手车等内容。

(3) 新车 T 台：该板块中，可以按照各种车型和品牌，将新车进行展示，并且根据新车外观、内饰、动力等进行介绍。

(4) 车主口碑：该板块中，根据热门、小型车、紧凑型车、中型车和 SUV 等分类，用户根据这些分类进行挑选和浏览。

【实施分析】

下面来欣赏一篇优秀的业绩式软文。

二季度大众全球销量居首 丰田净利仍第一

你知道各大汽车公司上半年都挣了多少钱吗？近日，各大公司相继发布的财报显示，丰田仍然是最能赚钱的汽车公司。

8 月 4 日，丰田发布了 2015 年第二季度的合并财报(美国会计基准)，净利润达到 322.5 亿元人民币，同比增长 10％，创下单季度新高。

这一利润额是大众汽车的 1.7 倍，是通用汽车的 4.7 倍——同期，大众汽车的净利润约合 181.7 亿元人民币，通用净利润约合 68.2 亿元人民币。

这一结果发布令人大跌眼镜。因为在销量排名上，蝉联三年全球销量冠军的丰田，在半程跑中被大众拉下神坛。

……

但是上半年，丰田在中国的增长速度却远超对手——丰田在华销量同比增长 10.1%，通用在华销量增长了 4.4%，而大众则出现了 3.9%的下滑。

在最大的单一市场出现销量滑坡，被大众汽车视为最大的危机信号。相反，对于中国份额占比原本就不高的丰田来说，提升销量的空间则充满了想象。根据 8 月 4 日丰田中国发布的销量报告称，7 月丰田在华销量增长 23.7%。

不仅如此，丰田近日还宣布将在中国投资约 29.5 亿元，扩充一条年产能 10 万辆的生产线。尽管这对于已经在中国布局了 500 万辆产能的大众汽车来说，并不是个值得警惕的数字，但是在增长放缓的中国市场上，面对的将是此消彼长的竞争态势，这听上去仍然不是个好消息。

(软文来源：每日经济新闻)

【分析】

标题

实际上，每一个企业在经营管理过程中，都会完成一些业绩或积累一些荣誉。

把这些业绩展示出来，让读者产生强烈的信任感，本篇软文第一句以疑问开篇，先引起读者的好奇心，然后立即以丰田是最赚钱的公司，比较隐晦地展示自己的业绩，之所以可以这样写，是因为丰田的产量确实傲人。

卖点

企业的业绩及荣誉不仅是企业的骄傲，更是企业的卖点。如果业绩及荣誉足够分量的话，那就可以把这些业绩及荣誉写成文章在媒体上发布。

就比如本篇软文中的丰田，以上半年净利润 322.5 亿元人民币傲视同行，这就是丰田的本钱。

布局

本篇软文的布局，有着欲扬先抑的手法在其中，欲扬先抑，是一种常用的写作手法。指的是在凸显某些人、事、景、物的时候，先用曲解或嘲讽的态度尽力去贬低或否定，然后在给予极大力度肯定的一种手法。

本篇软文中说“丰田汽车被拉下神坛”，就是抑，随后说的丰田上半年的业绩，就属于扬。运用先抑后扬型正文布局时要注意抑少扬多，扬能压抑。

第 8 章

旅游软文：在软文中看全世界

游记类软文
- 携程旅行网
- 途牛网

攻略类软文
- 蚂蜂窝
- 去哪儿网
- 艺龙网

故事类软文
- 同程旅游
- 天涯社区

8.1 游记类软文

游记是对旅行进行记录的一种文体，现在也多指记录游览经历的文章，游记本身就是对于景点的一种隐性宣传，所以说游记本身就是由游客撰写的软文。

【案例49】携程旅行网：三亚旅行记 ——自发性的游记软文更真实

【平台简介】

携程旅行网，通过不懈的努力成功整合了高科技产业与传统旅行业，向超过9000 万会员提供集酒店预订、机票预订、度假预订、商旅管理、特惠商户及旅游资讯在内的全方位旅行服务。

【功能解析】

下面就来了解携程旅行网的功能，如图 8-1 所示。

图 8-1 携程旅行网

(1) 酒店：该板块中，有国内酒店、海外酒店、团购、特惠酒店、途家公寓等内容。

(2) 旅游：该板块中，有周末游、跟团游、自由行、邮轮、主题游、包团定制、游学、当地玩乐等内容。

(3) 机票：该板块中，有国内机票、国际机票、航班动态、值机选座、退票改签等内容。

(4) 火车：该板块中，有国内火车票、国际·台湾火车票。

(5) 汽车票：该板块中，有汽车票、机场巴士和轮船等内容。

【实施分析】

下面来欣赏一篇优秀的发布在门户网站中的旅行软文。

带着爸妈去看海之三亚旅行记

第 1 天

2015-11-09

带父母去旅行，是长久以来的心愿，更是一种情结。转眼间，父亲已经到了“古稀”之年，身体状况大不如前，不想留下“子欲养而亲不待”的遗憾，旅行计划便迅速提上议程。

……

酒店的选择方面则需要费一番工夫，父亲腿脚不灵便，景点附近的酒店是首选，为了选择性价比较高的酒店，我借鉴了不下 10 个攻略和近百条评论。经过 3 天的努力，确定行程如下：

#11 月 9 日#

大交通：

1. 瑞金-赣州火车站 K8740 8:30-10:59
2. 赣州黄金机场-海口美兰机场 GS6554 15:15-16:55
3. 海口美兰火车站-三亚火车站 D7347 18:44-20:30

住宿：海洋天堂酒店(碧海蓝天小区)180 海景家庭房

#11 月 10 日#

景点：三亚湾

住宿：海洋天堂酒店(碧海蓝天小区)180 海景家庭房

#11 月 11 日#

……

第 2 天

2015-11-10

第二天醒来大概 7 点半左右，睡眼蒙眬地走到客厅，可阳台外的景色足以让我顷刻清醒过来，对的，一望无际的大海！海面上点缀着大大小小几十艘船，远处三三两两坐落着小山。太久没有过这样的视觉冲击了！

我们订的房间虽然观海的角度不是最佳，但是因为楼层高，还是能弥补很多不足。我开始庆幸自己的选择，也后悔没把后面三天订到这里。此时，老妈已经从农贸市场买好了早餐回来。

……

(软文来源：携程网)

【分析】

游记

游记，顾名思义，就是记游，也就是一次对出行、游览、参观等的记录，不过“游”的含义并不单纯指的就是游玩，包括游览、参观、访问和考察等。

不过本篇软文还是典型的游玩属性的游记，乃是作者亲身的经历，有着非常不错的参考价值。

结构

本篇软文是按照时间的顺序来写的，这也是读者最容易接受的顺序。从软文中可以看出，作者在第一天的行程中，将自己整个的行程安排都写了进去，在交通、景点、住宿等方面都有详细的介绍，可以说软文结构相当明确。

主题

一篇成功的游记软文，需要在软文中体现某个特点，要么是对于景点景色的细致描述、要么是景点特色文化的讲解、要么是自己的游玩感悟，本篇软文就是以体验为主，充分讲述了作者自己的旅行感悟，让读者可以更加真切地了解三亚这一旅游胜地。

专家提醒

游记可以分为很多种，以记录行程为主的记叙型游记；以抒发感情为主的抒情型游记；以描绘景观、景色为主的写景型游记等。无论使用哪种手段，都要在文中对于自然风光、名胜古迹或者是城市景观进行描述，否则就是一篇名不副实的游记。

【案例 50】途牛网：长白山三日游 ——真实的体验游记价值更高

【平台简介】

途牛旅游网于 2006 年 10 月创立于南京，以“让旅游更简单”为使命，为消费者提供由北京、上海、广州、深圳、南京等 64 个城市出发的旅游产品预订服务，产品全面，价格透明，提供全年 365 天 24 小时的全方位旅游服务。

【功能解析】

下面了解途牛网的功能，如图 8-2 所示。

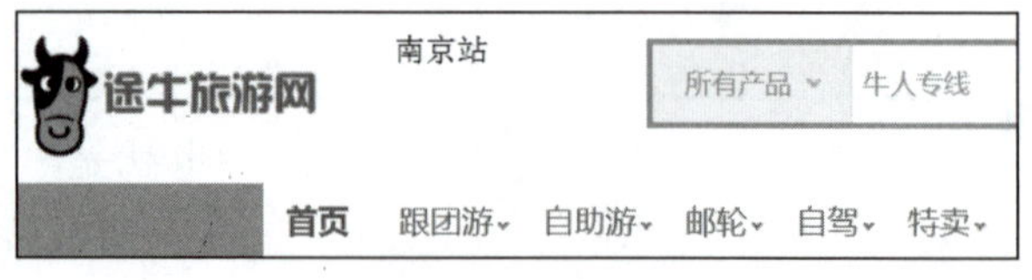

图 8-2　途牛网

(1) **跟团游：**该板块中，拥有出境跟团、国内跟团、周边跟团、当地参团和签证等内容。

(2) 自助游：该板块中，有出境自助、国内自助、机票+酒店、火车票+酒店、当地玩乐等内容。

(3) 邮轮：该板块中，有包船专享、日韩航线、欧洲航线、三峡航线和邮轮首页等内容。

(4) 自驾：该板块中，有周边自驾、国内+出境自驾、千人自驾和六星自驾等内容。

(5) 特卖：该板块中，有特卖首页、尾货特价、限时秒杀、预售巨惠等内容。

【实施分析】

下面来欣赏一篇优秀的特点明显的游记软文。

大美长白山三日游 (西坡 北坡 温泉 漂流)

闲话少叙，出行之前做一个全面的攻略真的十分重要。因为我们这次出行之前大家杂事太多，没有一个人做一个全面有效的攻略，导致有的人白白浪费一天时间，有的钱也可以省一些。所以在此将此次长白山之行的心得与大家分享一下，希望对大家的长白山之行有所帮助。

在出行之前，建议大家看一看纪录片《森林之歌》(第五集 雪国——北国之松)，在对长白山有一个初步了解之后，相信你的长白山之旅会有更多收获。

出行时间：六月末。

1. 如果时间比较自由的话，尽量查好长白山地区天气，选择晴天出行(即松江河和二道白河当地天气，虽然山顶天气比较多变，但是天池以外的其他景区的天气状况还是可以参考山下天气预报的)。

2. 网购一次性雨衣&准备上山干粮，雨衣乃长白山出行必备，即使山下天气为晴，山顶天气也有可能是阵雨。特别是西坡登 1442 级台阶时，只有登山阶梯的起点处有卖雨衣的，而且价格比网上贵(淘宝 3、4 元一件)。

……

3. 关于着装，着装当然是运动衣裤鞋袜了。在登山过程中看见有穿高跟鞋、瓢鞋甚至人字拖登山的，真是为他们捏了一把汗。

……

4. 门票，西坡票有两种，一是山门票，125RMB，凭此票进山；二是环保车票，80RMB，在山下登车站点买票登环保大巴，大巴载游客到达登山地点(此后不用再买票，需要坐车之时，直接登上准备出发的环保车即可，但是为安全起见，景区禁止游客在车内站立)，车程为五十分钟左右，所以环保车票必买；此外还有保险 5 元，自愿购买。

长白山是大自然对我们的馈赠，更是我们中国人的宝贵财富，希望每一个到长白山的游客都能自觉地爱护我们美丽而脆弱的长白山。

西坡

相较而言，西坡景区较少，主要有天池、梯子河、大峡谷、王池、高山花园等，后两个景点具有季节性，我们在六月末仍然没能看到。

……

(软文来源：途牛旅游网)

【分析】

标题

本篇软文的标题，特点很明显，“三日游”凸显了这篇游记软文适用的范围，如果读者是想去玩个十天八天，那么本篇软文就不太适用了。

标题括号中的内容很重要，“西坡、北坡、温泉、漂流”这四点正是长白山最著名的四大特点。

布局

本篇软文并不是根据时间来布局，不是第一天如何、第二天如何，而是根据长白山旅游中的“准备”和“景点”为线索进行整体布局。

首先将长白山旅游需要做的准备进行介绍，包括天气、装备、着装和门票等。

然后按照标题中，西坡、北坡、温泉和漂流 4 部分，通过自己的亲身旅游感悟，对长白山景点进行详细描述。

那么，如何才能撰写出一篇优秀的游记类软文呢？如下所示。

游记的结构

开头：交代游玩的原因、时间、地点、人物等背景，描述一下自己的心情等。

正文：具体描述游玩经历、对沿途景物进行描述。

结尾：写出自己的游玩感受。

游记的内容

一般使用叙述的手段，对景物进行描写， 同时也可以抒发议论，在描写景物时，要抓住景物的特点，写出它们的特点和一些传说等。

写景的顺序

按照空间的顺序进行描写。
按照时间的顺序描写景物。
按照游玩的顺序进行描写。

专家提醒

游记类软文在描写景物时，如果能适当地加入对于景物相关的历史典故、神话传说，可以增加知识性和趣味性，能赢得读者的好感。

8.2 攻略类软文

随着人们出游意识的不断成熟和旅游市场的完善，旅行社的角色定位也必须发生变化，从“提供产品”向“提供服务”转化，旅游进入后旅行社时代，游客的自我意识已经越来越强，游客逐渐地脱离旅行社，从旅游攻略中，获得包括景点、交通、饮食以及住宿等方面的充分信息，从而实现自由游的目的。

【案例 51】蚂蜂窝：2015 年杭州旅行攻略——游客跟着攻略走

【平台简介】

蚂蜂窝旅行网是一家优秀的自由行服务平台。以“自由行”为核心，蚂蜂窝提供全球 60000 个旅游目的地的旅游攻略、旅游问答、旅游点评等资讯，以及酒店、交通、当地游等自由行产品及服务。

【功能解析】

下面就来了解蚂蜂窝的功能，如图 8-3 所示。

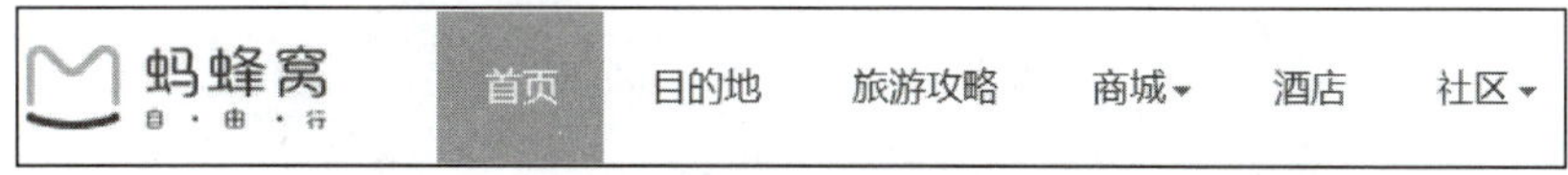

图 8-3　蚂蜂窝

(1) 目的地：该板块分为时令推荐、主题精选两部分内容，除此之外还拥有全球目的地栏目，栏目中按照 7 大洲进行分类。

(2) 旅游攻略：蚂蜂窝网的旅游攻略，是按照景点进行分类的，有台湾、厦门、三亚、香港、大理、成都等景点攻略。

(3) 商城：该板块中，有机票+酒店、当地游、签证、国际租车和保险等内容。

(4) 酒店：该板块中，可以根据地点进行酒店搜索，包括东京、大阪、芝加哥和旧金山等国外的酒店。

(5) 社区：该板块中，有问答、蚂蜂窝商店、结伴和小组论坛等内容。

【实施分析】

下面来欣赏一篇优秀的攻略类软文。

2015 年杭州旅行攻略：必游景点

一般到杭州的人都不会错过西湖和西溪湿地，而西湖更是游览的重中之重。除此之外，杭州各个公园像璞玉一样将杭州城包围，孤山赏梅、灵峰探梅、超山访梅三大赏梅圣地让杭州的冬天也如此绚烂，特别是孤山，因为西泠印社的存在，在青山绿水间又多了一重浓郁的文化气息。而太子湾公园一年不断的花展也成为杭州本地人小憩的地方。

……

杭州西湖

如图 8-4 所示，西湖是观赏性的淡水湖泊之一，拥有三面云山，一水抱城的山光水色，这里还包含景点灵隐禅踪、断桥残雪、苏堤春晓、白堤、三潭印月、雷峰夕照、曲院风荷、西湖音乐喷泉、九溪烟树、花港观鱼、平湖秋月龙井问茶和苏小小墓。

图 8-4　西湖

西溪湿地国家公园

西溪湿地，那个因为冯小刚的《非诚勿扰》而名声大噪的地方，电影中很美，令无数游人心驰神往。

……

交通：西溪湿地位于杭州市区西部，可乘坐公交车或者自驾前往。1. 乘 193、310、356 路等公交车在西溪湿地高庄站下车可达。2. 自驾车游客在杭州绕城高速公路留下出口往天目山路方向。

门票：80 元/人，儿童免票入园公园卡补 10 块钱；门票+船票+电瓶车=145 元。

……

(软文来源：携程攻略)

【分析】

标题

本篇软文的标题，对于读者来说，有很大的吸引力，首先在于标题中的时间，2015 年，由此可以表现出这篇软文的新鲜程度，一篇时效性很强的攻略软文是很受欢迎的。

内容

攻略类软文在写的时候，方式有很多，按照时间、路线等线索，将去哪玩、怎么去、玩什么、吃什么、怎么玩最划算等内容全部囊括进去。

本篇软文就是根据景点为线索，将“杭州怎么玩”诠释得很到位，具体景点中，交通、门票、饮食等内容也很详细。

全面

一篇攻略类软文，最重要的就是全面，除非是特定的专门介绍某方面的攻略，不然软文中的内容越全面也就越有价值。

本篇软文在标题中就明确了这是一篇景点攻略，所以软文中全都是景点的介绍。

首段总说杭州的知名景点，后面分说西溪湿地国家公园、河坊街、太子湾公园、千岛湖风景区等。

专家提醒

攻略类软文在撰写旅游景点特点时，不要忘记提点一些周边特点，比如，景点周边的民俗、周边的特色小吃、周边的特产等，这样更能带动读者想要去旅游的心情。

【案例52】去哪儿网：北京四日游攻略
——简单直接的旅游攻略读者喜欢看

【平台简介】

去哪儿网，是一个旅游搜索引擎网站，创立于2005年2月，总部在北京。作为一家创新的技术公司，去哪儿网一直致力于提供准确全面的旅游信息，促进中国旅游业的不断发展。

【功能分析】

下面就来了解去哪儿网的功能，如图8-5所示。

图8-5　去哪儿网

(1) **机票：**该板块中，提供国际·港澳台往返和单程机票、国内特价机票、机票价格趋势查询等功能。

(2) **酒店：**该板块中，有每日酒店推荐、酒店目录、超值酒店等内容。

(3) **团购：**该板块中，有去哪儿力荐、高折扣酒店、豪华低价酒店、超低价酒店等内容。

(4) **度假：**该板块中，有今日特卖、周边游、长线游、惠玩当地、邮轮、精品商户等内容。

【实施分析】

下面来欣赏一篇优秀的攻略类软文。

陪妈妈北京四日游攻略

行程概览

D1 北京：成都—北京→哈尔滨—北京→北京东四福苑宾馆

D2 北京：北京动物园→鸟巢→水立方→玲珑塔夜景→长安街夜景→海底捞火锅(牡丹园店)→北京东四福苑宾馆—北京动物园→北京动物园—什刹海→北京东四福苑宾馆

D3 北京：天安门广场→毛主席纪念堂→人民大会堂→故宫→什刹海→烟袋斜街→面兄面(南锣鼓巷店)→王府井商业街→北京东四福苑宾馆。

……

D1 北京

1 成都—北京，班次：MU8029。价格：680 元。备注：我的行程。

……

备注：

11 点左右到宾馆。一定要提前预订，为确保有房间，也为便宜，房间比较宽敞，一直有热水，还有提供茶叶，有沙发。推荐去腾邦国际网站预订，真的有返现，四天返了我 112 元，可以一分不少的提现。

D2 北京

休息：前一天旅程较累，选择休息半天。

1 北京动物园，地址：中国北京市西城区西直门外大街 137 号。门票：去哪儿网 90 元能预订到 550 元的门票。备注：妈妈比较喜欢动物，年轻朋友可以换其他景点。我是淡季去的，而且是早上，几乎没什么人，动物也不多，不太有意思。到我们出来的时候，人才慢慢多了一点。

……

(软文来源：去哪儿攻略)

【分析】

内容：这是一篇比较直接的攻略类软文，正文中几乎没有作者自己的感悟或者体会，当然，由于这是攻略，属于一份行程计划，也没有什么景观描写，但是文中的游玩路线却十分的详细，使得这篇软文实用性非常高。

布局：本篇软文属于总分的布局形式，开头将四天的游玩路线以及计划整理出来，也就是形成概览部分，可以使得整个行程清晰明确。后面再依次分说，每个景点的地点、交通和饮食都有详细标注。

特点：这一篇攻略软文，特点很明显，那就是细致。大到整个北京的有名景点，都有详细的标注。并且在备注里面的推荐内容，其实也是一种广告的植入。

【案例53】艺龙网：另类攻略软文——赏花攻略
——旅游攻略不仅仅只是旅游

【平台简介】

艺龙旅行网，是中国优秀的在线旅行服务提供商之一，通过网站、24 小时预订热线以及手机艺龙网三大平台，为消费者提供酒店、机票和度假等全方位的旅行产品预订服务。

【功能解析】

下面就来了解艺龙的功能，如图 8-6 所示。

图 8-6　艺龙

(1) **国内酒店：**该板块中，主要有目的地推荐、促销特卖汇、推荐品牌等三部分，也可以按照园林酒店、青年旅舍等进行筛选。

(2) **团购：**该板块中，可以按照城市进行筛选，从而选择中意的团购项目。

(3) **国际酒店：**该板块中，拥有热门旅游目的地、年假主题、探索酒店等内容。

(4) **短租公寓：**该板块中，拥有商务出行、度假休闲、培训学习等内容。

【实施分析】

下面来欣赏一篇另类的旅游攻略软文。

花红柳绿，全国赏花攻略：禾雀花

禾雀花在广东的江门、肇庆、清远、广州、韶关等地均有分布。“禾雀花”花季为 3 月至 5 月份，花期为两星期。禾雀花的外形奇特，花穗呈簇串状，花开四五瓣，花托似禾雀头；两旁各有一粒似眼睛的小黑点；正中的一瓣，弯弓似雀背；两侧的花瓣似雀翼；底瓣后伸，似尾巴；花内还有一撮细长略弯的花蕊，花形宛如一只只吊挂在藤蔓上的禾雀。

禾雀花观赏之清远牛鱼嘴

推荐理由：禾雀花不是日常的家居观赏花，所以要欣赏它的美丽，就要走到山林当中。清远牛鱼嘴的原始生态森林，便是离广州最近的禾雀花王国。每到 3 月，那里的几百株古藤便盛开了“禾雀花”，风情万种、十分迷人。

……

特别提醒

1. 美食：景区内有一家农家菜馆，店家做的蒸鱼，味道鲜美。还有清远著名的白切清远鸡、刀切糍、全菇宴、全羊宴、全鹿宴等。

……

禾雀花观赏胜地之肇庆

推荐理由：这里能赏到少见的七彩禾雀花。

……

特别提醒

1. 美食：在盘古山旁边有一条北岭美食街，位于七星岩度假区内，能吃到正宗的肇庆农家菜和野味。喜欢吃河鲜、海鲜的游客可以到江滨路、西江路、前进路一带，能尝到肇庆最出名的岎鲤和麦溪鲤。

……

(软文来源：艺龙网)

【分析】

布局：这篇软文的布局，采用的是组合式，正文中的内容，根据总结性的小标题分为几个部分，共同为主题所服务，软文的主题就是禾雀花的赏花攻略。

创新：寻常的攻略软文，大多都是对于一个或者几个景点的游玩方法，但是本篇软文却另辟蹊径，以赏花为线索，撰写了这么一篇攻略，为爱花的朋友提供了不错的游玩方式。

优点：本篇软文的优点就是文中的特别提醒部分，攻略软文属于一种旅行计划，所以计划中肯定会有很多的意外发生，特别提醒中的内容，就很好地补充了这一点。

专家提醒

旅游软文撰写者需要从消费者角度出发，需找到消费者喜欢什么或者想要什么、找到读者最想看的东西，结合以消费者为核心的内容，就能很顺利地写出一篇较好的旅游行业软文了。

8.3 故事类软文

通过讲述一个完整的故事带出产品，使产品的“光环效应”和“神秘性”给消费者心理造成强暗示，使销售成为必然，这就是故事类软文，在旅游行业的故事类软文，则是通过讲述在旅行中的故事，从而带出景点、服务或者产品。

【案例 54】同程旅游：讲述关于丽江的故事
——每一次旅行都是一个有趣的故事

【平台简介】

同程网络科技股份有限公司，是一家十分优秀的休闲旅游在线服务商，创立于 2004 年，公司以“休闲旅游第一名”为战略目标，业务涉及周边游、长线游等部分。

【功能解析】

下面就来了解同程旅游的功能，如图 8-7 所示。

图 8-7 同程旅游

(1) **出境游：**该板块中，有出境首页、跟团游、自由行、海外玩乐、港澳台门票等内容。

(2) **邮轮：**该板块中，有邮轮首页、远洋航线、国内航线、主题航线、邮轮特卖、爸妈去哪儿等内容。

(3) **国内游：**该板块中，有国内游首页、国内游特卖、包团定制、会玩中国等内容。

(4) **周边游：**该板块中，有周边特卖、周边亲子、客栈民宿、房车露营等内容。

【实施分析】

下面来欣赏一篇优秀的故事类旅游软文。

丽江，在初冬暖阳里聆听时光的故事

丽江古城坐落在云南省丽江市大研镇，玉龙雪山下丽江坝中部，北依象山、金虹山，西枕狮子山，东南面临数十里的良田沃野。

古城街道依山势而建，顺水流而设，质感细腻，以红色角砾岩(五花石)铺就，雨季不泥泞、旱季不飞灰，石上花纹图案自然雅致，质感细腻，与整个城市环境相得益彰。四方街是一个大约4000平方米的梯形小广场。

……

一个丽江美丽女孩的手鼓视频火遍了网络，走在丽江的街头，才发现这样的女孩很多，但有些人看来，听得多了难免觉得泛滥，然而对于每一个敲打着手鼓的女孩来说，也许就是在敲打着自己的梦想，也许她们也曾放下所有，在丽江努力寻找自己的梦想，如图8-8所示。

图8-8 卖手鼓的女孩

……

大石桥为古城众桥之首，位于四方街东向100米，由明代木氏土司所建，从桥下河水中可看到玉龙雪山的倒影。该桥系双孔石拱桥，拱圈用板岩石支砌，桥长10余米，宽近4米，桥面用传统的五花石铺砌，坡度平缓便于两岸往来。

(软文来源：蚂蜂窝)

【分析】

标题

这篇软文的标题就是很明显的故事软文标题，光是看标题就有很明显的故事性。“一则好的新闻必然有一个吸引人的标题”，软文同样如此，如果没有一个足够吸引人的标题，即便文章内容再专业也不会得到更多人的认可。

内容

这篇软文在一开始并没有直接讲故事，而是首先介绍丽江，当读者对丽江有了一定的了解之后，才开始讲故事，讲那些打手鼓的丽江女孩的故事，这样的切入，不会让读者在阅读的时候，觉得很突兀。

【案例 55】天涯社区：一位妈妈的旅行故事
——旅行中最不缺少的就是故事

【平台简介】

天涯社区，也就是天涯论坛，创办于 1999 年 3 月 1 日，是一个在全球极具影响力的网络社区，自创立以来，以其开放、包容、充满人文关怀的特色受到了全球华人网民的推崇。

【功能解析】

下面就来了解天涯社区的功能，如图 8-9 所示。

论坛	聚焦	部落	博客	问答

图 8-9　天涯社区

(1) **论坛：**该板块救赎天涯论坛，是天涯社区的主要组成部分。

(2) **聚焦：**该板块中，主要为天涯社区的新闻板块，包含很多领域的实时新闻。

(3) **部落：**该板块中，有汽车、动漫、数码科技、体育直播、天涯文学、中大校友、生活消费等内容。

(4) **博客：**该板块中，有知名博主的一些精彩博文，还包括一些热门博文等。

(5) **问答：**该板块中，包括精华知识、知识专家、我的主页、标签和活动等内容。

【实施分析】

下面来欣赏一篇优秀的旅行中的故事软文。

带着闺女，从山东吃到四川，不断更新

宝贝今年四岁半，从她小时候不管我们去哪里，都尽可能带着她，北到北京，南到深圳，坐过飞机，坐过火车，简单地算了一下已经去过了二十多个地方，这次的目的地是四川，宝贝现在已经开始念叨着要看大熊猫了。

……

简单地规划了一下路线，单县—菏泽—洛阳—西安—成都—重庆，然后由重庆返回。(返回途中停留的城市还没想好，朋友们有推荐的吗？)

明日计划

8.18号

A早晨从山东单县出发到菏泽市4S保养车，(出行前有必要全面检查车辆。)

……

过了鄄城黄河浮桥就来到了河南范县，来到这里必须品尝一下当地的特色小吃裹凉皮，把凉面、黄瓜、面筋、花生等食材，用芝麻酱、辣椒酱等调好味，用一整张凉皮裹成一个大卷，吃起来香辣可口。我们这次去的陈大姐凉皮店已经营了十几年，在当地非常有名，地址在濮阳市范县白衣阁乡政府附近。

【分析】

特色

这是一篇自述的故事性旅游软文，一位妈妈带着女儿一路游玩，很让人羡慕。由于这是一篇发布在论坛中的软文，所以这位作者妈妈采用的是实时更新的形式。

也就是写个开头，然后玩到哪就写哪里，非常的自由，同时也给读者带来了很多的期待，可以说非常的优秀。

图文

这篇软文的配图非常丰富，虽然在上面的案例中并没有体现出来，不过实际上，作者把一路的所见都拍了照片，然后与每一次的内容更新一起放在软文中。

内容

本篇软文并没有使用多么华丽的词语，全都是用朴实的语言进行描绘，再加上全都是作者的亲身感悟，所以更能拉近与读者的距离，让读者也能感受到作者旅行中的种种心情感悟。

第9章

教育软文：不可或缺的推广手段

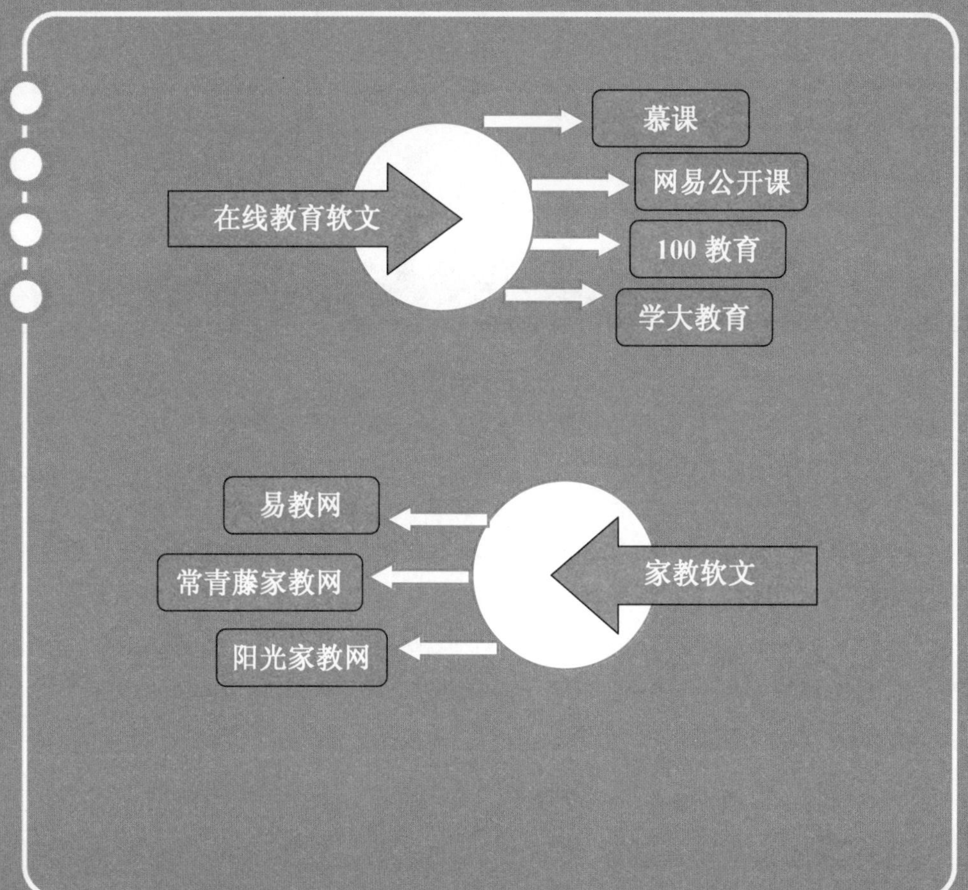

9.1 在线教育软文

教育行业，公认2013—2014年是中国教育改革的时期，国家教育有关部门出台了一系列教育改革政策，这些政策的数量超过近二十年出台政策的总和，这些举措，不仅顺应了时代潮流、满足了社会市场的需求，也为社会各类教育机构的发展指引了一个明确的方向。

在国家政策的刺激下，2013年国内的在线教育呈现了井喷态势，其发展之迅速，一如之前的团购和几乎人人知晓的互联网金融行业，教育行业与互联网的融合，最明显的除了一系列的教育网站，那就是教育软文了。

【案例56】慕课：悬念类新闻软文——悬念式软文效果更好

【平台简介】

慕课，是新近涌现出来的一种在线课程开发模式，它发展于过去的那种发布资源、学习管理系统，以及将学习管理系统与更多的网络资源进行结合，从而诞生的一种新型的课程模式。

【功能解析】

下面就来了解慕课的功能，如图9-1所示。

图9-1 慕课

(1) 课程：该板块中，可以按照学习方向、学科分类、学习的难度进行搜索，从而得出自己需要的内容。

(2) 计划：该板块中，拥有求职路线、加薪利器两部分内容。

(3) 分享：该板块中，拥有一系列学习用的PPT，内容包括动画实用技巧、如何使用高德云图等内容。

(4) 社区：该板块中，主要为用户们的交流与讨论的内容，拥有问答、作品、文章、活动等栏目。

【实施分析】

下面来欣赏一篇优秀的悬念式软文。

慕课能否"拯救"困境中的大学选修课

11 月 28 日，中国慕课大学选修课理事会在京成立，包括清华大学、复旦大学、南京大学、哈尔滨工业大学、西安交通大学、中国科学技术大学、中国人民大学在内的多所高校参与其中，这标志着我国慕课大学选修课建设正式启动。

目前，已经有包括微积分、线性代数、概率论与数理统计、大学物理、大学化学、普通生物学在内的首批 6 门"学术志趣类"课程在"学堂在线"平台上推出。未来，包括"素质拓展类"和"专业导论类"课程在内的具有中国特色的慕课中国大学选修课将陆续建设推出。

应该说，以慕课的形式开展大学选修课让人眼前一亮，因为基于互联网开展大学选修课，是最有可能大规模地覆盖更多的人群，让更多学有余力的学生受益。因此，有学者认为，慕课选修课，能够有效解答目前困扰大学选修课实践的多个难题，有效推进大学选修课的顺利实施。

……

当然，我们在期待大学选修课有实质性推动的同时，更应保持一份平和理性的心态，对此，清华附中王殿军校长的话耐人寻味：看待大学选修课，应少几分功利，多几分平和，让这一新生事物能够在一个健康的氛围中茁壮成长。毕竟，任何一项教学改革都需要一个宽容与信任的环境。

(软文来源：人民日报)

【分析】

标题

这篇软文的标题，就是典型的悬念式标题，通过疑问的形式，来引起读者的好奇心，从而吸引目光。

内容

其实这也是一篇新闻软文，正文内容更加偏向于新闻。正文首段先介绍慕课大学选修课理事会的成立，从而带出了慕课大学先修课的出现所产生的意义，最后指出了所面临的困境，正文条理清晰，表达明确。

布局

这篇悬念式软文，在标题中就提出了疑问，不过并没有一开始就进行解答，而是在软文结尾部分才予以回答，这样就可以让读者一直保持好奇心进行阅读，使读者印象更加深刻。

专家提醒

悬念式软文，对于悬念的回答，可以放在首段，也可以放在中间部分或者结尾，不同的位置所起到的作用也不尽相同。

【案例 57】网易公开课：解读类软文
——解读软文最能吸引读者

【平台简介】

网易正式推出“全球名校视频公开课项目”，首批 1200 集课程上线，其中有 200 多集配有中文字幕，内容涵盖人文、社会、艺术、科学、金融等领域。

【功能解析】

下面就来了解网易公开课的功能，如图 9-2 所示。

图 9-2　网易公开课

(1) **国际名校公开课**：该板块包括耶鲁大学、斯坦福大学、牛津大学、麻省理工学院、巴黎高等商学院等内容。

(2) **中国大学视频公开课**：该板块包括吉林大学、中国人民大学、东北大学、山东大学等内容。

(3) **TED**：该板块包括惊讶、说服、勇敢、创意、迷人和鼓舞等栏目。

(4) **可汗学院**：该板块包括数学、科学、金融经济、考试准备等内容。

【实施分析】

下面来欣赏一篇优秀的解读类软文。

网易公开课：解读国人最受欢迎 TED 演讲排行榜

近日，国内一流的在线教育产品网易公开课推出了最受欢迎的十大 TED 演讲排行榜，受到广泛关注。与此同时，TED 官方也发布了最受欢迎的 TED 演讲排行榜，从两个榜单中，或能看出一些国人与西方世界的微妙差异。

TED，即技术、娱乐、设计的意思，它是美国人里查德沃曼在 1984 年创办的一家私有非营利机构。TED 大会则是从 2002 年起开始举办，在每年 3 月都会邀请科学、艺术、设计、文学、音乐等领域的杰出人物，分享他们关于技术、社会与人的思考和探索。

TED 大会提倡“让思想长上翅膀”，但因为其主要演讲语言是英语，大会的召开地点则多在美国和加拿大，囿于地域和语言的局限，最初只有亲临会场的小部分人才能看到，未免有些可惜。2009 年起，TED 大会推出 TED 开放翻译项目，提供英文字幕，供志愿人士翻译成各种语言，在我国，网易公开课则承担起了传播 TED 演讲的责任。

……

正如 TED 大会的口号一样，网易公开课的发展“让思想长上了翅膀”，让国人能近距离地接触到了国外优秀的思想文化，感受不同的精神情怀，也让人们从对比中发现差距和不足，更加充实自己的精神世界，在这点上，网易公开课当属国内在线教育产品中的翘楚。

(软文来源：PCPOP)

【分析】

标题

一篇软文是什么类型，基本从标题中就可以看得出，本篇软文就是如此，标题中就有明显的“解读”字眼，除此之外标题中也明显地指明了这篇软文的主题，那就是网易公开课。

标题乃是文之眼，从标题中就可以看出，这篇软文讲的是解读网易公开课，内容非常明确。

内容

这应该是一篇说明文，通过举例与分析，对网易公开课中，TED 演讲排行榜中的内容进行讲解和说明，整篇软文内容简洁，并没有任何累赘。

通过对最受欢迎的十大 TED 演讲的分析，引发读者的注意，从而引发读者对于网易公开课的好奇。

主题

这篇软文的主题，就是对网易公开课进行宣传，所以软文中大部分内容是对于排行榜的解析，但是十分注意对于网易公开课的宣传，所以说这篇软文对于主题的把握非常精准。

专家提醒

解读类软文，最重要的就是软文中一定要有真切的内容，要对得起揭秘或者解读这个定义，不然可就属于欺骗性的内容了。

【案例58】100教育：经验传授类软文
——无法拒绝的实用技巧传授软文

【平台简介】

100教育，是一个在线教育服务平台，是欢聚时代于2014年2月25日推出的独立的在线教育品牌，100教育平台包括100教育客户端、课程内容和100教育网站等部分。

【功能解析】

下面就来了解100教育的功能，如图9-3所示。

首页	优势	名师	APP下载	天猫旗舰店

图9-3 100教育

(1) **优势：**该板块中，有科学专家领衔、豪华名师阵营、贴心培学服务等内容。

(2) **名师：**该板块中有教出学霸的老师、战教学经验丰富、随时随地将老师请回家等栏目。

(3) **APP下载：**该板块提供APP下载，并且进行APP功能简介。

(4) **天猫旗舰店：**该板块提供一对一授课方案、可以在天猫旗舰店购买。

【实施分析】

下面来欣赏一篇优秀的经验传授类软文。

100教育：如何用好免费这一招

在大批以颠覆新东方为口号的在线教育机构中，YY旗下的100教育成功凭借与新东方这一年多来的纠葛引起了足够的关注。

作为被新东方创始人俞敏洪定义为行业搅局者的100教育业务负责人，刘豫军的每次露面总少不了要谈谈新东方。

……

免费之后的故事

2014 年 3 月的那场 YY 旗下独立教育品牌 100 教育上线发布会足够大场面。

除了当时久未露面的 YYCEO 李学凌，还请来了雷军助阵，并且由雷军来宣布未来两三年内 YY 将在 100 教育的品牌上投入 10 亿元。

事实上，早在 2010 年 YY 就开辟了 YY 教育业务。不过，从此前公开披露的财务数据来看，当时的教育板块并未对 YY 的业绩有过实质性的贡献。教育作为一项开展了近 4 年的业务，在其财报中不见踪迹。

……

当平台方开始做内容

与免费策略同期出炉的是 100 教育对于加盟教师的优惠政策。

刘豫军此前接受记者采访时曾表示："我们实际上是一个给老师保驾护航的公司，愿意为老师做任何除了教学以外的事情，包括找女朋友。我们应该做的是把绝大多数钱分给老师，绝大多数是多少呢？我想最多是 100%。"

……

(软文来源：朱一财经日报)

【分析】

标题

一则标题有没有吸引力，直接关系到这篇软文的阅读量如何。本篇软文中，就是利用"免费"两个字，来吸引大家的眼球的。毕竟没有谁能拒绝"免费"两个字。

而且标题是告诉大家怎么才能免费获得服务，就可以更进一步地拉拢读者。

内容

本篇软文中的"证据"很多，所谓的"证据"，指的就是软文中的论据，想要让一个论点可靠，就需要有足够的"证据"，本篇软文通过多次的列举，例如 100 教育的上线发布会、100 培训的业绩等。

模式

本篇软文多采用采访的形式，这样的模式更容易获得读者的信任感，也有利于读者对软文进行二次传播。

【案例59】学大教育：资讯类软文——资讯软文信息更及时

【平台简介】

学大教育集团，“学大教育”创立于2001年9月，一直以来，专注于利用优质的教育资源和先进的信息技术，服务于中国教育服务领域。

【功能解析】

下面就来了解学大教育的功能，如图9-4所示。

图9-4　学大教育

(1) **辅导课程：**该板块中，包括高中一对一辅导课程、初中一对一辅导课程、小学一对一辅导课程等内容。

(2) **学大教师：**该板块中，可以按照地区、城市、年级等进行搜索。

(3) **学大名师：**该板块中，均为各大学校的知名讲师。

(4) **辅导资料：**该板块中，包括学习视频、家教辅导电子书、一对一辅导资料下载、一对一教研名师等内容。

【实施分析】

下面来欣赏一篇优秀的资讯类软文。

中考化学的高分技巧与备考指导

中考化学作为我们在中考中一门重要的科目，我们一定要多加重视，为了能够在中考考试中化学取得高分，同学们一定要在备战中考时找到好的学习方法。

1. 化学课程中有很多与日常生活紧密相关的知识

学习这些知识对于你解释生活中的现象和提高生活的质量都是大有裨益的。学习生活模块时要注意理论联系实际，要经常去做社会调查和搜集生活中的素材，毕竟生活的学习不能仅仅纸上谈兵！

例如：饮食中的各种营养成分及其含量和作用，就需要你多多观察生活中的食品包装，把它们收集起来进行阅读和研究。对于生活中的钢铁生锈的原理我们也会进行实验探究，并结合同学们对生活细心的观察和思考得出防锈的方法。

……

2. 化学是要探讨世界上各种各样物质的微观组成和宏观性质的

这就需要同学们有一种强烈的质疑能力。也就是说，必须有刨根问底的好习惯！例如，我们在生活中都知道水是一种液体，分子式为 H_2O，那么水的结构究竟是怎样发现的？

……

(软文来源：精品学习网)

【分析】

标题

一直都说标题要吸引人，那么到底怎么做才能吸引人呢？本篇软文就做得很好，标题中通过“高分技巧”和“备考指导”两个关键词，牢牢地吸引了读者的眼光。

而且标题中的主语“中考化学”明确了这篇软文的读者范围，虽然一定程度上限定了范围，但是精准度更高。

特点

这篇软文中的举例部分很有特点，这本来就是一篇为了提升考试分数的资讯类软文，所以举例部分的内容就很有价值了，可以给读者提供一些正文之外的思路。

价值

资讯就是用户可以及时地获得，并且能在短时间内给自己带来价值的信息，资讯有时效性和地域性，它必须被消费者利用。本篇软文乃是中考化学备考指导，正好发布在中考前，拥有很高的时效性，所以含金量很高。

专家提醒

资讯是一种信息，涵盖的不只是新闻，还可以包括其他媒介。

9.2 家教软文

家教，也就是家庭教师，被个别家庭以特定的报酬聘为私人教师的从业者。随着移动互联网的迅速发展，家教行业也逐渐地从被发现转移到了自主营销，通过各种家教网站将个人或者家教公司推销出去，软文，就是一种很好的营销形式。

【案例60】易教网：时评类软文
——实时评价软文，及时且热门

【平台简介】

易教网创办于2002年6月，是一个立足于互联网络，面向广大师生与社会提供家教服务的专业网站。易教网利用与传统家教模式与互联网的结合，只用了较短的时间就迅速立足于北京家教市场。

【功能解析】

下面就来了解易教网的功能，如图9-5所示。

图9-5　易教网

(1) **北京家教：**该板块中，拥有大学生教员、专业教师、音乐教员、海龟外教、学员检索等内容。

(2) **请家教：**该板块中，可以通过填写联系方式、基本信息以及对于教员的要求来检索中意的家庭教师。

(3) **教员库：**该板块中，可以根据科目分类、高校分类、区域分类、老师分类等检索中意的家庭教师。

(4) **专业老师：**该板块中，有众多老师的列表，列表中对家庭教师的身份、可教授课程和自我描述等内容。

【实施分析】

下面来欣赏一篇优秀的时评类软文。

时评：高校开设恋爱课 学生情场少走弯路

在如今随处可见情侣亲昵牵手的大学校园，恋爱已不再是一个新鲜的名词，但开设恋爱课堂，可称得上新颖。郑州师范学院开设的“爱情心理学课”，学生选修供不应求。主讲老师刘国清称，开设爱情心理学课的目的不是鼓励学生谈恋爱，而是对其进行恋爱指导及困惑分析，提高学生综合素养和恋爱商数。

时下高校选修课程内容精彩纷呈，花样也是层出不穷。之前就有高校推出三国杀、DOTA、斗地主、性学等选修课程备受学生青睐，名额爆满，甚至有学生偷偷到场蹭课。高校学生的主要任务虽然是学习专业知识，提高理论素养。但除此之外，还要学会处理好感情与工作和学习的关系，处理好人与人之间的关系，学会提高自己的素质。

……

另外，大学时代谈恋爱，是一个父母不太教、学校也少有关注，却又几乎是每一个大学生最关心、最感同身受的话题。

这本来就是一门大学问，但如果说大学生在感情路上有正确方法论的指导，以及有老师专门教导学生树立正确爱情观，那将让他们在情场上能少走很多弯路，在他们踏进校园时，就能接收一些关于这方面的知识，对学生而言还是很有意义的，所以说象牙塔里的爱情课，这个真可以有。

(软文来源：广州日报)

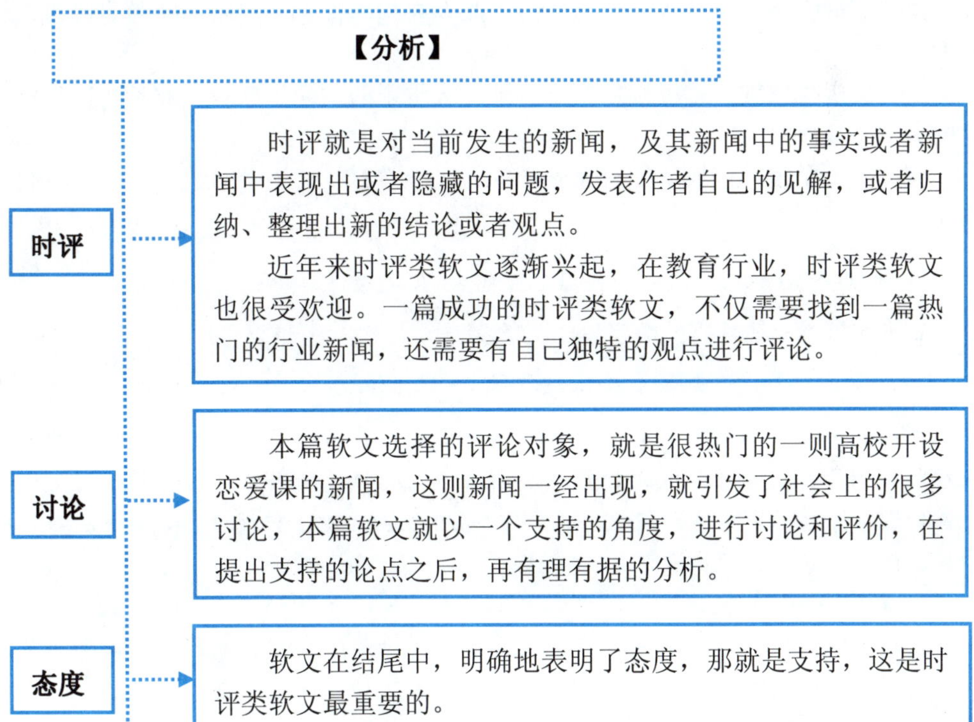

【案例61】常青藤家教网：数字总结类软文
——用数字做总结，软文更加明确

【平台简介】

常青藤家教网是专业的家教平台网站，创立于2010年，原名常青藤名师在线。家长可以在网站中，免费地直接联系老师，找到最合适孩子的老师。

【功能解析】

下面就来了解常青藤家教网的功能，如图 9-6 所示。

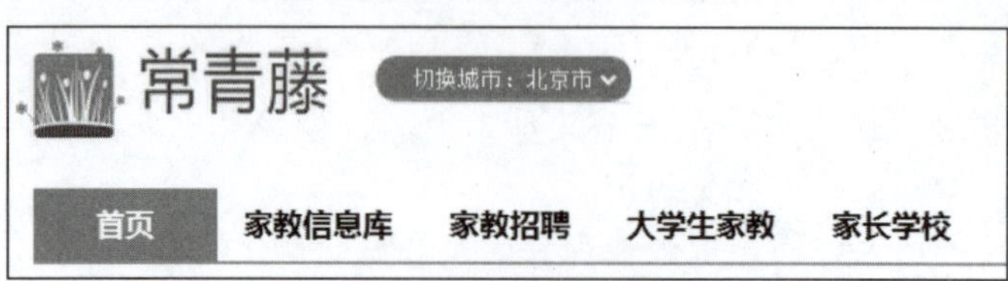

图 9-6　常青藤家教网

(1) **家教信息库：**该板块中，可以根据求教学科、所在区域、性别要求、身份要求等进行检索，寻找中意的家教老师。

(2) **家教招聘：**该板块主要是学生家长发布招聘信息，应聘的家教老师可以根据发布的信息进行应聘。

(3) **大学生家教：**该板块主要为当地各大学中的大学生家教，家长可以根据中意的大学进行搜索。

(4) **家长学校：**该板块拥有家长学堂、小学教育、初中教育、高中教育、自主招生和专家视频等内容。

【实施分析】

下面来欣赏一篇优秀的数字总结类软文。

中国孩子的 13 种烦恼

中国的父母苦口婆心、望子成龙、望女成凤，将孩子视作自己精神的延续，家长往往在孩子身上寄托了极大的期望，所以中国的孩子从小背负的精神压力远远大于其他国家。总而言之，共有 13 种烦恼，在中国孩子身上体现最多，本文列举这些烦恼，以便引起家长的注意。

1. 家庭不和

大人不懂得谦让，经常互相责怪。其实，无论是父母吵架，还是父母和老人不和，对于孩子来讲都是心理上的电闪雷鸣、雨雪交加，但苦于自己年龄尚小，无能为力，只好躲在角落里暗自抽泣。

……

2. 爸妈不陪自己玩

童年的孩子最喜欢一家人在一起游戏，遗憾的是，这样的机会并不多。大人们有自己的世界和娱乐方式，在中国，陪孩子玩历来被认为可有可无。

……

3. 缺乏宽容与理解

我们还小，思维能力和身体能力都不成熟，很多时候犯错、闯祸远非我们本意，但是我们得不到应有的宽容和理解。

……

总之，每个家长都曾经是孩子，可以肯定，在你作为孩子的时候，必然遭遇过上述一种以上的烦恼，有些甚至给你的童年带来严重阴影。既然如此，你还愿意让你的孩子重蹈覆辙吗？

(软文来源：搜狐教育)

【分析】

标题

数字式标题，就是要从数字中震撼一个人的心灵，从数字中寻找好奇心的答案，从数字中得到一种力量，本篇软文的标题，就是典型的数字式标题，一个准确的数字能与人们产生心灵的碰撞，很容易让人产生惊讶之感。

内容

软文的标题是数字式的，但是软文的正文却是总结式的，通过 13 种烦恼的总结，进一步强调软文的主题。本篇软文中的 13 种烦恼的总结，有理有据，使读者心服口服。

总结式的正文内容，目的就是强调主题，软文说的就是孩子的烦恼，通过 13 种烦恼的总结，可以让主题更加的鲜明。

布局

本篇软文使用的，属于总—分—总的布局形式，首段进行总结，总说共有 13 种烦恼；中间部分分别详细说 13 种烦恼都有什么；最后部分再次进行总结。

【案例 62】阳光家教网：故事类软文
——故事类软文更加真切感人

【平台简介】

阳光家教网是专业从事家教介绍的服务机构，创立于 2003 年，由上海鸿儒教育信息咨询公司独立开发和运营。

【功能解析】

下面就来了解阳光家教网的功能，如图 9-7 所示。

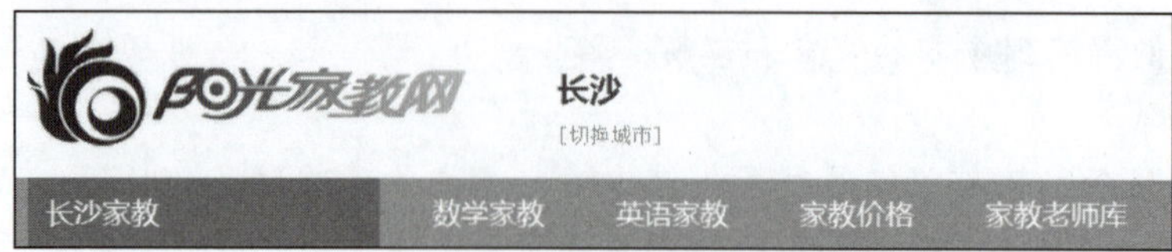

图 9-7　阳光家教网

(1) **长沙家教**：该板块中，有学龄前家教、小学课程家教、初中课程家教、高中课程家教等内容。

(2) **数学、英语家教**：这两个板块中，均可以按照授课区域、所在高校和身份要求等进行搜索。

(3) **家教价格**：该板块中，有当地家教的具体价格，家长可以按照课程、年级、时间段等进行选择。

(4) **家教老师库**：该板块有求教学科、授课区域、所在高校、身份要求等内容。

【实施分析】

下面来欣赏一篇优秀的故事类软文。

一个没有“灵魂”的孩子！可悲“捡了芝麻丢了西瓜”很多家庭还在犯

【故事分享】

舞台上，一个 6 岁的可爱小女孩在载歌载舞，精彩的表演吸引了台下所有小朋友和家长的目光，掌声此起彼伏，她成了台下家长们眼里的“模范孩子”，面容姣好、举手投足都是专业范儿，引无数父母的羡慕和嫉妒。但是在表演刚结束时，却发生了这样的小插曲：

台下的一个小男孩在家长的鼓励下，腼腆地拿着一朵花上台要送给小女孩，没想到小女孩前一刻才笑容满面，此刻却是一副不屑和厌恶的表情，她从小男孩手里接过花，一把丢在舞台上，还在上面踩了一脚。“我才不要跟你做朋友，你一无是处，会把我带坏！”

……

【幼儿说】

孩子是大人最好的模仿者。

物以类聚，人以群分，近墨者黑、近朱者赤，所以古代才有孟母三迁的故事，不想让孩子有任何不良的影响。时常见到不少家庭的大人总跟孩子说“他学习很差，不要跟他做朋友”，“她喜欢偷钱，不能跟她玩”，“他总是打游戏，要远离他”……有这样想法的父母无可厚非，但是如果你在规劝孩子时，将厌恶、蔑视的表情在孩子面前表现出来，这就是修养的问题了。

……

好性格能为孩子的人生助力，否则就是阻力。没有人愿意跟一个脾气古怪、性格骄蛮、冷漠不仁的人相处，否则那只能发生在童话故事里。不要让孩子追求优秀而丢失了人性中最宝贵的东西，那就是“仁”。

……

(软文来源：搜狐幼儿说)

【分析】

标题

本篇软文的标题，更多的应该是一种“恐吓式”的标题，恐吓式的标题可以很大程度上引起读者的注意和重视，同样地，这样的标题也会引发读者的反思，标题中说“很多家庭还在犯”，那么“我”有没有犯呢？

积累

故事类软文，顾名思义，就是通过讲一个完整的故事带出产品，通过讲故事来掩盖广告。一篇成功的故事性软文，既可以牢牢地吸引住读者的目光，还能把广告在读者毫无察觉的情况下进行植入。

特点

本篇软文最大的特点，就是在讲完故事之后，自己进行了一个细致的评论，这样故事与评论相结合，会更加有说服力。

第 10 章

游戏行业：打造玩家必读的游戏软文

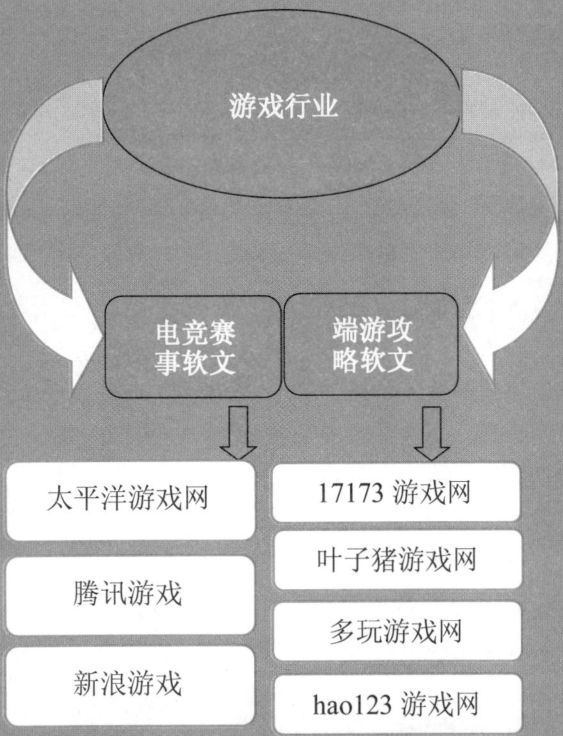

10.1 电竞赛事软文

电子游戏产业是涉及电子游戏的开发、市场营销和销售的经济领域。电竞就是电子竞技，也是一种职业，和棋艺等非电子游戏比赛类似，2003 年 11 月 18 日，国家体育总局正式批准，将电子竞技列为第 99 个正式体育竞赛项目。

【案例 63】太平洋游戏网：比赛回顾软文
——比赛回顾更能回味经典

【平台简介】

太平洋游戏网，隶属于太平洋网络科技有限公司，于 2003 年 12 月正式上线，经过近六年的蜕变，目前已经拥有了竞技、新游、手游、新闻中心、互动以及资料库等 6 大栏目。

【功能解析】

下面就来了解太平洋游戏网的功能，如图 10-1 所示。

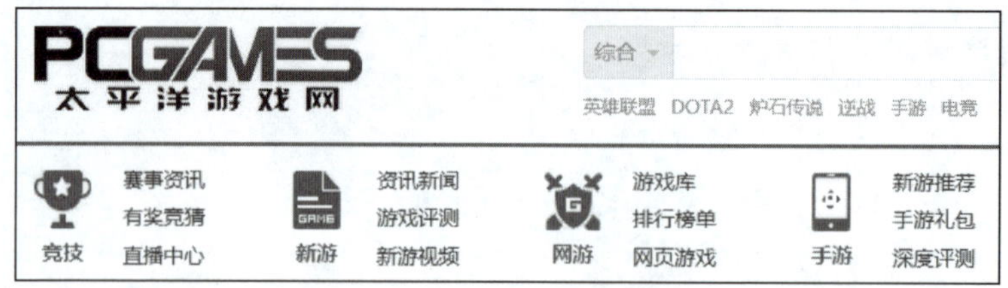

图 10-1　太平洋游戏网

(1) **竞技：**该板块中，主要有赛事资讯、有奖竞猜和直播中心三部分内容。

(2) **新游：**该板块中，有资讯新闻、游戏评测和新游视频等三部分内容。

(3) **网游：**该板块中，有游戏库、排行榜单和网页游戏等内容。

(4) **手游：**该板块中，有新游推荐、手游礼包和深度评测三部分内容。

【实施分析】

下面来欣赏一篇《英雄联盟》的回顾类的软文。

回顾明星 Solo 赛 哥有三多兰 对面都是菜

一：英雄联盟是一个推塔的游戏

一血一塔一百兵，是全明星 Solo 赛的规则。而古语有云：“英雄联盟是一个推塔的游戏。”在往届的 Solo 赛上，明星选手们让我们彻底明白了这句话所蕴含的哲理。

2013年上海的全明星赛上，若风和Toyz进行了中单位置上的solo决赛。两人不约而同地选出了皮城女警这位手长清线快的AD英雄。就在若风处于优势，还有20个补刀就能够赢得比赛的时候，Toyz依靠惩戒迅速清兵，开启护盾直接顶着伤害将若风的防御塔点爆。

……

四：无可匹敌的Sola霸主：努努

如果没有Solo赛，人们也许永远不会意识到，最强的Solo英雄不是女警，不是发条，而是努努。

……

洛杉矶全明星展望：真正意义上的全明星

……

对于玩家来说，谁胜谁败已经没那么重要了。当我们看到那些已经退役、又或是早已淡出我们视野许久的选手们，又一次拿起鼠标和键盘，延续他们曾经带给我们的记忆和精彩，这份快乐和激动难以言表。

(软文来源：凤凰游戏)

【分析】

标题

既然是回顾类的软文，那么最好在标题中将这一点体现出来，本篇软文在这一点上就诠释得很好。

布局

本篇软文的布局，在业内人士的眼中是很巧妙的，正文内容共有6个小标题，前5个小标题是按照游戏中的位置进行的排序布局——中单、打野、ABC、上单和对于游戏内道具“坚韧合剂”的怀念，最后一部分则是一个总结。

结尾

结尾处是一个漂亮的总结，对于洛杉矶全明星赛做出了一个很好的期望，并且表现了对于往届的明星们的怀念。

专家提醒

回顾类软文除了要有真正的回顾部分的内容以外，还必须要有总结的部分，只回顾而不总结，那样的回顾类软文是不完整的。

【案例64】腾讯游戏：比赛报道软文
——比赛报道情感最深切

【平台简介】

腾讯游戏是腾讯四大网络平台之一，是国内非常优秀的网络游戏社区。腾讯游戏采取内部自主研发和多元化的外部合作两者结合的方式，在网络游戏行业中，取得了良好的市场业绩。

【功能解析】

下面就来了解腾讯游戏的功能，如图10-2所示。

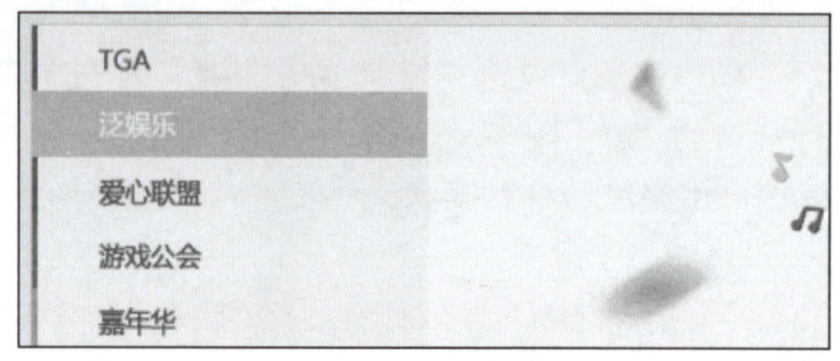

图10-2 腾讯游戏

(1) **TGA：**该板块中，有视频、游戏、直播、音乐和页游等栏目。

(2) **泛娱乐：**该板块中，有圈子、问答、组队、活动、组件和高校大赛等内容。

(3) **爱心联盟：**该板块中，有爱心火炬、公益视频、公益伙伴和关于我们等内容。

(4) **游戏公会：**该板块中，有公会新闻、十佳公会、公会专区等内容。

(5) **嘉年华：**该板块中，有资讯、礼包、看点、购票、抽奖和活动等内容。

【实施分析】

下面来欣赏一篇《穿越火线》的比赛报道类的软文。

CFS 2015世界总决赛将开战 EP谢幕 汉宫奋起

12月5日，CFS 2015世界总决赛进入第二日，决出了第三日季军赛、冠军赛对阵。中国EP战队在八强赛中不敌巴西INTZ，提前告别赛场；独苗汉宫孤身奋起，10：1大胜Hidden晋级总决赛！巅峰一战即将到来，在此之前，我们不妨先来回顾第二比赛日的精彩战况！

EP谢幕 四强出炉

首先进行的小组赛败者组的比拼，决出最后五个八强名额。完整八强名单出炉后，经过短暂的休整，我们又立刻迎来更加精彩的八强赛。经过第一日的较量，各队对彼此的风格都有了进一步的了解，使得第二日比赛的激烈程度更胜第一日。再加上比赛场次也比第一日多出不少，着实让现场和线上的观众都过足了瘾。

……

汉宫奋起 孤身进取

EP 失利后，汉宫的比赛就显得格外重要。随着 EP 的离开，CFS 世界总决赛赛场上的中国双雄只剩汉宫，卫冕重担全部落在了他们的肩上。

……

现在，所有的期待都集中在了汉宫身上，想必他们的负担十分沉重。但正如他们的支持者们高呼的口号一样，“汉”卫中国，“宫”无不克，希望在 CFS 2015 世界总决赛上实现中国 CF 的第四次登顶！

(软文来源：19 游戏网)

【分析】

主题

本篇软文在标题上，就体现出了一部分的感情色彩，那就是支持汉宫战队。

本篇软文的标题，可以分成两部分，前半部分为揭示主题，那就是总决赛将开展，有着预告的意思。后半部分为软文内容的总结，那就是 EP 战队落幕，汉宫战队奋起。

一篇优秀的标题就是需要这样，在标题中展示软文内容。

标题

虽然本篇软文不是实时解说，但对于比赛内容也有着一定的报道，像汉宫与 Pacific 比赛上半场 4∶5 的比分，还有对于下半场战况的介绍，都属于游戏报道。

精彩的游戏报道可以让读者进一步感受到比赛时的激情，同时也对中国战队进行了美好的祝愿和期盼。

结尾

结尾部分的内容虽然简短，但是却巧妙地喊出了汉宫战队的口号：“汉”卫中国，“宫”无不克。利用读者的爱国情绪，进一步点燃了读者的激情。

专家提醒

比赛报道类软文，最重要的就是对于比赛的准确描述，尽量使用专业性的术语，少用口头话的词语，这样才显得更加专业。

CFS 就是《穿越火线》的缩写。

【案例 65】新浪游戏：公告类软文——官方公告才是最直接的软文

【平台简介】

新浪公司，是一家服务于中国及全球华人社群的网络媒体公司，旗下新浪游戏频道，经过多年的努力发展，现在已经成为行业内非常优秀的游戏门户网站之一。

【功能解析】

下面就来了解新浪游戏的功能，如图 10-3 所示。

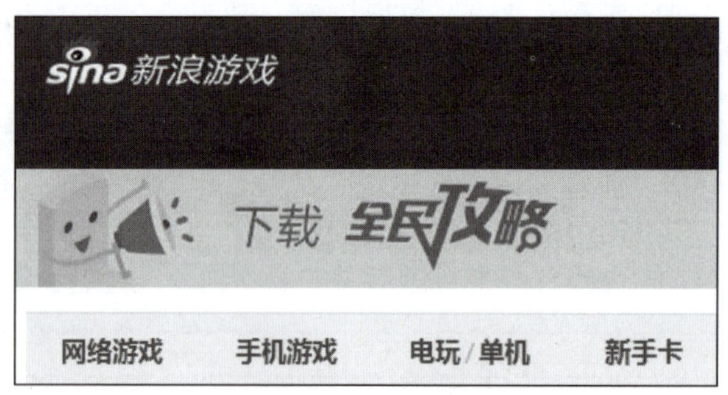

图 10-3　新浪游戏

(1)　网络游戏：该板块中，有新网游、2015 大作盘点、新游尾行、爱解说、游戏大汇站、游戏测试表等内容。

(2)　手机游戏：该板块中，有苹果、安卓、资讯、排行、攻略和论坛等内容。

(3)　电玩/单机：该板块中，有热门资讯、游戏评测、电玩前线、新游试玩、游戏视频等内容。

(4)　新手卡：该板块中，有网游礼包、手游礼包、页游礼包、公会礼包、激活码和预订等内容。

【实施分析】

下面来欣赏一篇优秀的公告类游戏软文——《刀塔 2》。

冬季赛时间公布：1月3日打响公开赛揭幕战

V社近期公布了不少上海冬季联赛的消息，从V社给出的信息来看，比赛的到来比我们预想的要快得多。

V社在秋季赛之后宣布了冬季赛将会在明年3月2日至6日在上海的梅赛德斯奔驰场馆进行，与秋季联赛相同冬季赛将有300万美元的奖金池，直到今天V社终于公布了比赛的日期安排。

公开资格赛将会在1月3日至6日进行，然后区域资格赛将会在1月7日至10日继续进行比赛，各大战队能在12月18日开始注册参加比赛。(公开资格赛即海选赛，除正赛受邀战队及区域赛受邀战队外各大战队可以自行选择报名)

在上海资格赛举办之前将会有哪些国际大赛呢？

上海资格赛举办前将会有两个国际大赛举行，Summit4(巅峰联赛)的正赛将会在12月9日至13日进行，然后在12月16日至21日WCA世界总决赛的正赛将会在中国银川举行。

……

对CIS战队来说这是个非常糟糕的消息，在区域资格赛的第一天正是传统俄罗斯圣诞节(他们一年一度的欢盛节日并且要与家人聚在一起)，CIS的小伙子只能牺牲他们的节日了。

(软文来源：新浪游戏)

【分析】

标题：本篇软文的标题很直接，就是要告诉大家这是一篇公布、《刀塔2》冬季赛比赛时间的软文，甚至标题中后半部分已经给出了时间，这也是很多公告类软文共同的特点，那就是简单直接。

内容：本篇软文的正文并不算长，这也是公告类软文的通病，由于内容需要简单直接，所以也就无法添加太多的附加内容。

结尾：本篇软文的结尾很适当地在介绍完冬季赛的时间以及一些情况之外，又介绍了在上海资格赛开始之前的一些其他比赛，作为与主题相关的附加内容，奉送给读者。

专家提醒

V 社：Valve(维尔福软件公司)，是一个位于华盛顿州的专门开发电子游戏的公司，它的第一个产品《半条命》于 1998 年 11 月发布。

10.2 端游攻略软文

游戏攻略指的就是官方或非官方发布的，可以为玩家提供一些游戏经验与心得的文字或视频类的教材。

【案例 66】17173 游戏网：副本攻略软文——玩家过副本必看攻略

【平台简介】

17173 是一家服务于游戏玩家和游戏企业的，在线媒体及增值资讯服务提供商，网站中提供非常及时的游戏资讯，是游戏供应商非常喜欢的宣传平台。

【功能解析】

下面就来了解 17173 游戏网的功能，如图 10-4 所示。

图 10-4　17173 游戏网

(1) **新闻：**该板块中，包括排行、盘点、平煤、大陆、全球、产业、评论、人物、话题等内容。

(2) **新网游：**该板块中，包括新游测试表、网游开服表、试玩评测、新游发号、新游期待榜等内容。

(3) **游戏下载：**该板块中，有客户端、补丁、动画、壁纸、音乐等内容。

(4) **发号平台：**该板块中，有找账号、手游发号、账号预订、我的账号箱、兑换中心等内容。

【实施分析】

下面来欣赏一篇《剑侠情缘网络版 3》的副本攻略型软文。

《剑网 3》10 人血战天策 1 号至 4 号简易攻略

《剑网 3》10 人血战天策 1 号 BOSS 至 4 号 BOSS 攻略，简单易懂。未参与体服开荒，本攻略来源于各种结果加团队实践，有用你就看看，没用你就无视。

老一：守城门。

配置：2～3 奶，其余 DPS，无所谓远近战，但要求懂得爆发节奏，不射箭。

打法：

P1：共 3 种组合的小怪，依次轮换。找好刷怪点，TM 埋机关 CY 插气场，奶妈开怪后到石头那准备推第一个石头晕第一波小怪，朝刷怪点推。

……

老二：塔防战。

配置：分两组人，一组 5 个，第一组 5 人去守南门，第二组 5 个人去守剩下 4 个门的随机一个门(开怪看剧情，剧情的第二幕会告诉你要去哪个门)。

……

打法：

一、南门，3 个远程事先分工小怪顺序，谁负责哪个一定要事先安排好，站最远处打一个技能，小怪会向你跑过来，待小怪停下后再打一个技能，如此反复。注意最多只能打 5 次，5 次以后你没把小怪带进门洞那这个小怪即算失败。

……

老四：保护青骓牧场(目前我团实践通过的打法)。

这个关卡有点恶心，狼牙军会从五个地方进攻(地图上自己看)，我们要守住两个地方，这两个地方目前来看是随机的或者 10 人是固定的八阵图和狼牙战俘营。

……

(软文来源：多玩剑网)

【分析】

定义

所谓攻略类型游戏行业软文，是指可以为玩家提供一些游戏经验与心得的文字、图片、视频类的教材。一般来说，攻略类型的软文都会在标题上明确“攻略”两字，由此让读者能一目了然地明白文章的类型。

优点

攻略类型游戏行业软文，可以引导玩家特别是新手玩家熟悉并能尽快地对相关游戏深入了解的文章，或者也可以说是一些玩家自己的游戏心得，跟大家一起分享，有些玩家也会称为游戏秘籍。

本篇软文就是一篇很典型的攻略型软文，而且是游戏中，过副本的攻略，那么什么是副本呢？副本就是可以让玩家和队友们在一个私人区域，不受他人干扰地进行探索、冒险或完成任务的场所，不是玩家的队友就无法进入玩家所在的这个私人区域。

一篇详细介绍过副本方法的文章，是很受玩家喜爱的。

专家提醒

软文中提及的老一、老二、老三、老四等，指的都是游戏副本中的一号BOSS、二号BOSS，依次类推。

奶：攻略软文中的奶，一般指的是有治疗天赋或者有治疗技能的游戏职业。

DPS：意思就是玩家平均每秒对目标造成的伤害，指的是一个平均值，玩家的DPS越高说明玩家在有效攻击时间内对敌人造成的伤害越大，文中的DPS指的就是拥有输出的玩家。

【案例67】叶子猪游戏网：任务攻略软文
——巧妙的任务攻略让玩家省时省力

【平台简介】

叶子猪游戏网，是广州畅悦网络科技有限公司旗下核心业务之一，网站一直倾力向广大用户提供及时且专业的网络游戏资讯，打造专业的网络游戏资讯门户。

【功能解析】

下面就来了解叶子猪游戏网的功能，如图10-5所示。

(1) 热门游戏：该板块为叶子猪网站中，比较热门的游戏，例如，《大话西游2》《武魂2》《神雕侠侣》等游戏。

(2) 网页游戏：该板块有《神之王座》《大天使之剑》《战国之怒》《火影忍

者 OL》等网页类游戏。

(3) 手机游戏：该板块有《大话西游》《刀塔传奇》《无敌唤灵》《时空猎人》《秦时明月》等热门手机游戏。

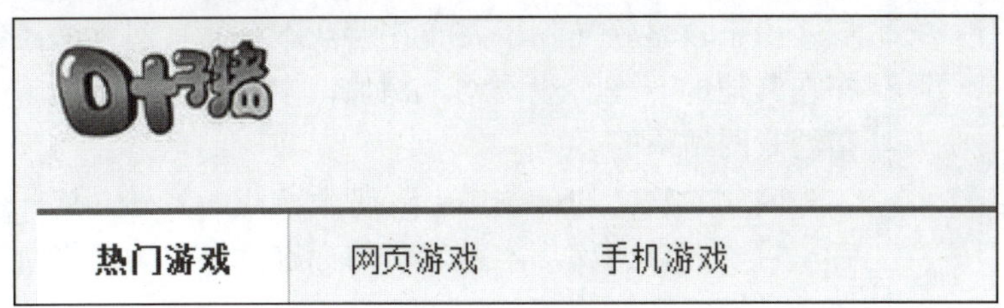

图 10-5 叶子猪游戏网

【实施分析】

下面来欣赏一篇《天下 3》的任务攻略软文。

《天下 3》新日常任务王朝练兵攻略

自从大荒群豪响应王朝号召对抗妖魔至今，已经过去了一年多的时间。在勇士们十数个月的奋力拼杀之下，幽都妖魔前进的铁蹄终于被挡在了九黎之外。

当然，妖魔暂时的退却并不代表威胁的解除，大将军定勇为了继续锻炼大家的实力更发布了每日多种锻炼任务，其中既有在战场中拼杀获得数场胜利的战场任务，也有深入龙潭虎穴取得各大副本魔物首级的副本任务，亦或者前往九黎妃蝶轩在激烈的舞曲中锻炼自己的身法。

任务说明

玩家可以到各地的王朝布告牌处领取任务，32 级以下的玩家可以从“副本除魔”“妃蝶热舞”中选择一种领取；32 级及 32 级以上的玩家则可以从“战场演兵”“副本除魔”“妃蝶热舞”三个任务中选择一种领取。每个任务每天可以完成两次，请注意，每天您只能选择其中一种任务来完成。

……

注意事项：

1. 战场演兵：每天可做两次，可做等级段为 32～39、40～49、50～59、60～70。

2. 副本除魔：每天可做 2 次。

……

(软文来源：叶子猪游戏网)

【分析】

标题

由于攻略软文除了发布在游戏本身的官网中，还经常发布在其他的一些游戏网站，例如，本篇软文就是发布在叶子猪游戏网站中的。

因此，软文的标题中最好带上游戏的名称，这样会让读者一目了然，例如，本篇软文的标题就很明确地将游戏名称放在了最前面。

内容

一款成功的网络游戏，其中的任务系统是一大亮点。完善且有吸引力的任务系统，会很大程度地提升玩家对于游戏的仲裁，正因为如此，很多游戏的任务系统都极其复杂和烦琐，这时候任务攻略，就显得很受欢迎了。

攻略

这篇攻略型软文，并不是那种极为详细的任务攻略，而是一种简单的攻略，这种任务攻略读者很容易理解，而且也为任务保留了很大的神秘感，深受玩家喜欢。

【案例 68】多玩游戏网：PK 攻略软文

——知己知彼百战百胜　PK 软文玩家更“知己”

【平台简介】

多玩游戏网是涵盖客户端游戏、网页游戏、TV 游戏、单机游戏、小游戏的综合性游戏媒体网站，旗下业务还包括 YY 语音软件，玩家公会等多款网页游戏的运营。

【功能解析】

下面就来了解多玩游戏网的功能，如图 10-6 所示。

(1) **新游戏：**该板块有发号、特权和网游库等内容。

(2) **5253 手游：**该板块有苹果、安卓和领礼包等内容。

(3) **电视游戏：**该板块有 PS4、PS3、PSV 等内容。

(4) **网页游戏：**该板块有单机游戏和单机库等内容。

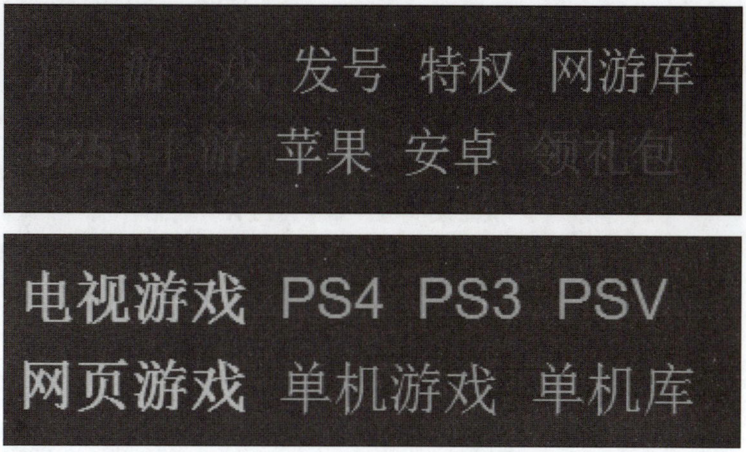

发号 特权 网游库
苹果 安卓
电视游戏 PS4 PS3 PSV
网页游戏 单机游戏 单机库

图 10-6　多玩游戏网

【实施分析】

下面来欣赏一篇《诛仙 3》的 PK 类攻略软文。

刺客定位 破军注意要点以及 PK 方法简介

鉴于广大破军玩家多不了解破军 PK 技能，简单在此说一下。

目前八荒 BUG 已经修改，破军输出还是可以的。挂机推荐擎羊护符。PK 贪狼护符必备。

关于破军的几点注意事项。

1. 此职业确实无秒杀技能，杀人请必备天琊。

……

11. PK 方法为，七星闪+排山倒海+流风回雪(此时超高速，进可欺身压正太，退可提臂迎众基)+万象(除了目标没人能打你)+须弥(目标也不能打你)+天琊+弩/刺自动连繁星碎+繁星碎。在天琊叠伤和 6 段刺清状态和繁星碎清状态的情况下，对方不死不容易。

12. 怀光很蛋疼，牵机很蛋疼。能格挡就格挡，格挡不了开了超高速往死里跑。

目前造化技能没出，封神不知道，所以暂时 PK 就是如此，没什么复杂的。这货就是个刺客。飞升最好是魔阵营，配合双御仙元婴加强下保命吧。

有意见或者不理解的，可以跟帖。

本人之前发的帖子，天书走向可自行调整。第二页第三页根据自己需要来吧。

(软文来源：多玩游戏)

【分析】

价值

网络游戏中除了任务和副本，PK 也是一项重要的玩法，没有任何一款网络游戏没有 PK 系统，甚至有些玩家因为喜欢游戏中的战斗，从而发展成了专门的 PK 玩家。

PK 指的就是游戏中，玩家和玩家的战斗，如果想要获得一场 PK 的胜利，那就要对自己的角色和对方的角色有一个充分的了解，这时候介绍角色技能的 PK 攻略软文，就体现出了价值。

特点

这篇软文的特点其实比较明显，一是软文标题和正文的统一性，标题中说了注意要点和 PK 方法简介，正文中前半部分介绍的就是注意事项，后半部分为 PK 技巧。

另外正文将内容分为 12 个点来说，条理清晰，读者可以逐条阅读甚至边读边试验，实用性很高。

专家提醒

写软文时，思路应该跳离平常观点，试着去反向思考问题，得出一个新颖独特的观点，游戏软文也是如此，如果写出来的软文是大家都知道的内容，肯定没有多大的吸引力，如果是很多人都不知道的，那才会拥有足够的吸引力。

【案例 69】hao123 游戏网：装备打造攻略软文
——攻略软文帮助玩家更好打造装备

【平台简介】

hao123 是一个上网导航，百度旗下的核心产品，及时收录包括音乐、视频、小说、游戏等热门分类的网站，与搜索完美结合，为中国互联网用户提供最简单便捷的网上导航服务。

【功能解析】

下面就来了解 hao123 游戏网的功能，如图 10-7 所示。

(1) 网游：该板块中，有发号中心、游戏中心、网游排行榜、专题合集、小游戏排行榜、游戏网址等内容。

(2) 页游：该板块中，有游戏资讯、发号中心、新游开服、游戏库等内容。

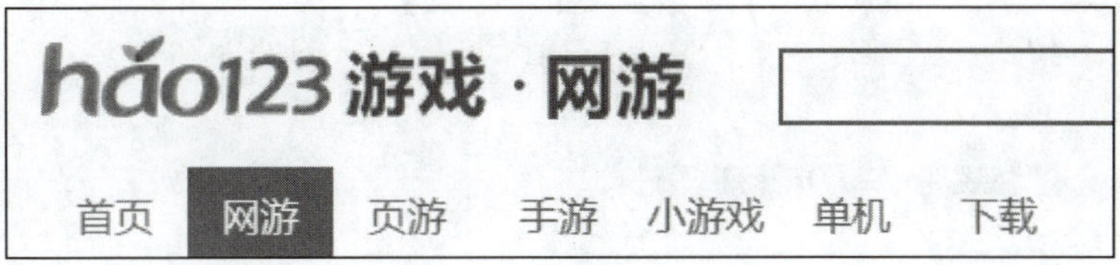

图 10-7　hao123 游戏网

(3)　手游：该板块中，有游戏热榜、百度下载风云榜、百度评分榜、新游测试榜等内容。

(4)　小游戏：该板块中，有原创、格斗、益智、儿童、休闲、棋牌、双人、女生等内容。

(5)　单机：该板块中，有游戏新闻、新作前瞻、游戏评测、攻略秘籍、视频攻略等内容。

(6)　下载：该板块中，有装软件、找应用、玩游戏、换壁纸、看视频等内容。

【实施分析】

下面来欣赏一篇优秀的网络游戏中关于装备打造的攻略软文。

秘籍分享：一个老玩家做手工装备的心得

首先说明，帽子、衣服、项链，搜狐并没有开放出高星的概率，如果要想出高星，只能用三级四级秘银棉布来做(用 1 级 2 级秘银棉布，或普通材料来做这三种部件的话，出高星的概率为 3.5%，出极品的概率为 0.75%)。

所以，本秘籍适用于除帽子、衣服、项链以外的其他全部部件。

秘籍分为四部分：一. 地点、活力，种类；二. 时间段，时辰(更新篇)；三. 时机，ID，门派；四. 极品手工 ID(特别篇)。

注：运用本秘籍进行手工制造必须同时符合第一、第二部分要求。

第一部分：地点，活力，种类

1. 地点

防具在苏州缝纫台(坐标：217，81)制造，饰品需要在洛阳工艺台(坐标：60，146)制造。

……

第二部分：时间段，时辰(更新篇)

时间段与时辰的更新，一般取自于对内测服务器数据的分析与计算。

……

第三部分：时机，ID，门派

1. 时机

在你进行手工制造时，确保在你使用的操作平台这儿没有其他人跟你同时做手工。也就是说：同一时刻，同一地点，只能有你一个人在制造手工。有人在你附近

傻站着，或者胡蹦乱跳都没关系，只要他们不跟你同时制造即可。

……

第四部分：极品手工 ID(特别篇)

本部分内容，是为时间充沛、精力旺盛的骨灰级手工玩家准备的。

手动练号(不能使用任何外挂、辅助软件)，将号升级到 60 级，学习缝纫或工艺技能，任意制造一次手工，需做单一部件，最低做 6 个。如果第一次制造，即出现 6 星或 6 星以上全属手工，此号即为极品手工 ID。以后几乎每次做手工都会出 1-2 个 6 星，出 7 星、8 星的概率也远大于其他游戏账号。

(软文来源：Pcgames)

【分析】

标题

一个好的标题才能引起用户的浏览欲望，如果标题不够吸引人，那么内容再精彩也不会被人点击。

本篇软文的标题，对于《天龙八部》来说很有吸引力，标题中的关键词非常好，无论是“秘籍”“分享”还是“老玩家”“心得”，这些都是可以吸引读者眼球的词语。

排序

本篇软文的布局很有特点，按照内容的不同，一共分为了 4 个部分，并且每部分都有特别注释，阅读时非常的明确。按照打造装备时的顺序进行软文排序。

特点

本篇软文采用总分的结构，前面总说，后面分说。前面部分总说一共有 4 种技巧，后面部分对 4 种技巧详细解说，而且解说得十分细致，对玩家来说，实用度非常高。

第 11 章

家电软文：家电软文不只是说明书

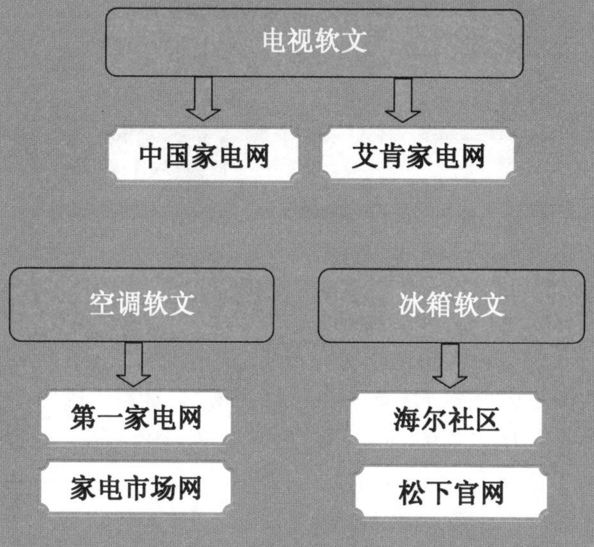

电视软文

中国家电网

艾肯家电网

空调软文

第一家电网

家电市场网

冰箱软文

海尔社区

松下官网

11.1 电视软文

随着家电行业的飞速发展，企业之间的竞争也越来越激烈，如何使用更有效的营销手段，在激烈的市场中占有一席之地，成为企业的重中之重。软文营销的出现，为家电行业打了一针强心剂，家电行业中液晶电视的营销商们，也开始运用软文营销了。

【案例 70】中国家电网：电视促销软文
——促销软文可以添加超级链接

【平台简介】

中国家电网成立于 2000 年，是由中国家用电器协会主办的，面向全球家电产业的综合行业门户网站，中国家电网囊括家电行业、家电企业和家电消费者等业务。

【功能解析】

下面就来了解中国家电网的功能，如图 11-1 所示。

新闻　科技　专题

回收　国际　数据

图 11-1　中国家电网

(1) **新闻：**该板块中，有国际传真、企业之声、市场等内容。

(2) **科技：**该板块中，有科技新讯、产业动向、标准动态等内容。

(3) **专题：**该板块中，全都是专题报道系列的新闻和快讯。

(4) **回收：**该板块中，有产业资讯、政策法规、政策解读、拆解技术、绿色行动等内容。

(5) **国际：**该板块中，有诸多国际家电新闻。

(6) **数据：**该板块中，有家电月度产量、进出口月度数据、研究报告、月度零售监测数据等内容。

【实施分析】

下面来欣赏一篇优秀的家电促销软文。

极致视觉享受 55英寸飞利浦全高清电视促销

飞利浦 55PFF3655/T3 简约精致，具备逐点高清画质引擎，搭载震撼环绕立体声，可以支持多种多媒体播放，正值 12.12 京东促销，售价 3499 元，感兴趣的朋友不妨考虑一下。

飞利浦 55PFF3655/T3 的逐点高清画质引擎可以提升画质，呈现逼真生动的画面，全高清 1080P 可以带来高清晰度影像，对比度优化可以使动态对比度提升，图像细节呈现到位，智能降噪可以处理画面图像噪点，让用户收看到纯净的画面。

在音质上面，该电视具有虚拟环绕立体声和震撼的环绕立体声，自动音量调衡使得其音质更加平稳，让用户可以享受全方位的视听盛宴。

……

编辑点评：飞利浦 55PFF3655/T3 画质音效皆较为出色，丰富的移动端接口也可以方便用户的使用，加之出色轻便的外观，值得消费者考虑，售价 3499 元。

【产品型号】飞利浦 55PFF3655/T3。

【参考价格】3499 元。

【促销商家】京东。

【产品链接】http://****.jd.com/1****1.html?cpdad=1DLSUE。

(软文来源：中国家电网)

【分析】

标题

如果想要撰写一篇拥有足够吸引力的软文，那么就要利用好产品中的价格优势，在进行了很多对比之后，可以发现与其写出众多产品的价格，不如只突出一两个特别有竞争力产品的价格。

内容

本篇软文是一篇促销软文，那么软文中就要有促销的信息，在释放了促销信息之后，最重要的就是将商家的联系方式传达出去，本篇软文就在结尾处，将产品链接放在了其中，这样如果读者对产品有兴趣，点击即可进入产品页面。

专家提醒

网络时代的迅猛发展，使得越来越多的家电行业更加注重软文营销的功效。要写出一篇高质量的家电软文也不是简单的事，必须具备这个领域的专业知识，不然写出的东西都是读者已经知道的，就没有什么意义了。

【案例71】艾肯家电网：人物话题软文
——领军人物效应增加消费者信心

【平台简介】

艾肯公司发轫于1996年，是国内比较早的一家，创立的中国空调产业权威资讯类的杂志，围绕着家电产业进行信息传播组建专业化团队的机构之一。

【功能解析】

下面就来了解艾肯家电网的功能，如图11-2所示。

首页	新闻	原创	图集

图11-2　艾肯家电网

(1) **新闻：**该板块中，有行业新闻以及各种家电新闻。

(2) **原创：**该板块中，有一系列的原创性新闻。

(3) **图集：**该板块中，有行业会议、开箱晒机、家居美图、老照片和新品等内容。

【实施分析】

下面来欣赏一篇优秀的人物话题软文。

统帅彩电刘耀平：再造开放电视生态圈

4月14日，在青岛万达艾玛酒店，沉寂了一年时间的刘耀平重新回归到媒体视线内，近距离接受了包括艾肯家电网在内的数家媒体的专访。

……

自由播：不仅是产品，也是生态

4月15日，统帅发布2015年电视机新品“自由播”。作为行业内第七场产品发布会，外界对统帅新品充满好奇，此前行事低调的统帅究竟凭借什么能够引起行业乃至消费者的关注，在竞争激烈的黑电市场里博取自己的份额？

……

全生态O2O：开放的价值

互联网产品，往往都是全新产业链的产物，自由播电视也不例外，在它的背后依托着统帅大胆创新的产品模式——全生态O2O。作为一个互联网品牌，统帅更热衷于以开放的态度构建共赢共享的生态圈，从产品研发到销售体验再到送装服务，直至大数据分析利用，形成一整套闭环流程，让用户始终参与到产品创新中，不断推动新品出现。

……

“今后还会有更深度合作的自由播 2.0、3.0 模式，目前的自由播 1.0 仅仅是个开端。”刘耀平最后给我们留下了一些悬念，等待今后一一揭晓。

(软文来源：艾肯家电网)

【分析】

搜索

归根结底，推广的软文无非就是给搜索用户看，因此在软文标题设计时我们得充分考虑这一问题，对于这一问题，重点在于融入关键词。

本篇软文的标题中，关键词就很明显，“开放电视生态圈”这一关键词，大大提升了标题的搜索度。

内容

撰写者可以与思想领袖、战略合作伙伴进行问答式采访，或者对直率的、有趣的或创造性的思考者进行采访，以便制作极富吸引力的文章。

本篇软文利用的就是刘耀平这一领军人物，可以大大提升读者对于软文的信任度。

亮点

本篇软文通过刘耀平对于开放电视生态圈的理解和分析，将整篇软文写得精彩纷呈，无论是话题的带出还是论点的整合，都是有理有据。

本篇软文对于行业内人士，拥有很高的参考价值，不过由于专业词汇用的颇多，普通消费者阅读的时候会稍有些困难。

专家提醒

对于软文写作技巧不仅仅局限于软文标题设计，还存在许多细节的地方，需要软文撰写者注意，但这都要求撰写者更多地去进行软文写作，从而进行经验的沉淀，方能让软文效果最大化。

11.2 空调软文

一提起空调，恐怕很多人第一个念头就是中央空调，为什么会这样，除了因为中央空调的广告做得非常到位，还有一个原因就是中央空调的软文覆盖非常好。

【案例72】第一家电网：电影借势型软文——社会公益事件软文更具效力

【平台简介】

第一家电网，一直致力于服务家电产业链上下游企业、消费者、研究机构、证券投资者、新闻媒体、政府主管部门及协会。

【功能解析】

下面就来了解第一家电网的功能，如图11-3所示。

图11-3 第一家电网

(1) **要闻：**该板块中，有诸多家电行业内的重要新闻。
(2) **深度观察：**该板块中，更多的是一些揭秘型新闻。
(3) **曝光台：**该板块中，大多都是曝光家电行业内幕的新闻。
(4) **黑色家电：**该板块中，大多都是各种类型电视的新闻。
(5) **白色家电：**该板块中，大多都是空调、冰箱等产品新闻。
(6) **厨卫电器：**该板块中，包括微波炉、电饭煲等厨卫用品新闻。

【实施分析】

下面来欣赏一篇优秀的借势类家电软文。

空调界的007：志高智能王能力超凡

近日在全国各大影院上映的《007：幽灵党》，以IMAX精美绝伦的视觉效果，令观众直呼过瘾。剧中男主角007更是影片中的一大亮点，历任007都是大帅哥，他冷酷但多情，机智勇敢。

而我们空调界也出现了像007这样的超能者，有颜值、有实力，将消费者需求集于一身，他便是志高智能王空调了，以拥有58项智能云空调功能，创下了“世界最智能的空调”的世界纪录，成为行业的佼佼者。

……

而全天候在线监控的智能云空调全球大数据中心一旦发现故障后，官方售后人员就能在第一时间与用户取得联系并解决问题，杜绝胡乱收费现象，让用户享受无忧售后。

与颜值爆表的冷酷多情有勇有谋的 007 相比，志高智能王空调少了冷酷，多了几分贴心，让用户时刻享受到最贴心舒适的服务。

(软文来源：中国经济网)

【分析】

素材

人们常说“君子善假于物也”，软文营销也是一样，借助重点新闻事件进行软文营销，可以成功借势引起人们的关注。

对于中小企业来说，各方面的力量和影响力都不太强，因此就需要善于借力，借政府的力、借社会潮流的力、借新闻媒体的力。

本篇软文就借了《007》电影的势写了一篇优秀的软文。

伪装

借势不同于借力，借力一般都有代价，而借势却是完全免费的，借势一般都是借助最新的热门事件。

通过借势已经吸引到了读者的目光，那么接下来就要着重介绍产品，就像本篇软文中，无论是 58 项智能功能还是智能云制定，都属于产品介绍。

专家提醒

借势软文的确很有魅力，不过值得注意的一点就是，借的势一定要是众所周知的才可以。

【案例 73】家电市场网：明星借势型软文
——明星效应对家电仍有奇效

【平台简介】

中国家电市场网，是面向家电产业和家电消费群的专业网站之一。倾力为家电业界和家电消费者提供空调、厨卫、小家电、冰箱、洗衣机等产品的新闻与资讯。

【平台解析】

下面就来了解中国家电市场网的功能，如图 11-4 所示。

家电	新能源	极品观察
电商	水家电	特别策划

图 11-4　中国家电市场网

(1) **家电**：该板块中，有家电动态、爱评测、热点评述、新商机、盈利模式、经销商财富俱乐部等内容。

(2) **新能源**：该板块中，有动态、政策法规、能源工程、海外传真、行业人物、行业观察等内容。

(3) **极品观察**：该板块中，有极品专题、极品观察、特约专题、尚榜等内容。

(4) **电商**：该板块中，有新闻、干货、人物和数据等内容。

(5) **水家电**：该板块中，有智能电视、生活家电、水家电、厨卫电器、个护家电等内容。

(6) **特别策划**：该板块中，有中国家电网一系列的案例。

【实施分析】

下面来欣赏一篇优秀的借势明星的家电软文。

新科空调助阵“超级丹”，羽毛球大师赛展“王者之风”

2015 年中国羽毛球大师赛在常州市奥体中心新城体育馆落幕，中国羽毛球队包揽全部五项冠军，就在这场精彩纷呈的比赛中，新科空调作为常州的本土品牌成功亮相在观众面前。

……

近年来，新科空调围绕“好品质好生活”的品牌理念，加大对产品研发的投入，2015 年新科空调新品以智能、节能、健康、舒适、环保、时尚为导向，开发完成 10 大系列分体机、柜机新产品，以及风管机、吸顶机、变频多联机等新品。

新科高端智能产品智铂、智尊、帝尊系列以及新月、柳月系列变频产品已经能与主流品牌同台媲美。今年新科空调与人保财产险公司合作推出“每购一套新科空调，送 30 万元人保财产险”活动就是集中彰显了新科空调以消费者体验为核心的品牌战略思想。

(软文来源：中国家电市场网)

【分析】

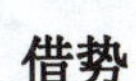

借势软文中的借明星之势，是非常有效的一种软文形式，但是如果产品本身就已经和某个明星绑定了，那么软文中再将其体现出来，效果会更好。

标题

软文标题中，借势就已经很明显了，新科空调助力“超级丹”，无论是林丹的粉丝还是新科空调的用户，看到这则标题，很有可能因为兴趣而点击进行阅读。

内容

无论古代还是现代，明星人物永远都是社会舞台上的主角，促销创意也好，活动创意也好，怎样运用、利用明星人物是很多人很多企业都在考虑的问题。

本篇软文就是利用新科空调在林丹比赛时打的广告为切入点，将二者牢牢地绑在了一起。

11.3 冰箱软文

目前，整个冰箱市场步入“消费升级换代”阶段，大量旧冰箱进入集中淘汰期，风冷冰箱得到消费者青睐，中高端冰箱成为市场焦点。与此同时，软文营销的出现，也大大促进了冰箱市场的发展。

【案例 74】海尔社区：用户自己讲故事——用户讲述自己与海尔冰箱的故事

【平台简介】

中国海尔创立于 1984 年，经过 30 年的企业创新，从一家资不抵债、濒临倒闭的集体小厂发展成为一家非常优秀的家电品牌。

【功能解析】

下面就来了解海尔官网的功能，如图 11-5 所示。

Haier	个人与家用产品	商业解决方案	服务与支持	社区

图 11-5 海尔官网

(1) 个人与家用产品：本板块中，有冰箱冷柜、洗衣机、空调、热水器、电视、生活家电等栏目。

(2) 商业解决方案：本板块中，有中央空调、商用冷柜、商用洗涤、商用电视、商用电脑等栏目。

(3) 服务与支持：本板块中，可以按照产品类别与服务类别进行查询。

(4) 社区：本板块中，有海星汇、交流吧、逛家电、活动汇、免费试用等栏目。

【实施分析】

下面来欣赏一篇优秀的从用户角度写的故事型软文。

馨厨冰箱，带给我家的那些快乐

大家好，我是馨厨冰箱的用户老曹。算一算馨厨到我们家确实有一段日子了。作为最早一批接触到馨厨冰箱的消费者，先来说说我的一些感受。

在使用馨厨冰箱之前，我就很好奇，馨厨冰箱作为一个互联网冰箱，与普通冰箱到底有什么区别呢？既然说馨厨是“一台快乐的互联网冰箱”，那到底给我们带来了哪些快乐呢？

馨厨有很多功能，比如，海量菜谱推荐啊、看视频啊等等，都挺实用的。我太太喜欢做点心，她就会用馨厨查询一些点心的做法。我妈妈喜欢听戏，洗菜做饭时，就会打开馨厨，听个小曲儿。这馨厨一来，我们一家人的生活情趣都被调动起来了。

……

总之，馨厨冰箱给我们家带来了很多意想不到的快乐，也非常感谢馨厨冰箱的工作人员来到我们这些用户的家里，了解我们的心里所需。相信以后，你们定会打造出更好的产品，带给我们更多、更大的惊喜。

(软文来源：西祠胡同)

【分析】

开头

故事型软文的开头效果很明显，能迅速抓住读者的注意力，但写手们用得并不多，因为放在推广产品的软文开头，它显得有点“沉重”，太含蓄，没能一针见血地引出产品。不过，故事讲述型开头并非不能用，其在故事、散文、微博中更有优势。

本篇软文的开头就是明显的故事型开头，作者以馨厨冰箱用户的角度讲述自己的购物体会，可以获得读者的认同感。

内容

本篇软文通过讲故事的方式，不仅将馨厨冰箱的各种优点阐述得非常清晰，而且将用户的亲身体验也说得很清楚。用户的话永远比官方的话更容易获得读者的认同，再加上软文中多用平日聊天的形式，大大消除了读者对于广告的抵触心理。

结尾

本篇软文使用的是祝福式的结尾，祝福式收尾在软文营销中其实很常见，这种收尾技巧关键在于推广者要站在第三者的角度对软文中的人或者事物进行祝福。

专家提醒

软文结尾的目的是为了总结全文、突出主题或者与开头相应。所以，相对文章开头与标题来说，软文结尾比较好写一些。

【案例75】松下官网：产品说明类软文
——说明软文绝对不同于说明书

【平台简介】

松下，是日本的一个跨国性公司，在全世界设有 230 多家公司，员工总数超过 290493 人。其中在中国有 54000 多人，通过不懈的努力，松下集团已经成为世界制造业 500 强的第 26 名。

【功能解析】

下面就来了解松下官网的功能，如图 11-6 所示。

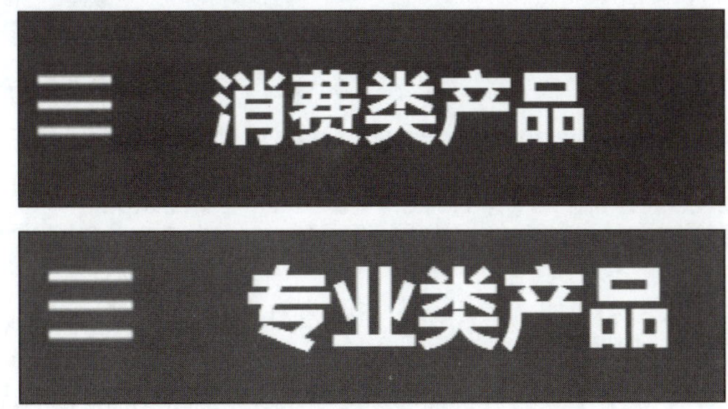

图 11-6　松下官网

三　元器件产品

图 11-6　松下官网(续)

(1)　消费类产品： 本板块中，有住宅设备—建材、生活家电、数字视听、个护健康、厨房小家电等内容。

(2)　专业类产品： 本板块中，有安防监控系统、笔记本电脑、中央空调、健康医疗等内容。

(3)　元器件产品： 本板块中，有电容器、传感器、电子材料、电阻器、半导体、点击等内容。

【实施分析】

下面来欣赏一篇优秀的产品说明类的家电软文。

多门分类保鲜　松下风冷无霜冰箱受热捧

多门冰箱利于分类存储，减少串味，同时能根据食材的不同更好地提供保鲜所需的温度，因此多门冰箱越来越受到消费者的喜爱。本期推荐的这款就是松下冰箱 NR-E530TG-N455 升多门冰箱。

……

455L 超大容量，满足一个三口之家一周的伙食。细节设计也不错，匠心独特的全开式设计，抽屉可一拉到底。LED 触摸式显示屏，融入时尚美学概念，LED 控制面板科技感倍增，冰箱运行状态一目了然。

编辑总结：这款冰箱采用风冷无霜设计，避免了人工除霜的麻烦，同时具有除菌的功能，大大提升了保鲜效果。多项人性化是设计，也为这款冰箱加分不少。

此外，冰箱在节能、静音设计等方面都不错，唯一不足的是目前这款冰箱的市场参考价达 10990 元，对于普通消费者来说还显稍贵。

(软文来源；万维家电网)

【分析】

卖点

我们都知道一件商品大多都会有产品说明书，其实说明文的本质和说明书差不多，但是也有明显的区别，说明类软文的重点虽然也是说明，不过用词考究，更加符合读者的阅读习惯，而且在介绍产品性能的时候，一般都会隐晦地对产品进行宣传。

本篇软文将冰箱所有的卖点几乎进行了罗列说明，每一个卖点都进行深度剖析，让读者清楚明确地看到冰箱的优点。

总结

本篇软文通过编辑总结，将前文的卖点剖析进行一个总的说明，而且本篇软文还有一个高明的地方那就是通篇用词中，没有任何绝对性的词语，用的都是不错、很好、优秀等词语，避免了过大的自夸造成读者的厌烦。

而且在编辑总结中，作者抛出了一个重磅炸弹——参考价10990元，让读者可以进一步考虑是否有购买的需要或者能力。

第 12 章

婚庆软文：给自己做一次软文包装

12.1　婚纱摄影软文

摄影以专业从事影视行业的连锁经营发展道路观，历经多年耕耘，步履扎实，稳健发展，在中国信息行业具有较强的影响力，是国内领先的婚纱照精品行销连锁，不过随着移动互联网的发展，婚纱摄影行业也开始进行软文营销，而且效果显著。

【案例 76】久久结婚网：明星婚纱照更有吸引力
——明星的婚纱照“杀伤力”更大

【平台简介】

久久结婚网，一家优秀的结婚门户网站，覆盖全国 300 多个城市，为用户提供全面且丰富的婚纱摄影、婚庆服务、婚礼策划、婚纱摄影工作室等全方位服务。

【功能解析】

下面就来了解久久结婚网的功能，如图 12-1 所示。

图 12-1　久久结婚网

(1) **婚宴：**该板块中，可以按照行政区、酒店类型、婚宴价格、容纳桌数、星级、价格和点评数进行搜索心仪的婚宴。

(2) **婚纱摄影：**该板块中，有婚纱影楼、摄影工作室、三亚蜜月婚纱摄影、柯达影楼合作伙伴等内容。

(3) **婚纱：**该板块中，有该地区诸多优秀的婚纱造型馆，以供用户进行选择。

(4) **婚庆：**该板块中，有婚庆公司和婚车租赁两大板块。

(5) **跟拍：**该板块中，有彩妆造型、婚礼司仪和婚礼跟拍等内容。

【实施分析】

下面来欣赏一篇优秀的借用娱乐明星造势的婚纱软文。

陈英雪古巨基婚纱照 手绘结婚照爱意满满

陈英雪古巨基婚纱照，手绘结婚照爱意满满。古巨基去年与 Lorraine 在美国拉斯维加斯注册结婚后，11 月 11 日，在四季酒店举行结婚酒会，接受众多好友与宾客的祝福。

图 12-2 陈英雪古巨基婚纱照

为了给太太一个难忘的婚礼，基仔事事都亲力亲为，除了早前的喜帖与喜饼设计都由他亲自操刀外，结婚酒会现场一幅手绘巨型背板，基仔根据与太太的婚照，以 marker 笔(马克笔)花了将近八小时亲手绘画而成，充满心思和爱意。

此外，与宾客合照留念的会场布景，一条包含三间小店铺(音乐店、服装店及蛋糕店)的手绘立体街道，也是根据新郎哥画下的蓝图所建成，代表着基仔与 Lorraine 在这 20 多个年头里，共同经历及一起建立的心血结晶。

(软文来源：久久结婚网)

【分析】

标题

借势的软文写作方法，在各行各业的软文中，并不少见，本篇软文也正同样使用了这种写作手段。

通过古巨基的婚纱照来吸引读者的注意力，并且软文中还将古巨基的婚纱照贴了出来，进一步刺激了读者的目光，一旦读者对于古巨基的婚纱照感兴趣，很有可能会产生我也拍这样一套婚纱照的想法，这样一来无论对于他们的同款婚纱还是摄影工作室，都是一次非常不错的宣传。

内容

本篇软文中，并没有直接提及古巨基的婚纱照是在哪里拍的，穿的又是什么牌子的婚纱，这样就避免了广告的嫌疑，而且本篇软文内容十分类似娱乐新闻，所以极易被娱乐网站所收录，这样就完成了一篇广告软文的新闻伪装。

不过实际上，这就是一篇给婚纱做的广告。

专家提醒

服装类软文在撰写的时候，若是想不出长篇大论的软文，不妨花点心思在图文并茂上，有时候软文不需要很长，只需要让读者看着舒适、有趣、有质量，那么就是一篇成功的软文。

【案例 77】wed114 婚庆网：技巧分享类软文 ——技巧分享软文更受欢迎

【平台简介】

wed114 结婚网，是于 2008 年 6 月创立的婚嫁消费服务一站式供应平台，服务范围覆盖中国 270 个城市，目前为止共有 87000 个会员商家入驻。

【功能解析】

下面就来了解 wed114 结婚网的功能，如图 12-3 所示。

图 12-3　wed114 结婚网

(1) **全部分类**：本板块共分为摄影、婚庆和婚宴三部分。
(2) **摄影**：本板块可以按照婚纱影楼、摄影工作室、儿童摄影等进行筛选。
(3) **婚庆**：本板块可以按照类别和区域进行挑选。
(4) **婚宴**：本板块可以按照酒店的级别以及地区进行挑选。

【实施分析】

下面来欣赏一篇优秀的关于婚纱摄影技巧分享的软文。

婚纱礼服的搭配技巧

婚礼上，新人的穿搭是最容易展现气质的。所以婚纱礼服的搭配技巧一定不能忽视。长沙婚纱摄影小编今天就为大家介绍新郎和新娘如何进行搭配吧!

新娘婚纱礼服搭配

1. 根据身材选婚纱

身材小巧者推荐公主婚纱或者短款新娘婚纱，身材高挑者选择鱼尾婚纱或者修身、拖尾款式婚纱，更能显身材。

脖子短的新娘不建议选择高领或者有领婚纱，脖子修长者如果选择低领婚纱，最好搭配项链装饰。胳膊粗最好选择有袖的婚纱，或者用头纱遮挡。胸小的新娘选择抹胸婚纱要慎重。

2. 白纱不要配红鞋

西式的婚礼，遵守西式的法则。白纱穿婚鞋，寓意着跳入火坑，所以不建议这样搭配，建议选择浅色系婚鞋最好。

……

新郎礼服搭配

1. 西服

西服要配套，一件都不能少。西服、西裤、衬衣、领带、领结、领夹、皮鞋。

2. 西服的色彩选择

不会选就穿黑色、深色系准没错。室内婚礼、教堂婚礼选择深色系礼服。室外婚礼，沙滩婚礼可以选择浅色礼服或者马甲等。

……

以上就是婚纱礼服的常见搭配技巧，如果想了解更详细、更丰富的内容，请关注长沙婚纱摄影哪家好。

(软文来源：web114 结婚网)

【分析】

作用

本篇软文的布局，非常合理，通篇软文分为两部分，分别是新娘与新郎的礼服搭配，正好符合婚纱的准备情况。

其中又按照注意事项和技巧进行细分，讲解非常仔细。总的来说，这篇软文采用组合型布局，每部分都为了主题“婚纱搭配技巧”而服务。

内容

粗略来看，本篇软文似乎并没有什么广告植入，整篇软文说的都是婚纱礼服的搭配技巧和一些注意事项，可是仔细看就可以发现，软文的首段和结尾，都有广告植入。“长沙婚纱摄影”和“长沙婚纱摄影哪家好”这都是植入的广告。

亮点

本篇软文的结尾，也使用了首尾呼应的写作方法，首尾呼应，就是常说的要在结尾点题，写软文要有头有尾，在前文说的内容，在最后肯定需要点一下，也就是收回来。这样一来就不会让软文显得有头无尾。

专家提醒

一般软文最常用的方式就是总—分—总，结尾大多根据开头来写，已达到首尾相应的效果。如果软文的开头提出了观点，中间进行分析观点，到了结尾，就必须自然而然地回到开头的话题，来个完美的总结。

【案例78】蝴蝶•树婚纱艺术：迎合时节的婚纱摄影软文——最具时效性的婚纱摄影软文

【平台简介】

蝴蝶·树婚纱艺术摄影公司，凭借艺术照画意拍摄手法，专业的水准和真诚的服务，为广大用户所喜爱和支持，通过不断创新的婚纱摄影手法，引领婚纱摄影行业的时尚潮流。

【功能解析】

下面就来了解蝴蝶·树婚纱网的功能，如图12-4所示。

图12-4　蝴蝶·树婚纱网

(1) 人气活动：该板块中，有双十一结婚狂欢节、暖冬特惠、双节结婚大作战等活动内容。

(2) 6D创意馆：该板块中，有作品风格、内景场馆、外景基地等内容。

(3) 真实客照：该板块中，有诸多顾客真实婚纱照的展示。

(4) 风格展示：该板块中，有冬恋童话、冰雪奇缘、红色喜悦、烟火等内容。

【实施分析】

下面来欣赏一篇优秀的迎合时节的婚纱摄影软文。

冬天拍婚纱照注意事项

很多新人因为之前工作比较忙，错过了秋季和夏季拍婚纱的时机，而选择在冬天拍摄婚纱照。

但是新人们也不必气恼，冬季拍婚纱照也可以拍摄雪景，但是在冬季拍摄婚纱照需要注意一些事项，毕竟拍摄外景温度还是比较低的，下面蝴蝶树婚纱摄影小编就给新人们讲解下冬季拍摄婚纱照的注意事项。

冬天拍婚纱照注意事项

1. 由于冬天气温比较低，所以相对来说建议新娘选的服装要尽量厚重一点，湖南天气比较湿冷，厚重一点的保暖效果会好很多。

……

6. 冬天天气比较干燥，新娘可以自己带一瓶补水的来缓解自己的皮肤干燥。

7. 充足的睡眠，这个是很重要的，只有睡眠充足，第二天才会有好的精神展现在镜头下，还有就是新人们前几天多喝水，能保证身体补充水分，但是头一天晚上九点以后就不要喝水了，以免脸部因为喝水多而变得浮肿。

(软文来源：蝴蝶·树婚纱网)

【分析】

内容

这篇软文发布的时间为10月初，正值隆冬季节，虽然总的来说夏天的温暖更适合拍婚纱照，不过也有很多人选择在冬天进行拍摄，如此一来这篇软文的价值就得以凸显，毕竟由于冬天的寒冷天气，特别是在拍摄户外婚纱照的时候，还是有蛮多的不方便，并且标题中没有任何广告的嫌疑，非常适合进行二次转载。

广告

本篇软文的广告植入，只体现在首段，作者以蝴蝶树婚纱摄影小编的角度将广告植入了进来，不过由于正文内容没有什么广告植入，所以这篇软文的隐蔽性还是很高的。

另外将正文内容分为 7 个点进行描述，读者可以逐条阅读，很容易产生比较深刻的印象。

专家提醒

迎合时节的软文，在特定的时间段很容易被大量读者阅读或者转载，但是超过了特定的时间，其影响力会逐渐降低，这一点软文撰写者需要注意。

12.2 婚礼庆典软文

婚庆作为一个新兴行业，在全国已经到了火爆的程度。北京、上海、广州、深圳，婚庆公司如雨后春笋般涌现。尤其是上海婚庆协会的成立，正式标榜婚庆行业正朝专业化、正规化的方向发展，那么与软文结合在一起，又会碰撞出什么样的火花呢？

【案例 79】乐喜网：推荐类婚庆软文——用软文为新人进行推荐

【平台简介】

乐喜网是中国一家非常优秀的婚宴、婚庆、喜宴、酒店预订平台，能快速免费为用户预订婚宴、婚庆酒、婚庆酒店等服务项目，广受好评。

【平台解析】

下面就来了解乐喜网的功能，如图 12-5 所示。

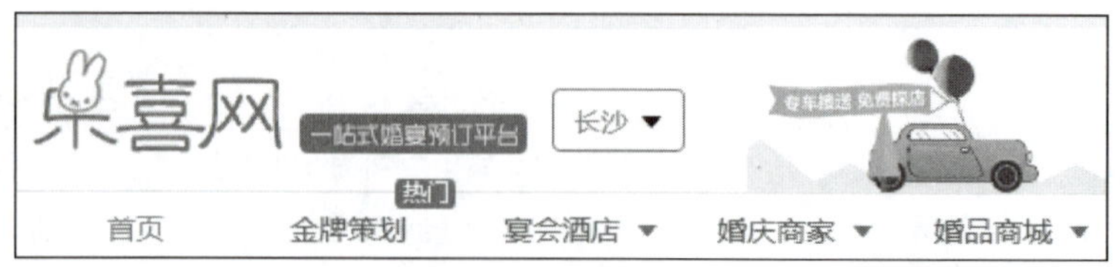

图 12-5 乐喜网

(1) 金牌策划：该板块拥有预约策划师、选定策划师、策划师帮助建立专业团队等内容。

(2) 宴会酒店：该板块有地图找酒店、五星级、四星级、特色餐饮、草坪等内容。

(3) 婚庆商家：该板块有婚纱摄影、婚庆公司、婚庆司仪、新娘跟妆、跟拍摄像等内容。

(4) 婚品商城：该板块有新娘最爱、婚庆酒水、婚庆用车、婚礼用品、婚戒珠宝、蜜月旅行等内容。

【实施分析】

下面来欣赏一篇优秀的推荐类婚庆软文。

热气球婚礼，你准备好了吗？

热气球，给人类的飞翔之梦插上了翅膀，而且将这个梦想点染得五彩缤纷，绚烂夺目，人类激情的创造力，丰富的想象力，在热气球上表达到了极致。

随着热气球婚礼的独特与流行，结婚预订热气球的年轻新人越来越多，婚宴网上也频频出现热气球婚宴的婚宴酒店。接下来，就让乐喜小编带领大家走入热气球的浪漫中吧。

……

新郎新娘在40米的高空将花瓣撒向地面，随着清风飘落，像无数蝴蝶翩翩飞舞。

最后，到乐喜婚宴网给大家一个提示哦：有恐高症或者高血压这类疾病的新人为了身体着想，建议还是选择相对温和些的婚礼形式吧。

(软文来源：乐喜网)

【分析】

广告：在婚庆行业中，推荐类软文其实很常见，不过虽然是推荐，但是软文中如果有太过明显的广告痕迹，那不仅不会起到宣传的效果，反而会引起读者的反感。

标题：本篇软文的标题中，也看不出广告的痕迹，而且疑问式的标题，也可以引起读者的好奇心，从而引发读者的阅读欲望，并且“热气球婚礼”这一关键词，也很有吸引力。

内容：本篇软文的内容，基本上都是介绍热气球婚礼如何进行的，通过详细的介绍，也确实会打动很多的读者，在软文的结尾，以提示的方式，将“喜乐婚宴网”悄悄地植入在软文中，发挥了软文的真正作用。

专家提醒

推荐类软文，最重要的就是推荐的内容要有足够的吸引力，不然如果推荐的东西根本没人关注，那么软文中的内容自然也就没什么用了。

【案例 80】幸福婚嫁网：注意事项类软文——新人们所不知道的注意事项

【平台简介】

幸福婚嫁网，一家非常实用的婚纱摄影、婚纱照信息服务平台。覆盖全国优质婚纱摄影、婚庆公司、摄影工作室等婚庆商家，致力于为广大网友提供优质的婚纱摄影、婚纱照等消费服务。

【功能解析】

下面就来了解幸福婚嫁网的功能，如图 12-6 所示。

图 12-6　幸福婚嫁网

(1) **全部商家分类：**该板块有品牌影楼、摄影工作室、婚庆策划、婚戒首饰、婚礼用品等内容。

(2) **婚纱摄影：**该板块有当地婚纱摄影排行榜，用户可根据影楼和区域进行选择。

(3) **婚庆服务：**该板块可以按照区域进行商家挑选。

【实施分析】

下面来欣赏一篇优秀的以婚庆注意事项为主要内容的软文。

福州婚纱照提醒您　关于小花童的注意事项

婚礼当天繁杂的事情有很多，新人们忙昏头的事情太多太多。小花童作为婚礼的一部分，有可能会被忽视。福州婚纱照提醒您婚礼当天关于小花童的一些注意事项。

无论多大年纪，小花童的安全应该是第一位的。不要为小花童准备过长的裙子，以免跌倒。在走红毯的时候，如果搭建有 T 台，请花童的爸妈在两边“沿线保护”，防止意外发生。

不建议花童一直陪着新人站在台上，最好走完红毯之后，花童的爸妈能从舞台一侧把孩子接下场，保证其安全。

婚礼前的预演，一定要请小花童参加，让他们对自己的任务有直观的了解，彩排时可以有时间来纠错。

但是请新人注意，孩子终归是孩子，大人尚且会出错，何况小孩子呢？不出错自然是好的，一旦小朋友走错了地方，也不要立时掉下脸来，有时候他们的小错反而成为婚礼中精彩的瞬间。有完美强迫症的新人，小编建议，就不要找小花童了。

……

婚礼上如果能有可爱的小花童捧场，整个婚礼的气氛就会格外温馨。新人们都希望自己的婚礼上有可爱的小花童出现，那小编提示的这些事，新人就一定要注意啦。

(软文来源：幸福婚嫁网社区)

【分析】

标题

一般来说，软文的标题都要尽量避免直接性的广告植入，但是本篇软文的标题却是反其道而行，在标题的最前面就将广告打了上去，不过由于是将“福州婚纱照”当作了一个拟人化的角色，所以这样的标题并不会引起读者的反感。

基本上读者的目光，都会被标题的后半部分所吸引，特别是注意事项四个字，对很多读者来说比较能吸引目光。

亮点

软文的正文部分，也插入了一些“福州婚纱照”的关键字在软文中，这样文中多次出现的字眼，会让读者在阅读的时候产生一定的印象。

广告

本篇软文的针对性还算比较明显，那就是准备使用花童的新人，对于这类读者，这篇软文的价值相当高，不但详细地介绍了很多的注意事项，还说了很多婚礼上的布置花童的方法，属于实用性非常高的软文。

12.3　婚礼策划软文

婚礼策划，是指为客人量身打造婚礼而进行的策划，涵盖各种婚礼形式和各种婚礼形式的组合体，随着人们对于婚庆的要求越来越高，婚庆公司也不得不将婚礼策划转化成软文。

【案例 81】婚礼纪：情感倾诉类软文——自述婚礼流程更能取信读者

【平台简介】

婚礼纪是一款用于婚礼筹备与记录的移动应用，由杭州火烧云科技有限公司推出，婚礼纪专注婚礼行业垂直细分市场，帮助新人解决婚礼筹备与记录的难题。

【功能解析】

下面就来了解婚礼纪的功能，如图 12-7 所示。

图 12-7　婚礼纪

(1) **婚品采购：**本板块中，有婚庆所需要的一系列产品的采购地址，极大地方便了用户的购买流程。

(2) **新娘说：**本板块中，有热门推荐、爱情故事记录、小组话题等内容。

(3) **婚礼时光：**该板块有很多用户真实的结婚经历和爱情故事。

(4) **微信墙：**本板块中，有微信互动、相册展示、现场游戏、作为指引等内容。

【实施分析】

下面来欣赏一篇优秀的情感倾诉类软文。

订婚的第二天，男友妈妈求着我把彩礼还回去

我跟男朋友都是国外留学时认识并相恋的，毕业时，男朋友被一家外资企业看中并派遣回国工作，我因为学习一般，男朋友又回国内上班，就直接跟着回了国内，现在两人都在一线城市工作。

我俩从相恋到现在已经一年半了，家里催得急就想着结婚。提到结婚难免会涉及一些现实的问题，在此说明一下，我跟男友不是同一个省份的，他是中原地区，我是北方(为了避免地域歧视，只能这样说)，他是独生子，父亲公务员，母亲内退，我有个弟弟在上高中，爸爸公务员妈妈个体经营，两家的基本情况是这样的。

谈到婚事，自然涉及了彩礼的问题，他父母认为彩礼不应该给，给的话就是买卖婚姻，可是我不太认同这个想法，为此男友两面为难，一开始说十万，后来我爸妈不想他家为难，便把彩礼降到八万八，其他的车子、房子还有什么三金，我们一概不提了，就是说这八万八我们自己买衣服、买首饰。 中间男友一直在调和他的父母，我承认那段时间真的是难为他了。

……

我要怎么办，我觉得我把钱还回去，第一，我替我父母难过，还没结婚，他们家就这样出尔反尔，想怎么侮辱就怎么侮辱我受不了。第二，把钱还回去，我再跟男朋友一起相处，我觉得他家人也不会有多尊重我，男友说他妈妈更年期，不要跟她一般见识，他也不能说重话，怕气出病，他爸说不管，你们随便闹。

(软文来源：婚礼纪)

【分析】

热点

人都有情感脆弱的一面，抓住这一点再以文字勾起读者相同的情绪，这就是情感软文最成功的效果。

本篇软文属于情感软文中的倾诉软文，即作者以倾诉的口吻撰写软文，让读者在阅读时可以身临其境般地感受到作者的情绪，从而引发读者的同情、愤怒或者其他的情绪。

标题

本篇软文的标题，不但充满了故事性，还有一定的悬念性，就像是一部悬疑小说，读者看后大多都想知道为什么男友的妈妈会这样，一旦读者产生疑惑或者好奇，那么就会有很大的可能性点开软文进行阅读以解除疑惑。

广告

本篇软文的软文性其实很低，而且在软文中并没有表现出任何的广告，那么这篇软文是不是就失败了？

当然不是，作者虽然没有在软文中提及任何广告的内容，但是由于这篇软文是发布在婚礼纪社区中，因此软文就具备了网友评论与作者回复的功能，在回复评论的时候，作者便将婚庆公司的名字进行了植入。

【案例 82】汇爱婚礼：婚礼策划案例软文
——把婚礼策划案例写成软文

【企业简介】

汇爱婚礼，曾经曾为李小璐&贾乃亮、邓超&孙俪、董璇&高云翔、徐云龙、毕文静等多位明星和数以千计的幸福新人将婚礼梦想照进现实。汇爱婚礼致力于为新人提供高品质的宴会统筹、花艺设计和策划服务，倾力实现爱的传递，打造最高品质的婚礼盛典。

【功能解析】

下面就来了解汇爱婚礼网的功能，如图 12-8 所示。

图 12-8　汇爱婚礼网

(1) **婚礼：**本板块中，有诸多明星婚礼策划案例展示。

(2) **动态：**本板块中，分为最新资讯和活动统筹两部分。

(3) **关于我们：**本板块中，有汇爱团队、品牌理念、大事记等三部分内容。

(4) **预约咨询：**本板块中，分为北京和三亚两部分。

【实施分析】

下面来欣赏一篇优秀的婚礼策划软文。

汇爱明星婚礼/何建泽陶昕然婚礼全程回顾

携手一共走过八年，一起步入婚姻殿堂的那一刻，她说，“尽管全世界的人都不看好娱乐圈的婚姻，但我相信我们会共同努力经营好我们的家，因为有你的地方，就是我的家。”

他说：“虽然我不是一个善于表达内心情感的人，但我是一个会用实际行动去做的人，不管是今天、昨天、还是明天，我都会用我的一辈子，照顾好你的一辈子。”

婚礼现场，她定制了一枚奥斯卡小金人的胸针送给他——她心中的影帝。她说：“在我心里，你不仅是我的爱人，还是一名优秀的演员，在以后的日子里，爱你，成就你，是我一生的功课。”

……

真实情感的流露，让作为证婚人的英达、李静感动，同时也让他们感叹，这种发自内心的真情，是演员们不曾给过导演的。

图 12-9　婚礼现场

即使是颜值爆表的兄弟团姐妹团们，也被他们感动，为他们的幸福而幸福。

(软文来源：汇爱婚礼)

【分析】

标题

汇爱网中，拥有一系列的明星婚礼回顾之类的软文，而且这些软文的标题形式，都很相似，标题前都有着“汇爱明星婚礼”等字样，这样虽然广告的嫌疑很明显，但是这本来就是发布在汇爱官网中的，所以标题中就算有广告，也无关紧要了。

图文

本篇软文以图文并茂的形式将婚礼现场的图片与软文结合在一起，撑起了整篇软文的页面，而且为了防止图片或者软文被盗用，软文中的图片上面都有“汇爱婚礼”的水印。

并且软文中的文字，大多是对于现场图片进行的解释，这样图文结合，将整篇软文以更加适合阅读的方式呈现在读者的眼前，另外大量的图片也能再现婚礼的盛况。

标题

软文在介绍当时婚礼盛况的同时，也将婚礼流程嵌入了进去，并且将这场婚礼策划的一些意图进行了巧妙的融合。

【案例83】婚礼妈妈网：婚礼策划案
——婚礼策划案也是另一种意义上的软文

【企业简介】

婚礼妈妈是中国领先的结婚信息、婚后生活网站。致力于提供婚庆、结婚流程、婚礼音乐、婚礼策划、司仪主持词、怀孕育儿、胎教音乐等，是一个集结婚用品等一体化服务的生活平台。

【功能解析】

下面就来了解婚礼妈妈的功能，如图12-10所示。

图12-10　婚礼妈妈

(1) **婚礼服务商：**本板块中，分为婚纱摄影和婚庆公司两部分。

(2) **婚嫁商城：**本板块中，有婚嫁用品、婚房布置、服装城、生活馆、母婴坊、达人等内容。

(3) **新娘需求：**本板块中，有找婚礼服务商、求购婚礼用品、转让结婚用品、出售结婚用品等内容。

(4) **本地婚俗：**本板块中，有新婚登记、新郎秘书、怀孕新娘以及本地婚俗问答等内容。

【实施分析】

下面来欣赏一篇优秀的婚礼策划案。

《缘定今生》高端婚礼策划方案

爱——是命中注定的缘!

婚礼风格：缓缓，整个婚礼都是在缓缓地进行，每个环节都有一个小故事。

第一部分：{ 暖场念白 }

灰姑娘会等到王子，白娘子会遇上许仙，朱丽叶也会邂逅罗密欧；从小到大，所有的故事总是告诉我们：爱情是命中注定的缘分。最经典的一句话是："于千万人之中遇见你所要遇见的人，于千万年中，无涯的时间荒野上，没有早一步,也没有晚一步,刚好遇上了。”缘分是什么？

有人问佛祖。佛不语，用手指天边的云。这人看去，云起云落，随风东西，于是顿悟：缘不可求的，缘如风，风不定。云聚是缘，云散也是缘。无限空间，连接着你我相识的缘分。

淡淡的一句问候，默默的一个眼神，都会让心有灵犀的朋友心中产生感动。缘分是一种气息，情是一种缘聚。人们在时空中相遇，相识，在相识中相知，相爱，这就是完美情缘。今天的两对新人有缘结为夫妻，也同样有缘一起走进完美婚姻殿堂，下面我宣布：××先生与××小姐新婚大典现在开始，有请一对新人入场。

……

第五部分：婚盟誓约，互赠信物

有人说过，好朋友简简单单，好情谊清清爽爽，好缘分永永远远。让我们默默祈祷：无论岁月如何轮转，无论世界如何变迁，让我们在这红尘中，找到那份有着深厚友谊的情缘。

……

请互赠结婚信物。

(软文来源：婚礼妈妈)

【分析】

标题

本篇软文其实就是一个婚礼策划书，以剧本的形式呈现在读者的眼前，如果只是单纯地进行阅读，这并不是一篇合格的软文，但是这篇软文的目的，是通过文中完善的流程和婚礼过程中一些感人对白，让读者感受到婚礼时的热闹场景。

从而对举办这场婚礼和写出婚礼策划案的婚礼策划公司感兴趣。简单来说就像是成功案例展示，通过软文的形式将案例展示出去从而让读者看到自己的实力，进而促成合作或者服务。

内容

通过剧本的形式，使得本篇软文更加的生动和灵活，由于软文内容的特殊性，要是按照通常的写作方法，效果肯定会大打折扣。本篇软文通过 5 部分的内容，将婚礼从开始到互赠信物的过程写得非常详细。

细节

本篇软文还有一个特点，那就是对于细节的把控非常到位，毕竟这个婚礼策划案并不是纸上谈兵，而是要实际运用的，因此很多细节问题都需要考虑周全。

第13章

快消软文：软文建设快消品牌

快消软文

个人护理品软文

- 中国个人护理用品网
- 中国化妆品网
- 兰蔻官网

品牌包装食品饮料软文

- 巧克力之吻网
- 哈根达斯官网
- 可口可乐官网

13.1 个人护理品软文

快消行业是指消费频率高、使用时限短、拥有广泛的消费群体、对于消费的便利性要求很高的商品销售行业。随着经济的飞速发展和人民生活水平的不断提高，依托庞大的人口数量，中国已经成为全球最大的个人护理品消费市场之一。

【案例84】中国个人护理用品网：产品推荐广告软文
——软文中直接推荐产品

【平台简介】

一家非常优秀的个人护理用品交易网站，通过不断推出的服务与不断完善的内容，获得了行业内和用户的一致好评。

【功能解析】

下面就来了解中国个人护理用品网的功能，如图13-1所示。

图13-1 中国个人护理用品网

(1) 资讯：本板块中，主要分为资讯与新闻两部分内容。

(2) 商城：本板块中，可以按照护肤保养、口腔清洁、个人护理、洗涤剂、香水等进行分类筛选。

(3) 供应：本板块中，有供应、提供服务、供应二手、提供加工、提供合作等内容。

【实施分析】

下面来欣赏一篇优秀的推荐广告式软文。

让我们每天给肌肤多“喝”点水吧

冬季肌肤干燥是每年都会遇到的问题，而肌肤干燥的原因很简单，皮脂膜变薄了！皮脂膜是皮肤锁水最重要的一层，能有效锁住水分。由于气温降低，人体排汗就会大大减少，皮肤的润滑剂皮脂腺的分泌也会大大减少，从而导致皮脂膜变薄，肌肤就变得干燥了！

……

推荐产品： 珀莱雅、海洋水、动力神仙水

推荐理由： 珀莱雅海洋水动力神仙水是利用优化的精纯海洋深层水，全新增加多种深海活性分子，促进细胞内水通道蛋白的合成，配合海洋莴苣活性能量由内而外启动水循环系统，为肌肤源源补充水分，迅速抚平缺水性干纹。

……

健康口诀：

①大蒜是个宝，常吃身体好；②一日俩苹果，毛病绕道过；③一日一枣，长生不老；④核桃山中宝，补肾又健脑；⑤胡萝卜，小人参；经常吃，长精神；⑥西红柿营养好，貌美年轻疾病少；⑦小小黄瓜是个宝，减肥美容少不了；⑧多吃芹菜不用问，降低血压很管用。

（软文来源：广州英桐生物科技有限公司）

【分析】

标题

本篇软文的标题，采用了拟人化的标题形式，更加符合正文内容的风格，而且软文的阅读对象一般是年轻女性，由于年龄的关系，会更加喜欢俏皮和活泼一些的标题。

布局

正文利用开头前两段介绍冬天空气干燥，肌肤需要补水，并且指出肌肤缺水的危害，然后立即带出了产品：Proya 珀莱雅并且给予了充足的推荐理由，这样前后文的衔接就非常的顺利，有因有果有理有据。

结尾

本篇软文的结尾，用了一个和正文关联不大的“健康口诀”作为结束的推荐内容，这就很好地降低了这篇软文的广告性。无论是软文开头前两段还是结尾，都是为了增加软文的阅读价值，不然单纯的产品推荐广告是没有人愿意看的。

专家提醒

软文的结尾也就是随文又称附文，是软文中向受众传达企业名称、产品购买方法、接受服务方法等附加性信息，是软文中最主要的企业信息呈现的地方，所以如果有条件，在结尾处可以增加一些企业信息或者产品信息的内容。

【案例85】中国化妆品网：专家类软文
——专家角度写软文拥有更高权威性

【平台简介】

中国化妆品网，是以化妆品为主的具有电子商务和新闻特色的 B2B 电子商务网站，为国内外化妆品业人士提供资讯服务及信息交流。

【功能解析】

下面就来了解中国化妆品网的功能，如图 13-2 所示。

图 13-2　中国化妆品网

(1) 供求商机 • 产品展示 • 化妆品招商： 本栏目中，有化妆品行业供应商机分类、最新产品报价、产品评测等内容。

(2) 企业黄页 • 商城批发： 本栏目中，有诚信之星、推荐企业展示、最活跃会员、化妆品企业大全等内容。

(3) 行业资讯 • 美容时尚： 本栏目中，有行业新闻快递、国内动态、品牌动态、企业看台等内容。

【实施分析】

下面来欣赏一篇优秀的专家式软文。

于斐：化妆品专营店，如何加强消费者忠诚度？

化妆品专营店高水平忠诚度的形成，主要有这样一些因素起作用：一是长期稳定的产品质量；二是产品本身的特色，这些特色与消费者的消费动机吻合；三是营业环境的特色，与消费者的购买风格一致或接近；四是长期稳定的产品形象与广告诉求；五是相对稳定的消费群体，如果这个群体分化了，忠诚度也会随之分化。

……

著名品牌营销专家、蓝哥智洋国际行销顾问机构 CEO 于斐先生认为，一个化妆品专营店若要留住忠诚顾客，首先应该对顾客忠诚，一切以顾客为中心；提升顾客忠诚度，应该苦练真功，从对顾客忠诚开始。

一、针对性和服务性相结合

不同的体验细节决定着不同的结果。每次做促销时要有针对性，针对的年龄段、消费层次等；是吸纳新顾客还是回馈老会员，主题是否清晰、准备是否到位、人员安排是否合理、责任是否落实明确、宣传做得好不好、时间选得对不对，这些都决定着促销的成败。

……

未来对专营店的培训将不再是单一的产品知识和销售技巧培训，而是要涵括人员管理、团队建设，店面形象、员工心态、售后服务等全方位的系统培训，从而完善化妆品专营店在各方面的不足之处。

这就要求在专营店导入专家式的培训，仅仅依靠美容讲师已经无法完成系统培训，或者美容讲师必须升级为专营店专家，才能满足专营店实现全方位培训的需求。

(软文来源：新浪博客)

【分析】

标题

对于消费者来说，专家发布的建议、论文、文献等信息，往往都会被采纳，这就叫专家效应，人们觉得专家是有学识的人、德高望重的人、值得信任的人，因为他们不仅仅是德高望重的专家，也是很多人的“偶像”。

本篇软文在标题中，就将专家放在了最显眼的地方，并且以在标题中使用提问的手段，最大化的发挥标题的作用。

正文

专家软文就是指以名家、专家的名义，来打响个人品牌。以名人为中心，打造名家或专家形象。

专家软文会使软文看上去更加的权威，并且此类软文几乎都是些专家的观点、建议，就会让行业内的这些专家的崇拜者喜出望外，很可能会就此掉进专家的陷阱里，但是却浑然不觉这是企业的一种广告。

专家提醒

专家式软文，在写作的时候，最重要的就算要避免侵权的问题，因为软文中肯定会提及专家的名字或者一些观点等，万一涉及侵权那是很麻烦的事情。

【案例86】兰蔻官网：社区论坛软文
——具有讨论功能的论坛软文

【企业简介】

兰蔻1935年诞生于法国，是由阿曼达·珀蒂让创办的品牌。作为全球知名的高端化妆品品牌，无论是护肤、香水还是彩妆多个领域都有涉足，主要面向教育程度、收入水平较高，年龄在25～40岁的成熟女性。

【功能解析】

下面就来了解兰蔻官网的功能，如图13-3所示。

图13-3　兰蔻官网

(1) **产品：**该栏目中有护肤和彩妆两部分内容。

(2) **试用：**该栏目中有进行中的试用、往期试用回复等内容。

(3) **口碑：**该栏目中有最热产品排行、最热评测帖、评测达人排行榜等内容。

(4) **频道：**该栏目中有专题、官方板块、热门板块、成就、法式轻妆、法式潮流等内容。

【实施分析】

下面来欣赏一篇优秀的社区论坛软文。

兰蔻菁纯丝绒唇釉373，滋润、持久、高还原玫瑰唇色

作为一个蔻蜜，菁纯系列一直是我的最爱！菁纯作为兰蔻的高端系列之一，最近推出了丝绒唇釉，呈现高饱和、高还原度的玫瑰真实色泽，非常幸运地能试用到这款产品，并且是大幂幂同款明星色，超级显白的373！

外观：简约造型&扁平刷头

打开包装，外形简约流畅，秉承了兰蔻一贯的风格。比较特别的是这次采用了较为扁平的刷头，完美地贴合了唇部，使唇釉更容易上色而不出界，相对于唇膏更容易把控很多，新手也可以手到擒来。

外观及刷头

颜色：浓郁色彩，超显白皙肌肤！

这次试用的 373 色，是独一无二的品红色，最纯正的粉色，杨幂在时装周也试用了这款颜色，超级衬出你的白皙肤色，并且相对于最近非常流行姨妈红也没有那么夸张，日常妆容一样 hold 住！非常实用哦！

颜色非常显白

质地：雾面润泽持久，结合了唇膏唇彩两家之长。

……

并且，这款唇釉的定价无论在唇釉里还是菁纯系列里，都是良心价格，自从使用了兰蔻唇釉，已放弃多支唇膏，一支菁纯足已！使用后分分秒秒路转粉的节奏啊！

(软文来源：兰蔻玫瑰社区)

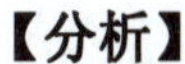

【分析】

标题

这篇软文的标题比较长，是因为在标题中，不仅拥有产品，还将产品的特点也写进了标题中，这是因为产品的特殊性，如果在标题中将产品特点展示出来，会更加地吸引读者。

正文

软文经常被比喻为一个网站的血液，想要在论坛上推广，就得发帖子软文，在这个眼球经济的时代，网民就是企业决定在论坛上炒作软文帖子的重要因素。

本篇软文就是以论坛帖子形式发布在兰蔻官网中的玫瑰社区板块中，软文中都是作者自己的兰蔻亲身试用体验，除了试用体验之外，还有很大部分的产品介绍。

特点

本篇软文从推出的丝绒唇釉开始，到包装、外观、颜色、质地等详细介绍产品，并且为了展示产品的效果，作者还进行了与其他品牌唇膏的对比，让产品的优点更加的明显。

13.2 品牌包装食品饮料软文

品牌包装食品饮料行业，由健康饮料、软饮料、烘烤品、巧克力、冰激凌、咖啡、肉菜水果加工品、乳品、瓶装水以及品牌米面糖等行业组成。

【案例87】巧克力之吻网：深度领略巧克力文化
——以文化为底蕴，软文价值更高

【平台简介】

巧克力之吻网，是一个以巧克力为主题的甜蜜网站，在这里可以了解到巧克力的知识、历史和制作工艺，以及几乎全球的知名巧克力品牌和购买方式。

【功能解析】

下面就来了解巧克力之吻网站的功能，如图13-4所示。

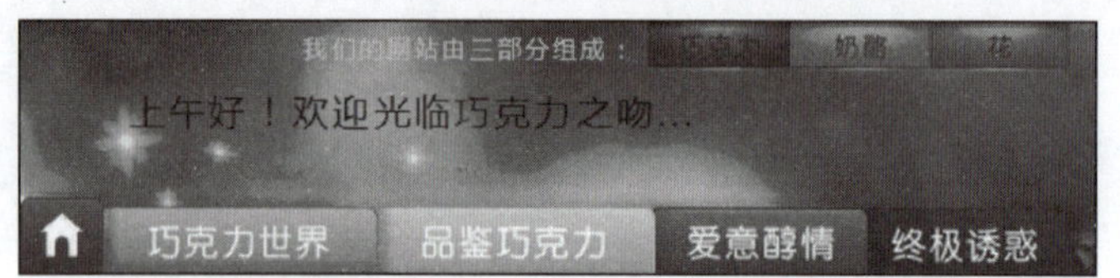

图13-4 巧克力之吻网站

(1) **巧克力世界：** 该板块中，有全球巧克力排行以及各大巧克力品牌的品牌故事和详细介绍。

(2) **品鉴巧克力：** 该板块中，有松露巧克力专区、花式巧克力专区、情人专属巧克力专区等内容。

(3) **爱意醇情：** 该板块中，有很多关于巧克力的爱情文章。

(4) **终极诱惑：** 该板块中，有过眼瘾去、解嘴馋去、是艺术更是生活等板块。

【实施分析】

下面来欣赏一篇优秀的介绍巧克力与巧克力文化的软文，如图13-5所示。

Dark Chocolate 黑巧克力

黑巧克力是可可脂含量30%以上
乳质含量少于12%，又称为纯巧克力

黑巧克力主要成分就是可可粉、可可脂和糖，还有一点点卵磷脂。黑巧克力也是可可含量要求最高的巧克力，其中可可脂含量在30%以上。可可含量在50%以下，意味着糖分过高，巧克力会又甜又腻；可可含量超过85%，口味就基本上只有很少数人可以接受了。

可可含量超过85%的黑巧克力是喜欢品尝“原味巧克力”人群的最爱。通常糖类较低或不含糖，可可的香味没有被其他味道所掩盖，在口中融化时可可的芳香会在齿间四溢许久。甚至有些人认为这才是在吃真正的巧克力。

图13-5 软文展示

可可本身并不具甜味，甚至较苦，因此纯度高的纯黑巧克力较不受大众欢迎，70%~85%可可含量和混入香草的黑巧克力是最受大众青睐的。

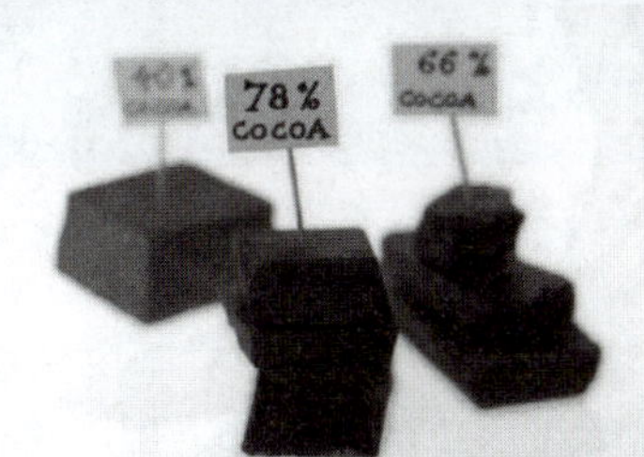

黑巧克力标注的 %（百分比）是指所含可可的含量，其中包括可可粉（cocoa bean或者cocoa solid，有可可粉及可可固状物等翻译）和可可脂（cocoa butter）两大成分，并不是单纯的指可可脂的含量。后者的比例很大程度地影响口味：可可脂越高，巧克力更醇厚柔滑，更容易出现入口即化的巅峰体验。巧克力标示出可可含量很常见，但标示可可脂含量的品牌极少。剩下的百分比包括香料与糖或乳质成分等添加剂的含量，“香草与蔗糖乃可可之绝配，唯有通过它们，可可的独特香醇才能真正得以完美提升和展现，可以少到微乎其微，但绝不能没有。”

……

食用须知：

那么，是不是所有的人都适合经常吃黑巧克力呢？

其实也不是：

首先，怀孕前三个月是绝对不能吃，五个月内也最好不吃，六个月以后应该适当地吃些，对宝宝很有利，但是也不要多，一点一点就可以，并且可可脂含量不要过高50%左右就可以。

三岁以前的儿童不宜吃，三岁以上也要适量。

其次，已经患糖尿病的人要看清包装上的提示再吃，大多黑巧克力是含糖的，但也有高档巧克力生产商专门生产糖尿病患者可以食用的无糖或代替糖的甜味剂制成的巧克力。

另外，由于黑巧克力有降低血小板凝固的作用，所以，血小板过少，伤口不爱愈合的人也不应多吃。但这类人偶尔吃点是可以的。

胆结石的患者不应经常食用。

图 13-5 软文展示(续)

【分析】

标题

这篇软文的标题，就是典型的提问式标题，提问式标题，是通过提出问题来引起关注，从而促使消费者发生兴趣，启发他们的思考，产生共鸣，留下印象。

资讯

本篇软文将巧克力的文化与特点相结合，让读者在认识黑巧克力的同时，还能了解关于黑巧克力的一些文化知识，也正是这些巧克力文化的内容，让这篇文章“软”了下来。

软文中几乎每一段都配有一张巧克力的图片，为的就是刺激读者，毕竟图片能带来更大的视觉冲击力。

结尾

软文的结尾，增加了一个食用须知，不仅可以有效避免某些人群食用巧克力的风险，还能增加读者对于软文的好感度，就像是一个温馨提示，确实拥有“温馨”的作用。

【案例88】哈根达斯官网：公司新闻软文
——官网中的公司新闻就是最好的软文

【平台简介】

哈根达斯，原为美国冰激凌品牌，1921 年由鲁本·马特斯研制成功，并于 1962 在美国纽约布朗克斯命名并上市。在 2002 年，雀巢公司已经收购了哈根达斯冰激凌在美国全部注册商标权。

【功能解析】

下面就来了解哈根达斯官网功能，如图 13-6 所示。

图 13-6　哈根达斯官网

(1) **产品展示：**该板块中，有哈根达斯现金卡、哈根达斯现金券、月亮传奇、七星伴月等产品。

(2) **公司新闻：**该板块中，有哈根达斯官网中的新闻，分为图文新闻与推荐新闻。

(3) **行业资讯：**该板块中，有冰激凌行业内的很多及时的资讯等内容。

【实施分析】

下面来欣赏一篇哈根达斯官网中的公司新闻。

哈根达斯：冰激凌中的劳斯莱斯

100%原产地天然原料及 2000 多道工序，确保了哈根达斯冰激凌的纯正口味。据悉，作为世界著名品牌的冰激凌，哈根达斯对原材料的选择近乎苛刻——香草来自马达加斯加，咖啡来自巴西，草莓来自波兰，巧克力来自比利时，坚果来自夏威夷，绿茶来自日本，芒果来自印度……和法国原产地的浪漫阳光一起搅拌，这才成就了冰激凌中的劳斯莱斯。

品质决定一切

品质较高的产品，其价格可以不成比例地提高。熟谙此道的哈根达斯为此一直拒绝平庸，数十年如一日的坚持矜贵。

……

时至今日，哈根达斯更是将高品质的概念发挥到了极致。其全球化的采购体系及严格的检测程序，保证了哈根达斯选用的原材料必然是世界各地的名产。这与哈根达斯最精致工艺结合，成就出冰激凌艺术的极致。无数喜爱哈根达斯的人常用各种各样的美誉之词称赞她——完美时尚的代名词、巅峰冰激凌甜品艺术的代言人。

造最好的冰激凌

20 世纪 50 年代，40 多岁的马特斯早已深谙冰品市场的发展现状，他敏锐地发现低价冰激凌市场已渐趋成熟，小作坊式的冰激凌生产商根本不可能在大公司的竞技规则中发展壮大，更别说在竞争中获胜。

……

至今，哈根达斯仍延续了这一优良传统，全球出售的哈根达斯都是选用最好的原料，同时严格控制冰激凌的原产地。只有国际公认的无污染优质牛奶产区才能进入哈根达斯冰激凌生产工厂的选址名单。目前向中国市场进口原装哈根达斯冰激凌的法国 Arras 工厂所在地就是以优质的阳光、土壤、水源而闻名于世的极品牛奶原产地。

哈根达斯上市后掀起的冰激凌热销证明了马特斯眼光的独到，哈根达斯的名字在人们口中竞相传道，许多溢美之词都用来形容这种极其可口的冰激凌。哈根达斯也成为第一个全美国知名的冰激凌品牌。

独特的情感营销

爱我，就请我吃哈根达斯。自 1996 年进入中国，哈根达斯的这句经典广告语像是一种爱情病毒迅速在北京、上海、广州、深圳等城市蔓延开来。一时间，哈根达斯冰激凌成了城市小资们的时尚食品。

……

这些取自世界各地的顶级原料，拥有着哈根达斯近百年来忠贞不渝的热爱，结合了卓越的工艺和不朽的情感，独创出各种别具风情的浪漫甜品，让唇齿间细腻香滑的味道，营造出恒久的爱的回味。

(软文来源：中国 CEO 网)

【分析】

类型

公司新闻软文，作为很多企业官网中必不可少的一部分，有着自己独特的优势。

而且越来越多的网站，开始重视新闻传播在市场推广及品牌建设中的作用，并且随着软文与新闻的完美结合，多种手段协同作战的新闻软文营销逐渐被人们接受。

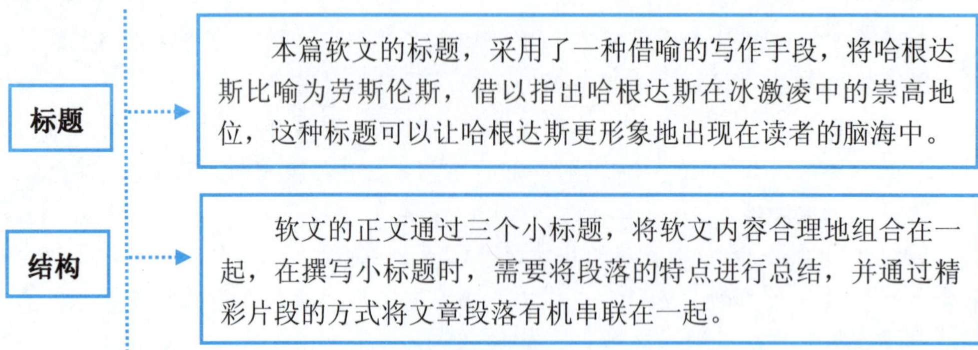

【案例 89】可口可乐官网：新闻事件报道软文——创造新闻事件　打造情感软文

【平台简介】

可口可乐公司，是全球拥有 500 多个汽水和不含气饮料的品牌，每天为全球 200 多个国家的消费者，提供 19 亿杯畅爽可口的可口可乐系列产品，并且可口可乐公司一直致力于社区可持续发展理念的推动。

【功能解析】

下面就来了解可口可乐官网的功能，如图 13-7 所示。

图 13-7　可口可乐

(1)　品牌家族：该板块有可口可乐中国、可口可乐零度、雪碧、芬达等内容。

(2)　百年光阴：该板块有全球经典、中国情缘、收藏天地等内容。

(3)　可持续发展：该板块有公众健康、社区发展、环境共生等内容。

【实施分析】

下面来欣赏一篇可口可乐的新闻报道软文。

可口可乐暖冬行动 只为孩子最纯真的笑容

5 名支教老师、累计 4 个小时的爱心授课、100 双洋溢笑容的天真双眼……他们虽没法走出去欣赏这个世界，但今天，志愿者们将世界带到了他们的面前。2015 年

12 月 9 日，一支特殊的志愿者团队来到了位于普兰店市大谭乡的希望小学，他们不仅带来了纪念品，而且还给孩子们带来了一次别样的学习体验，如图 13-8 所示。

据了解，大谭乡希望小学是大连最早的一批希望小学，现如今年久失修的校舍仅只有不足 100 名学生，而这些孩子又多数为外出务工人员的子女，学校的师资力量又极度的有限，亲情与教育在他们身上都有很大的缺失，这也使得这些孩子看起来比同龄人更加的懂事。

……

支教过后，可口可乐的志愿者又为每个孩子送来了小小的纪念品：魔方、水壶、帽子……每一件他们都爱不释手，而脸上洋溢的笑容便是此次暖冬行动志愿者最想看到的。

图 13-8 可口可乐支教老师

在大连周边，像这样贫困的希望小学还有很多，那里的孩子的生活和学习一样的艰苦，但同时，他们拥有一样的天真笑容以及对生活和知识的追求，他们也同样需要更多的人去关注他们，去帮助他们。可口可乐暖冬行动，就是希望号召更多的朋友去将美好的世界带给希望小学的孩子们。

(软文来源：中国文明网)

【分析】

标题

这是一篇事件软文，就是通过软文对某件事情进行报道，在标题中，就已经很明确的指出了事件是什么——“可口可乐暖冬行动”。

标题的后半部分，则是给这次事件下了一个定义，也就是为什么会有这次行动——“只为孩子最纯真的笑容”。

图片

软文中图片的重要性，已经说过很多次了，特别是本篇软文本就是对事件进行的报道，如果在报道中加入事件的图片，则会更加的生动和形象。

新闻事件

事件报道软文是最接近新闻模式的软文，也是最常用且有效的一种软文形势，本篇软文就是在可口可乐的支教活动后，以此为基础撰写的。

那么要是企业本身没有新闻事件呢？这时候就要去主动寻找合适的新闻事件，新闻报道的热门事件，百度风云排行榜，其他搜索引擎的搜索排行榜。

搜索引擎搜索框等都是可以得到热门事件的来源，将这些热点问题与网络营销，搜索引擎优化等相结合就是一篇不错的新闻软文。

第 14 章

化妆品软文：软文转化读者为消费者

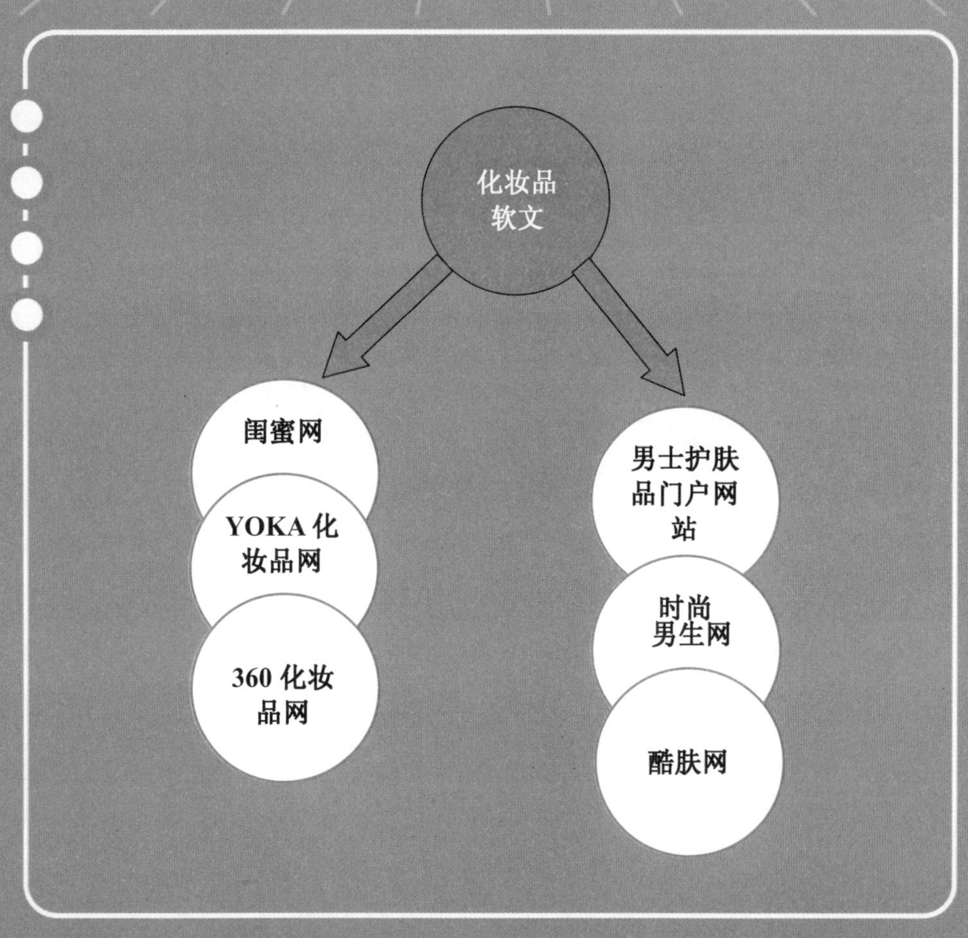

14.1　女性化妆品软文

中国的化妆品市场，在全世界的化妆品市场中都占据着相当大的比重，在短短的 20 多年里，中国化妆品产业从小到大，由弱到强，从简单粗放到科技领先、集团化经营，全行业形成了一个初具规模、极富生机活力的产业大军。

化妆品产业当中，又以女性专属化妆品为主，那么女性化妆品行业，是否也和软文碰撞出了什么火花呢？

【案例 90】闺蜜网：教学类软文——可以学到新技能的软文

【平台简介】

闺蜜网是国内一家非常优秀的美容品消费交流社区，目前拥有 1800 多个品牌、6 万多款美容品、上百万份美容品口碑。

【功能解析】

下面就来了解闺蜜网的功能，如图 14-1 所示。

图 14-1　闺蜜网

(1) **美妆点评：**该板块中，有评测、新品等内容。

(2) **晚九点：**该板块中，有新蜜报道、护肤心经、闺蜜爱彩妆、空瓶记、闺蜜生活等内容。

(3) **体验团：**该板块中，有正在申请试用、试用口碑、主题试用等内容。

(4) **口碑排行：**该板块中，有化妆品排行、个护用品排行、男士用品排行、母婴用品排行等内容。

【实施分析】

下面来欣赏一篇优秀的化妆品行业的教学类软文。

护肤还在看偏方？闺蜜教你最简单有效的DIY美容法

脸上长了一个痘？头发枯黄没法见人？脸上雀斑太多？一到冬天腿就干到开始蜕皮？总之身为女生，就是会出现各种各样的肌肤问题。护肤产品很少可以快速见效，只得求助偏方。

但你确定查到的偏方是真实有效的吗？快让权威专业的万能的闺蜜告诉你关于偏方护肤该如何做吧。最简单有效的DIY美容法出动帮你忙。

……

想让干枯的头发快速变得柔顺有光泽，不妨试试把牛油果捣碎与蜂蜜混合涂抹在头发上，每周一次，效果很让人惊艳哦。

……

男生剃胡须的时候都有剃须膏，那么女生在刮腿毛时也应该对自己的肌肤负责任。与其去屈臣氏购买，不如用自己现有的东西动手做一个！

薰衣草精油除了可以安抚睡眠，作为空气清新剂也是非常棒的体验。

(软文来源：闺蜜网)

【分析】

标题

疑问式标题本就可以引起读者的思考，在提出疑问之后进行解答，这就将疑问式标题转化为了设问式标题，也就属于自问自答，并且标题中就明确地指出：教你……美容法！

首段

本篇软文在首段就提出了大量的疑问，通过一系列的提问对标题的设问进行强化，只要有一个问题符合读者的情况，那么读者定然会继续阅读下去。

构造

化妆品行业中，有很多教导或者传授技巧的视频，在教导的过程中，将需要推广或者宣传的产品进行植入，本篇软文也是如此，在介绍DIY美容法的同时，将印第安神泥、木炭护肤泥、橄榄油等一系列产品进行展示。

所以本篇软文不但拥有不菲的实用价值，而且广告植入也很充足，是一篇很不错的软文。

【案例91】YOKA化妆品网：品牌宣传类软文
——注重品牌的宣传与维护

【平台简介】

YOKA 化妆品网，是国内非常优秀的化妆品使用心得、在线分享平台，人气非常之高，而且拥有非常权威的化妆品实验评测基地，优秀的化妆品试用体验中心，活跃的美丽课堂。

【功能解析】

下面就来了解 YOKA 化妆品网的功能，如图 14-2 所示。

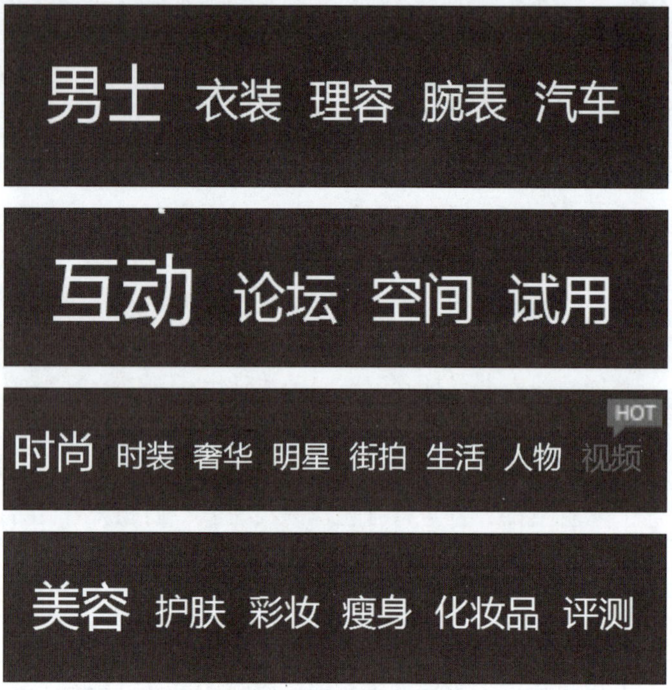

男士 衣装 理容 腕表 汽车

互动 论坛 空间 试用

时尚 时装 奢华 明星 街拍 生活 人物 视频 HOT

美容 护肤 彩妆 瘦身 化妆品 评测

图 14-2　YOKA 化妆品网

(1) **男士**：该板块中，有衣装、理容、腕表和汽车等内容。

(2) **互动**：该板块中，有论坛、空间和试用等内容。

(3) **时尚**：该板块中，有时装、奢华、明星、街拍、生活、人物和视频等内容。

(4) **美容**：该板块中，有护肤、彩妆、瘦身、化妆品和评测等内容。

【实施分析】

下面来欣赏一篇优秀的品牌宣传类软文。

芒果 TV2016《快本》受热捧 伊贝诗抢先冠名

11 月 25 日，“保湿品类第一品牌”——伊贝诗大手笔牵手芒果 TV2016《快乐大本营》，抢先拿下独家网络冠名权。

作为中国娱乐综艺史上的殿堂级节目，《快乐大本营》一直备受快消品、日化用品等行业客户的青睐。

在芒果 TV“独播”战略以及一云多屏的推动下，《快乐大本营》网络端营销价值得到很大释放，为 2015 年冠名合作品牌缔造经典。此次，伊贝诗与芒果 TV 的重磅合作，节目助力品牌实现价值变现更加让人期待。

……

值得关注的是，2016 年，芒果 TV 内容全面升级，独播自制双双发力，PC、手机、Pad、互联网电视、IPTV 等“全屏加速”，给品牌和内容的深度捆绑提供了得天独厚的营销机遇。

随着伊贝诗独家网络《快乐大本营》《我是歌手 4》《爸爸去哪儿 4》《天天向上》等众多王牌综艺的网络合作争夺战也更加激烈。

(软文来源：中国网)

【分析】

开头

本篇软文的开头，用了开门见山的写作手段，开门见山类型的开头，就是需要直截了当，直奔主题，毫不拖泥带水地将主题体现出来。

在软文的一开始，就引出文中的主要人物、点出故事、揭示主题或点明说明的对象。

品牌

本篇软文对于产品并没有什么介绍，通篇软文所表现的重点就是伊贝诗这一品牌，并且以 2016 年《快乐大本营》为噱头，来吸引读者的注意力，通过介绍《快乐大本营》等一系列的娱乐节目来衬托伊贝诗品牌的高端。

信息

品牌类软文中，最重要的就是将品牌理念或者品牌故事展示出来，本篇软文中就将“海洋科技，纯净护肤”这一理念提了出来，在提出之后，又将这一理念与《快乐大本营》的品牌调性相结合，与软文标题完美呼应。

专家提醒

如果想使用开门见山类型的软文，一定要快速切入中心，语言朴实，将自己所要表达的内容直接摊开来给受众看，这时候就不需要再吊读者的胃口了。

【案例92】360化妆品网：励志类软文——名人励志类软文更易得到读者支持

【平台简介】

360化妆品网创建于2005年，由广州潮流阁网络科技有限公司主办，依托三百六十度传媒集团旗下的强大资源，以非常快的速度，成为日化行业中，一家非常专业的网络媒体。

【功能解析】

下面就来了解360化妆品网的功能，如图14-3所示。

图14-3　360化妆品网

(1) **新闻：**该板块中，有行业、资讯、周报等内容。
(2) **动态：**该板块中，有图片、专题等内容。
(3) **商贸：**该板块中，有供应、求购、展会等内容。
(4) **信息：**该板块中，有招商、联盟、直通车等内容。
(5) **品牌：**该板块中，有好口碑、十佳推荐等内容。
(6) **介绍：**该板块中，有品牌库、企业库、人才等内容。

【实施分析】

下面来欣赏一篇优秀的励志型软文。

余丹卿：做白富美从来都不是件容易的事

在马云的妻子张瑛所写的马云的小传里，有这样一段话：“为了维持下去，马云背着麻袋去义乌、广州进货，贩卖鲜花、礼品、服装，做了3年的小商小贩，养了翻译社3年，这才撑了下来。”

"马云这么成功的人都摆过地摊，我摆地摊吃的苦又算得了什么？"记者和余丹卿的对话从她摆地摊的那段经历开始。

"摸黑"摆摊

余丹卿说自己是家族里面的"奇葩"，父亲是一名公办学校的老师，母亲则是公交公司的职员。家人给余丹卿的规划是，毕业了找个稳定的工作，安安分分地上班，却不知道余丹卿对经商有着浓厚的兴趣。

说到这段经历，这个青春焕发的姑娘脸上洋溢着自豪。没有课的时候，余丹卿便起早去批发市场进货，再到重庆各个人员密集的地方去卖。余丹卿经常去的地方是重庆的热门旅游地点磁器口，但磁器口要到晚上 10 点以后、游人相继离去了才允许摆摊，余丹卿就这样躲着城管，过了一年的摆摊生活。

……

生活中的"白富美"

余丹卿很快把目光转移到了线上。2013 年的时候，她不再摆摊，而是利用课余时间开淘宝店。2014 年，余丹卿没有想到，估计腾讯自己也没有料到，微信的朋友圈功能在日后竟然会成为无数草根创业致富的沃土，蜗居着数百万微商，并承载了下一个淘宝的厚望。

……

心灵上的"白富美"

"不仅要做表面上的白富美，更要做心灵上的白富美。"记者在余丹卿的朋友圈中看到了这样的一句话。

在余丹卿的朋友圈子里，她是第一个微商，大家对她难免会心生嫌隙，说她是做传销。不过余丹卿显得很豁达"我不在乎别人的看法，我自己做好就行了，我做好了他们会回过头来找我的。"

……

余丹卿亦在努力做心灵上的白富美。

(软文来源：360 化妆品网)

【分析】

引用

这篇软文的开头，运用了引用名言的写作手段，在文章的开头，如果精心设计一个短小、精练、扣题又意蕴丰厚的句子，或者使用名人名言、谚语、诗词等，更能引领文章的内容，凸显文章的主旨及情感。一般读者看到这样的开头，会隐形给自己释放一种心理暗示，觉得软文的作者很有文采。

本篇软文开头就运用了马云的小传中的一段话，这段话虽然不是真正意义上的名人名言，不过用作引出后文，也已经足够了。

讲述

本偏软文通过讲述余丹卿，从一名普通的上班族摇身一变，成为“白富美”的一个励志故事，以生动的语言带动读者的情绪，告诉了人们只要努力就能获得成功的道理。

并且在叙述了余丹卿成功之前的艰难困苦后，立即带出了余丹卿成功的原因，那就是她利用柔曼柔兰自主创业，最终获得了非常不菲的收入。

作用

励志型的软文，可以很大程度上获得读者的认同感，从而加深读者对软文的印象。

就像本篇软文中，余丹通过柔曼柔兰成功创业，这就可以让很多也处于创业期或者迷茫期当中人们看到一道曙光，甚至也会去考虑这款产品是不是也能让自己成功。

要知道正面的积极的榜样力量是很伟大的。

14.2 男性化妆品软文

化妆品一直以来都是爱美女性的必需品。但是现如今，越来越多的男性也在花大手笔购买化妆品以改善皮肤和容貌，所以化妆品在男人中，也打开了市场。

【案例93】男士护肤品门户网站：节日礼物推荐类软文——把产品当作节日礼物

【平台简介】

男士护肤品门户网站，是专为男士打造的权威护肤品行业网站，网站中包含各种男士护肤品牌、男士彩妆、男士化妆品和男士香水等。

【功能解析】

下面就来了解男士护肤品的功能，如图14-4所示。

图14-4 男士护肤品门户网站

(1) 护肤中心：该板块中，有护肤用品、彩妆用品、身体护理、护肤工具等内容。

(2) 品牌护肤：该板块中，有佰草集、丸美、碧欧泉、大包、卡尼尔等推荐的护肤品品牌。

(3) 经销商家：该板块中，可以按照地区和行业进行搜索需要的内容。

(4) 新闻资讯：该板块中，有行业热讯、渠道观察、专业院线、专家评测等内容。

【实施分析】

下面来欣赏一篇将产品当作礼物进行推荐的软文。

男士常用女性护肤品会干扰内分泌

女性肤质较男性薄，化妆品里所添加成分以滑嫩肌肤、锁水保湿、祛皱滋养为主，所散发的香氛也是根据女性的特征设计。男性的肤质跟女性有很大的不同，男性的肌肤比女性厚，毛孔粗大，其皮脂腺数量多且发达，有较为粗厚的角质层，皮肤要比女性衰老得缓慢，弹性也比女性皮肤好，不易产生细小的皱纹。

因此，除皱不是男性护肤的主要目的，针对男人的抗衰老护肤品通常是从保湿入手的。而80%以上的男性皮肤都属于油性皮肤，这使得控油成为男性护肤的大任务。

……

男性宜用男士护肤品

男性乱用女性护肤品除了将面对雌性激素的威胁，还可能受到一种叫作邻苯二甲酸酯的化学物质的影响。

……

另外，男人面部的皮肤由于剃须等原因损伤了皮肤的天然保湿膜，很容易失水，保湿是护肤品选择重要的指标。一般来说，清爽型的洁面产品、须后水、紧肤水以及不油腻、能迅速渗透保湿的润肤霜，都是男人护肤品的首选。

(软文来源：39健康社区)

【分析】

标题

本篇软文的标题，偏向于“恐吓”类标题，利用具有“恐吓”意味的话语，引起读者的注意和警惕，从而产生阅读的欲望。“恐吓”类标题，常以发人深省的严肃、庄重沉稳的笔调、犀利刚直的语言给读者视觉、心理强烈的警示、提醒，从而达到行文的目的。

虽然本篇软文标题并没有这么严重，但是也拥有一定程度的警告的意思在内。

正文

本篇软文的正文，采用了一种对比的写作手法，即通过男女双方使用同一款护肤品时的效果进行对比，从而得出男士不宜使用女性护肤品，潜在的意思就是男士需使用男性护肤品。

软文中虽然并没有出现任何一款男士护肤品的广告，但是由于这篇软文是发布在男士护肤品网站的软文，因此这篇软文的价值并不是直接进行广告宣传，而是为网站中的所有产品进行铺垫。

【案例 94】时尚男生网：产品功效型软文——用产品效果说话

【平台简介】

时尚男生网，汇集了型男时尚、男生护肤、潮流男装、个性发型、帅哥图片、男星男模写真等内容，是综合性很高的帅哥、型男时尚门户网站。

【功能解析】

下面就来了解时尚男生网的功能，如图 14-5 所示。

图 14-5　时尚男生网

(1) **时尚男生网：**该板块中，有今日头条、男生护肤、个性男装、男生发型等内容。

(2) **男星时尚：**该板块中，有很多国内国际男星的时尚新闻。

(3) **男生发型：**该板块中，有很多时尚男生发型展示，例如《五款鲨鱼头潮男发型图片欣赏》等。

(4) **明星发型：**该板块中，有很多男星的发型展示，包括陈晓短发、吴亦凡圆寸、杨洋发型大全等。

【实施分析】

下面来欣赏一篇对产品功效展示的软文。

巴黎欧莱雅男士火山岩清痘平衡露

近日，巴黎欧莱雅化妆品品牌再度运用火山岩的强劲能量，重磅推出火山岩清痘平衡露，蕴含两大明星成分——火山矿物精华和双重水杨酸，帮助调节油脂分泌，卓效对抗痘痘，减少痘印，收紧毛孔，让肌肤平滑净爽。

净爽的皮肤、个性的打扮、独特的品味及自由的年轻思想塑造了现代型男的完美形象。他们对新鲜事物具有很强的接受能力，对梦想的追求有着执着的信念，对自己的形象有着严格的要求。

……

卓效抗痘净爽平衡

巴黎欧莱雅火山岩清痘平衡露蕴含火山矿物精华——珍珠岩的有效活性矿物成分，其微细孔的多孔结构具备强有力的天然吸附力，有效地吸收多余油分，帮助调节油脂分泌，净化毛孔，从而帮助卓效对抗痘痘；肌肤感觉干净清爽、不泛油光。

……

舒缓肌肤抵御侵害

轻薄凝露质地的火山岩清痘平衡露含有独特的活性防护精华，一种从植物中萃取的有效活性舒缓成分。它有助于增强皮肤抵御外界侵害的防护能力，减少刺激和紧绷感，令皮肤感觉舒适。

(软文来源：新浪时尚)

【分析】

标题

本篇软文的标题，属于功效展示型的标题，虽然并没有对所有的功效进行说明，但仅仅是“清痘”两个字，就将巴黎欧莱雅的特点说得很清楚。

功效展示型的标题，并不需要将所有的功效都展示出来，那样会显得太过累赘，只需要把最具有代表性的功效展示出来即可，这种方法既突出重点也容易让读者产生深刻印象。

正文

本篇软文的正文，开头部分采用了平铺直叙型的写作手法，这种类型软文的开头是把一件事有头有尾，一帆风顺地说出来，平铺直叙，如同流水账，它在软文里用得比较少，在媒体发布的新闻稿中见到得是最多的。

但不是不可以用在软文当中，一般可以用于重大事件或者名人明星的介绍，通过软文本身表现出来的重大吸引力来吸引读者继续阅读。

开篇

本篇软文的布局，采取组合说明的方式，就是将产品的几大功效总结成小标题，然后对小标题进行说明，这样读者阅读时可以很明确地了解到作者的意图。

【案例95】酷肤网：产品广告型软文——软文中直接体现广告

【平台简介】

酷肤网是专业、有良心、值得信赖的男士护肤交流平台。这里有专业的男士护肤资讯、效果好的男士护肤品推荐、传授实用的男士护肤秘诀、分享男士护肤的成功案例、是一家实用性非常高的网站。

【功能解析】

下面就来了解酷肤网的功能，如图14-6所示。

护肤知识	广告合作	VIP精品资源	2015创业项目

图14-6　酷肤网

(1) **护肤知识：**该板块中，有很多男士的护肤知识软文，属于酷肤网中的软文板块。

(2) **广告合作：**该板块中，有酷肤网的广告合作邮箱的联系方式，方便厂家进行联系。

(3) **VIP 精品资源：**该板块中，内容覆盖面比较广泛，有各大品牌产品的节假日特惠活动等。

(4) **2015 创业项目：**该板块中，为创业板块，有意者可以通过板块中的介绍进行了解或者参与。

【实施分析】

下面来欣赏一篇产品广告软文。

罗杰夫男士面霜保湿补水 男士护肤润肤露乳液

产品名称：罗杰夫 清爽保湿润肤霜(油性)。

功效：提亮肤色、保湿。

……

购买地址：http://s.******.taobao.com/1XzGcjx

天气干燥，人的脸也干，还粗糙？

……

适应秋冬季节，启动换脸计划

秋天的干燥会加速水分的流失，春夏季那些质地轻薄的护肤品已经无法满足肌肤对水分和营养的需求，而春天肌肤更需要喝水，但是却很少引起男士的注意！从而引起了肌肤干燥、暗黄、粗糙等问题，这个时候，男人需要“换脸”，且需要一款高效型的滋养护肤面霜来安抚你干渴的肌肤！

……

滋润护肤霜秋冬不可少

随着季节的变换，温度的降低，导致所有肌肤出现各种干燥缺水问题，调查发现，男士普遍认为一支洗面奶，一瓶爽肤水就可以安然过冬，会解决肌肤所有问题，实则肌肤问题依然存在！

客户评价：

1. 保湿效果很好，擦在脸上一点也不油腻！特清爽。

……

5. 香香的、柔柔的味道，抹在脸上柔和保湿，价格也不贵。
6. 真心的不错，保湿不油腻，味道淡雅不俗气，适合有品位的男士使用。

(软文来源：酷毙呆爽)

【分析】

标题

本篇软文的标题，并没有什么特点，不过这样的标题虽然对于软文的内容没有什么明显的作用，但是对于提升软文的搜索量，却有着非常明显的作用。

之所以如此，是因为本则标题可以说完全是用关键词罗列出来的，而且为了增加搜索，特意用了两段标题，从而最大限度地增加关键词的数量。

卖点

本篇软文在开头就将产品的一些信息进行了展示，就在读者以为这完全是一则广告的时候，后面立刻跟上了关于男士冬季护肤的一些注意事项，这样可以增加软文的阅读价值。

最后结尾处的客户评价，更是可以让读者对于罗杰夫这款产品有一个客观的认识。

本篇软文其实打了一个擦边球，让这篇文章处于产品广告和软文的中间位置，虽然效果明显但是也有一定的风险。

第 15 章

娱乐软文：娱乐圈软文攻略

娱乐软文

- 电影上映类软文
  - 红网
  - 粉丝网
  - 半壁江
- 新歌发布软文
  - 中国青年网
  - 千龙网
  - 央广网

15.1 电影上映类软文

娱乐圈又常称为演艺圈、演艺界、娱乐界等，泛指从事表演艺术事业的人的群体及其生态环境，一般来说，从事电影、电视、舞蹈、歌唱等事业的人都属于演艺圈。

娱乐圈中自然也少不了软文，当然，除了那些娱乐八卦类型的软文，还是有很多正面积极的软文。例如，很多新电影上映之前，都会发布很多软文进行“发声”。

【案例96】红网：《恶棍天使》上映宣传软文 ——邓超式幽默的宣传软文

【平台简介】

红网，是一家品牌级的中国地方新闻网站，是湖南省委、省政府重点新闻网站和综合网站，成立于2001年，凭借不断的努力，红网连续六年均处于盈利的状态。

【功能解析】

下面就来了解红网的功能，如图15-1所示。

图15-1 红网

(1) **湖南**：本栏目中，有中国、政务、红图汇、访谈、红网视听等内容。

(2) **新闻**：本栏目中，有作文、理论、县市区、娱乐、新闻发布等内容。

(3) **论坛**：本栏目中，有普法、论道湖南、百姓呼声等内容。

(4) **评论**：本栏目中，有舆情、政府采购、知识产权等内容。

【实施分析】

下面来欣赏一篇《恶棍天使》电影上映的宣传软文。

邓超：《恶棍天使》票房过三亿就回“老婆本”

今日，邓超来到长沙宣传他执导的第二部电影《恶棍天使》。在这部新片中，除了“黄金搭档”俞白眉继续与他合作之外，邓超还请来了妻子孙俪出演电影的女一号，夫妻档罕见地在电影中再次“合体”。

在见面会上，邓超除了和媒体调侃，更是开启了“炫妻模式”，“这部电影拍完最大的收获就是，给中国电影输送了一个很厉害的喜剧女演员。我们都喜欢更有挑战的角色，我想给观众制造一个梦，做过了就不太想做，就是因为这个电影角色太难，才吸引她‘啃’下。”

……

去年，首次执导电影的邓超凭借处女作《分手大师》成功拿下6.58亿元票房。虽然贺岁档临近，国产强片如云，但是《恶棍天使》还没有上映，就已经吊足影迷胃口。对于票房期待，邓超和俞白眉低调地表示：“3个亿！我们都已经把‘老婆本’搬出来了，如果票房能达到3个亿，我们就可以拿回成本，准备下一部的拍摄。”

由邓超导演，俞白眉编剧，邓超、孙俪领衔出演的《恶棍天使》于2015年12月24日起在国内影院上映。

(软文来源：新娘娱乐综合·中国青年网)

【分析】

标题

由于软文中宣传的电影本就是一部喜剧片，所以为了迎合电影的特点，软文中的标题也增加了一些喜剧效应。

电影上映的宣传软文，最重要的就是软文的风格必须和文中电影呼应，不然一部紧张严肃的悬疑片，软文却写成了喜剧，那就是严重的不符，软文也就无法取得应有的效果。

正文

本篇软文的正文部分，采用了一部分的对比手法，文中前部分介绍这部电影的一些特点和大致剧情，从而引起读者的好奇心。后半部分则是通过与《分手大师》的对比，让读者心中产生很大程度的期待。

重点

对于一篇宣传某部电影上映的软文，无论是软文中对于演员、导演还是剧情的介绍，这都是一种铺垫，为的就是将读者的好奇心和注意力全部吸引住，然后才是软文的重中之重——电影上映时间。

例如本篇软文，就在结尾处公布了《恶棍天使》上映的准确时间。

专家提醒

宣传软文的精髓就在于宣传两个字，如何才能达到宣传的目的？吸引读者的注意力是最重要的。

【案例 97】粉丝网：《不可思异》剧情卖点展示软文
——软文对电影卖点进行全方位展示

【平台简介】

粉丝网是以 Web 2.0 为基础建立的网上娱乐平台，以博客、社会关系网络等技术为基本应用，以娱乐为方向，旨在搭建一个音频、视频、粉丝群等相融合的互动交流网站。

【功能解析】

下面就来了解粉丝网的功能，如图 15-2 所示。

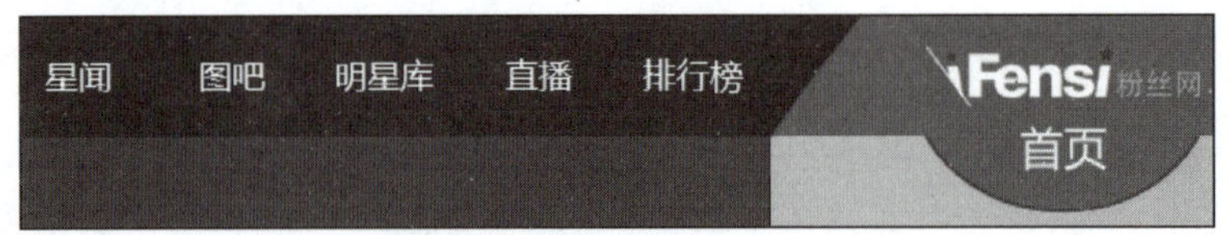

图 15-2 粉丝网

(1) 星闻：该板块中，有粉丝焦点、明星访谈等内容。

(2) 图吧：该板块中，有美图推荐、明星、偏好等内容。

(3) 明星库：该板块中，有内地明星、日韩明星等内容。

(4) 直播：该板块中，有一系列的直播视频，例如，《独家直播：陈希郡做客粉丝网直播间》等内容。

(5) 排行榜：该板块中，有明星排行、粉团排行、电影排行、电视排行、综艺排行等内容。

【实施分析】

下面来欣赏一篇展示电影卖点的软文。

《不可思异》：软科幻，轻喜剧，真深情

随着 12 月份的日渐临近，电影贺岁档大战也即将开启。而即将于 12 月 4 日公映的《不可思异》无疑成了贺岁档的排头兵，先锋队，票房表现、口碑走势颇令人期待。作为国内首部 3D 格式的科幻喜剧，《不可思异》集内地影坛当下最红的三大喜咖逗神王宝强、小沈阳、大鹏于一身，旨在为观众打造一个欢萌不止，喜庆无休的贺岁档。

2015 年内地影市成了喜剧的天下，喜剧电影也如开了挂一般表现得如有神助，尤其是大鹏导演、主演，小沈阳参演的《煎饼侠》更是以小博大，不仅票房勇破 10 亿元，口碑也相当不错，获得了票房口碑双丰收。

……

片中王宝强饰演的男一号意外邂逅外星萌物么么哒，并将对过世女儿的思念之情寄托在它的身上，而在遭遇大鹏饰演的大反派的追杀之际，王宝强与小沈阳这对片中的好哥们也同仇敌忾，力戮敌手。

在这个过程中，两人相互鼓励，互相支持，最终都告别了“阴霾”，迎来了新生。这其中，父女情、兄弟情无疑起到了关键作用。

难能可贵的是，《不可思异》在释放这一主题内核的时候，显得并不生硬与刻意，而是将人文关怀、人性关爱有机交汇于科幻、喜剧因子之中，从而让科幻、喜剧、真情三者合为一体，三箭齐发，为观众奉献出了一杯笑泪相融的贺岁佳酿。

(软文来源：中华网娱乐)

【分析】

【分析】

标题

本篇软文的标题可以分为两部分，分别为电影名字与电影的卖点，将卖点进行展示，可以最大限度地吸引读者。

正文

本篇软文的切入点，并不是剧情，而是电影中的演员，这种方法意在将电影的最大卖点进行展示，有些时候重点描述比全面介绍的效果更好。

无论是标题中的“软科幻、轻喜剧、真深情”还是软文中对于三大主演的介绍，都属于卖点展示。

介绍完卖点之后，才对电影的剧情进行介绍，这样就不会显得顾此失彼了。

专家提醒

卖点展示型的软文，需要注意的就是卖点的先后次序，一部电影的卖点肯定不止一个，这些卖点中也有轻重之分，软文撰写者需要按照一定的顺序将卖点进行说明。

【案例98】半壁江：《万万没想到》剧情介绍型软文
——剧情介绍让读者先睹为快

【平台简介】

半壁江，全名半壁江原创文学网，成立于2008年，是国内著名中文文化门户网站，也是一家完全公益性的网站。半壁江原创文学网以传播国内文学小说和文化行业新闻资讯为向导，以提供大量原创阅读内容为优势。

【功能解析】

下面就来了解半壁江原创文学网的功能，如图15-3所示。

图15-3 半壁江原创文学网

(1) 主页：该板块中，有半壁江公告、会员中心、新书快报、影视资讯、文学论坛、图书频道等内容。

(2) 资讯：该板块中，有文化播报、文化纵横、天天书评、人物访谈、每日观察、新书快报等内容。

(3) 文学：该板块中，有故事汇、散文精选、短篇小说、现代诗歌、十四行诗、心情随笔等内容。

(4) 生活：该板块中，有时尚频道、驴行天下、品味生活、职场频道、情感话题、亲子生活等内容。

【实施分析】

下面来欣赏一篇剧情介绍型软文。

《万万没想到》影评：搞笑，我们是认真的

还有不到1月，就是电影贺岁档盛世，相比于往年的12月档，时下上映的电影中，多少缺了一点年味儿。好在，即将于12月18日上映的电影《万万没想到》将带着群星贺岁、全民爆笑的使命与观众见面。

……

影片的开篇，便是由西游师徒四人开始。孙悟空在与妖魔斗法失败后，无奈将师父、师弟保护在金刚罩内。这样的情节，在西游原著中“青牛精”“白骨精”两难时也曾有过。

但《万万没想到》在这里又加入了非常有意思的喜剧元素，一本正经的唐僧(陈柏霖饰)讲着令人捧腹的大道理，完全可以胜过谢霆锋版唐僧。当然，这只是一个引子，之后的故事和西游记基本就没什么关系了。

这样以西游题材再创作，或者说推翻原著再创作，曾经在周星驰电影中做到了极致，现在《万万没想到》同样做到了类似的高度。

……

这个角色需要将内心矛盾演绎出来，又要将那种中性之美传达出来，从结果来看，马天宇做到了，这样的天赋在时下的影视圈并不多见。影片的最后，“白龙马”的出现也算是为整个故事画了一个圆满的句号。12 月 18 日，《万万没想到》非常值得推荐。

(软文来源：半壁江山中文网)

【分析】

标题

本篇软文的标题，除了将电影名称当作关键词嵌入之外，还有一个巧妙的地方，那就是将电影的影评放在了标题中，对于一部即将上映的电影，影评对读者可以产生很大的影响力。

内容

观众们对于一部即将上映的新电影，最关心的除了演员和上映时间之外，那就是剧情了，不然就算很喜欢电影中的演员但是对于剧情不感兴趣，基本上也不会去看这部电影了。

本篇软文就是考虑到了这一点，于是在软文中花了大段的笔墨对电影剧情进行了介绍以及评价，从而让读者对电影有一个大致的了解，凭借幽默的文章，让读者产生不错的期待。

全面

当然，本篇软文除了对剧情进行了介绍，还有很多评价型的内容，也就是说软文除了在标题中体现了“影评”两个字之外，软文本身也具有一定的评论价值，从而大大地增加了软文的价值。

15.2 新歌发布软文

新的电影上映之前，需要软文进行造势，这已经成为影视圈的常态。那么乐坛呢？新歌发布，是不是也需要软文呢？

【案例99】中国青年网：歌手专访类软文
——歌手的专访容易获得粉丝支持

【平台简介】

中国青年网，1999年5月4日正式开通，是国内一家非常优秀的以青年为主流的重点新闻网站。

【功能分析】

下面就来了解中国青年网的功能，如图15-4所示。

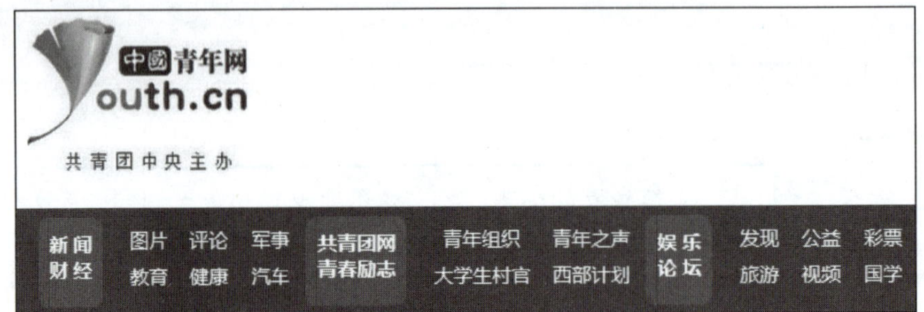

图15-4 中国青年网

(1) **新闻财经：**该板块中，有图片、评论、军事、教育、健康、汽车等内容。

(2) **共青团网青春励志：**该板块中，有青年组织、青年之声、大学生村官、西部计划等内容。

(3) **娱乐论坛：**该板块中，有发现、公益、彩票、旅游、视频、国学等内容。

【实施分析】

下面来欣赏一篇歌手专访类软文。

专访林俊杰：不是说要谈很多恋爱才能写出情歌

这可能是2015年林俊杰最忙碌的一个月，12月7日在台北举行新专辑预购，12月10日北京“3D”体验分享，12月19日世界巡回演唱会高雄站，12月25日首张实验专辑《和自己对话》发行。

出道12年的林俊杰，依旧高产，每年至少两张专辑。在台上依然可以给人一种当红小鲜肉的感觉，笑起来浅浅的酒窝跟十多年前唱《江南》时没什么两样。

……

和自己对话 用音乐释怀情感

新专辑的主打单曲《不为谁而作的歌》在QQ音乐上线首周就突破了56万的下

载量，同时还霸占了各大音乐播放器的热搜榜，也再次证明了林俊杰正当红。

……

这张新专辑的名字叫《与自己对话》

腾讯娱乐：新专辑很快就要发行了，为什么说是实验专辑？

林俊杰：实验其实是在整个精神和概念上，加上录音的手法。这张专辑是从内心出发，很直接的一张专辑。我希望通过这张专辑可以静下心来听自己内心说话，希望可以在忙碌当中、在很多嘈杂声的环境当中，把大家拉回一个内心状态，拉回跟自己对话的一个思维，给自己一点时间，让音乐、让生活的简单疗愈自己。

也采用了一个很特别的录音，希望能够做出很3D、很真实的音场。用这样的一个手法来呈现可以说是直接回归到生活的本真，生活越简单越快乐，音乐应该要快快乐乐，简简单单。把纯粹的声音，真实地，不加修饰地，表现在这些音乐里。

腾讯娱乐：新专辑主打单曲《不为谁做的歌》MV和立意都很有新意，是什么契机让你想要做这首歌？

……

腾讯娱乐：那情歌的灵感来自于哪儿？

林俊杰：真的写歌，不是说要谈很多恋情才能够写出情歌，而是你要认真对待。我是一个比较敏感的人，我对人与人之间心里的东西都看得很重，遇见好的，我就会很开心，遇见不好的，我就会陷入忧郁的状态。

很极端，快乐、不快乐的这样的反差，一直在行走。这时候写这首歌曲，写看到的故事也好，写自己经历的心情也好，都把它放到歌里面。

(软文来源：腾讯娱乐)

【分析】

标题

单刀直入类型的标题，对于软文主题的展示可以起到非常不错的效果。本篇软文的标题，就明确地表明这是一篇专访软文，而且还是歌手林俊杰专访，除此之外还使用了悬念式的写法，引发读者的思考和阅读兴趣。

形式

本篇软文的正文部分，采用了对话的形式，也就是一问一答的行文方式，问者为“腾讯娱乐”，答者自然就是林俊杰。这就是专访类软文的特点，以对话的形式将软文的重点进行展示，那么这篇软文的重点是什么呢？就是12月25日即将发布的新专辑——《和自己对话》。

呼应

本篇软文在首尾呼应上，做得很好，标题中就说了不谈很多恋爱也可以写出情歌，结尾处就解释了不谈很多恋爱怎么写情歌。

【案例 100】千龙网：隐喻类软文
——隐喻也是另一种借势

【平台简介】

千龙网，2012 年 12 月，千龙网全新改版，在页面布局、网站服务、用户体验等方面做出了重大的创新，坚持立足北京，体现全媒体特色，为网友提供优质的服务，是一家非常优秀的综合性新闻网站。

【功能解析】

下面就来了解千龙网的功能，如图 15-5 所示。

今日北京	人事	法治
北京政务	廉政	军事

图 15-5　千龙网

(1)　今日北京：本栏目中，有很多北京当日的新闻资讯等。

(2)　人事：本栏目中，有一系列的人事公示任免等通知类文章。

(3)　法治：本栏目中，有法治要闻、首善之区、新法看点、答案追踪、网络与法等内容。

(4)　北京政务：本栏目中，有要闻聚焦、党务联播、通知公告、本网策划、新政解读等内容。

(5)　廉政：本栏目中，有基层廉情、廉政楷模、廉政视频、评论等内容。

(6)　军事：本栏目中，有军事研究、战史战役、外媒报道、军事电影等内容。

【实施分析】

下面来欣赏一篇隐喻类的新歌发布软文。

TFboys 变“造梦者”空降冠军　华语乐坛也有“贺岁档”？

看了几周鲜肉们轮番称霸公告牌华语榜的壮观场面，正当小编思索着这场混战里怎么没有霸榜专业户 TFboys 的身影时，三小只就带着歌曲《大梦想家》的 MV 突然的出现并以迅雷不及掩耳的速度登顶。

这首已经发行了四个月的歌曲一直没有公开 MV，也让粉丝直呼“不过瘾”。虽然经过了几个月漫长的等待，这支充满了正能量的歌曲却没有让大家失望，尤其是 TFboys 版“cosplay”的闪亮登场！

王俊凯的制服“诱惑”，王源的可爱水手造型以及千千扮演的冲浪少年都让粉丝们大饱眼福。

越长越帅的三小只又一次这么轻易地融化了屏幕前的哥哥姐姐叔叔阿姨们冰冷的内心，当然也包括小编我。听多了或甜蜜或忧伤的情歌，这种充满梦想力量的歌曲，才更能够打动那些正在成长的少男少女，和怀念美好的青春期的我们。

……

当然，喜欢在冬季发歌的韩国歌手怎么能错过这次登上公告牌华语榜的好机会，EXO 的抒情新歌《Sing For You》(为你而唱)又一次俘获了粉丝们的小心灵。走过路过千万不要错过，华语乐坛如此热闹，你更想让哪首歌被全世界听到？

(软文来源：中国网)

【分析】

标题

标题中，就使用了两次隐喻，分别是“造梦者”与“贺岁档”，隐喻由于只有喻体出现，所以能产生更加深厚、含蓄的表达效果，同时也使语言更加简洁。

转化

软文在段首就对《大梦想家》进行了介绍，可以说广告做得比较明显，不过随后就利用列举的手段，对其他的歌手乐团和新歌进行介绍，从而将宣传软文变为了盘点软文。

优点

本篇软文很聪明地应用了“内容分散”法，将需要传播的内容与时事结合在一起，相对地得广告的意味进行分散，让读者认为这篇文章只是一篇介绍明星歌曲的文章。

专家提醒

借喻类软文最重要的就是用来借喻的喻体，必须要恰当，而且至少有一个共同点，不然是无法获得读者认可的。

【案例101】央广网：成绩展示类软文
——展示成绩是最直接的宣传

【企业简介】

央广网，全称中央广播网。近年来，中央广播网发力新闻门户，目前拥有新闻、财经、旅游、游戏、图库、视频等门类众多的专业频道，是一家已发展成为优势明显、特色鲜明的多媒体集群网站。

【功能解析】

下面就来了解央广网的功能，如图15-6所示。

新闻　　财经　　军事　　汽车

图15-6　央广网

(1) **新闻：**该板块中，有国内、国际、评论、理论等内容。

(2) **财经：**该板块中，有经济之声和滚动新闻两部分内容。

(3) **军事：**该板块中，有国际军事、独家、图片、视频、武器等内容。

(4) **汽车：**该板块中，有新车、导购、保养、改装等内容。

【实施分析】

下面来欣赏一篇成绩展示类的新歌发布软文。

鸟叔新曲《Daddy》MV点击率破两千万

据韩国《亚洲经济》报道，4日，鸟叔PSY专辑《7辑PSY达》主打歌之一《Daddy》的MV在全球最大视频网YouTube的点击率突破两千万次，这再一次证明了鸟叔在全球的超高人气。

鸟叔于12月1日0点正式发布双主打歌《喇叭裤》和《DADDY》后，就横扫了韩国各大音源榜。同一天公开《Daddy》MV，仅三天时间点击率就突破2014万次。

鸟叔神曲《江南Style》MV公开过了19天点击率才达1千万次，明显《Daddy》比《江南Style》热得快。由此，鸟叔出道以来的MV点击率再创新高。

在《DADDY》MV中，具有韩国特色的场景下融入鸟叔特有的幽默与才智，令人捧腹不已。

另外，鸟叔将于12月24日至26日在首尔奥林匹克公园体操竞赛场举办年末演唱会“ALLNIGHT STAND 2015之GOD PSY”。

(软文来源：国际在线)

【分析】

标题

成绩展示类软文，也被称作数据类软文，就算将产品、企业等的业绩、成绩用数据的方式展示在读者的眼前。本篇软文在标题中，就进行了这样的展示——点击破两千万。

对比

本篇软文也使用了对比的手法，在对主打歌《DADDY》进行介绍之后，立即与鸟叔的上一首歌曲《江南 Style》进行比较，通过比较可以看出《DADDY》的点击量是远超《江南 Style》在第 19 天的成绩的，这样可以让读者产生强烈的期待，也同时暗示读者，《DADDY》比《江南 Style》还好听。

结尾

本篇软文在结尾处，也使用了预告的方式，对 12 月 24 日至 26 日的演唱会进行了预告，这样的结尾方式，属于另一种形式的广告，将软文的广告价值发挥到最大。

第 16 章

体育软文：谁说体育行业不需要软文营销

- 篮球软文
  - NBA 腾讯网
  - NBA 中国官网
  - 虎扑篮球
  - 体育中国
- 足球软文
  - 第一足球网
  - 搜狐体育
  - 网易体育

16.1 篮球软文

体育产业作为国民经济的一个部门，与其他产业拥有着很多相同的共性，那就是既要注重经济效益也要讲究市场效益，同时还需要具有与其他产业所不同的特性。

体育产业中，篮球产业尤为突出，2015 年世界篮球产业生产总值近 700 亿美元，在海外以美国 NBA 联赛、在国内以 CBA 联赛最具代表性，作为体育产业中非常突出的篮球产业，自然也少不了软文的身影。

【案例 102】NBA 腾讯网：自曝类软文
——球星的“自曝”，更容易吸引读者

【平台简介】

腾讯体育，是国内一家人气相当旺的体育门户网站，主要为网友提供国内足球、国际足球、NBA、CBA、综合体育、奥运、直播、彩票、竞猜等，在各项指标中均树立了领先的地位。

【功能解析】

下面就来了解 NBA 腾讯网的功能，如图 16-1 所示。

首页　视频　直播　图片

图 16-1　NBA 腾讯网

(1) **视频：**该板块中，有球星、时刻、球队、历史等内容。

(2) **直播：**该板块中，有看比赛、社区、下载、竞猜等内容。

(3) **图片：**该板块中，有热门排行、花絮、精彩图集等内容。

【实施分析】

下面来欣赏一篇 NBA 球星的自曝类软文。

詹皇自曝最喜爱 NBA 球员场均 5.5 分之人压乔丹

詹姆斯 13 年职业生涯搭档过奥尼尔、韦德、波什、乐福和欧文等球星，他也公开透露乔丹、J 博士是自己的偶像。但詹姆斯最喜爱的 NBA 球员却并非以上几人，

而是生涯场均仅得到5.5分的詹姆斯·琼斯。

“是的，没错。在NBA历史上所有球员中，我最喜欢的球员就是琼斯。”詹姆斯说道。

……

“我告诉琼斯，只要我还在打球，他就会一直在我身边。”詹姆斯说道，“我不允许他提前结束自己的职业生涯。我会确保我所在的球队会给他保留一个阵容名额。他是我所搭档过的最伟大的队友。”

与詹姆斯一样，琼斯也属于2003届新秀，他在第49顺位被步行者选中，后来先后被交易到太阳和开拓者。直到2008—2009赛季加盟热火，琼斯才稳定下来，并在之后遇到了詹姆斯。

……

除了詹姆斯，骑士另外两名球员乐福和J.R.史密斯也非常尊敬琼斯。乐福表示他跟琼斯无话不说，史密斯则认为，琼斯是一个良师益友。“如果有人遇到不懂的事情，需要去向老将球员求教，那琼斯是最合适的人选。”J.R.史密斯说道。

琼斯在联盟中的人缘确实不错，他不仅受到骑士球员的尊敬，也得到了其他球队的球员的信任。目前，琼斯在球员工会担任财务主管的重要职务。

(软文来源：腾讯网)

【分析】

标题

软文的标题中，采用了设置悬念的写作方法，也就是詹皇自曝最喜爱NBA球员，那么到底是哪位球员呢？软文标题并没有提及，若想知道，读者就只能继续阅读下去。

内容

本篇软文的正文，是由两部分构成的，一部分为詹姆斯的自述，就是自己说的话；另一部分为旁白介绍。自曝其实也是一种自述，可以让读者更加地贴近球星的生活。

布局

本篇软文之所以是软文而不是一篇故事或者文章，是因为这篇软文也属于广告，广告宣传的就是詹姆斯自己。通过这篇软文，读者不但可以更加了解詹姆斯，对于琼斯也有了很大的了解。

专家提醒

自曝类软文，一般自曝的主体都应该是明星，只有这样读者才会有兴趣，不然普通人的自曝，根本无法引起读者的兴趣。

【案例103】NBA中国官网：比赛报道类软文
——比赛报道让读者重现比赛现场

【平台简介】

NBA 中国官方网站，是由美国职业篮球协会(NBA)授权，中文媒体集团 TOM 集团运营的专业体育网站。

【功能解析】

下面就来了解 NBA 中国官方网站的功能，如图 16-2 所示。

图 16-2 NBA 中国官方网站

(1) **视频**：该栏目中，有 NBA 比赛视频，可以按照时间与球队进行筛选。

(2) **新闻**：该栏目中，有 NBA 的很多实时新闻。

(3) **球队**：该栏目中，分为东部联盟与西部联盟两部分。

(4) **球员**：该栏目中，分为现役球员和退役球员两部分。

(5) **赛程**：该栏目中，有赛程和 2015—2016 赛季重要日期等。

【实施分析】

下面来欣赏一篇 NBA 比赛报道软文。

专克火箭！悍将独取 23+9 率掘金横扫强敌

北京时间 12 月 15 日，掘金最终在主场以 114-108 击败火箭，并完成了对对手本赛季的横扫，此役掘金替补后卫威尔·巴顿全场得到 23 分 9 个篮板成为球队本场比赛获胜的最大功臣。

威尔·巴顿是一名在进攻端极具创造力的锋卫摇摆人，他有着惊人的臂长与不错的侵略性，擅长打反击，而且在后卫中他的篮板也已属上乘，虽然他的体型看起来十分单薄，但是他却总能在比赛中频频上演一些精彩暴扣。

本赛季三遇火箭，巴顿场均可以得到 20 分 6 个篮板，投篮命中率高达 50%！而在今天的比赛首节，巴顿更是为我们奉献出了一记技惊四座的腾起怒扣。

……

作为一名在联盟中籍籍无名的小角色，巴顿一直都渴望能够在比赛中展现出最好的自己，想必在本赛季，休斯敦人将会始终记得他的名字，因为除了对方的明星球员以外，并不是哪名球员都能够在他们的比赛中场均砍下至少 20 分的分数。而如今三场过后，这个来自孟菲斯大学名叫威尔·巴顿的小伙子确实已经做到了！

(软文来源：NBA 中国官方网站)

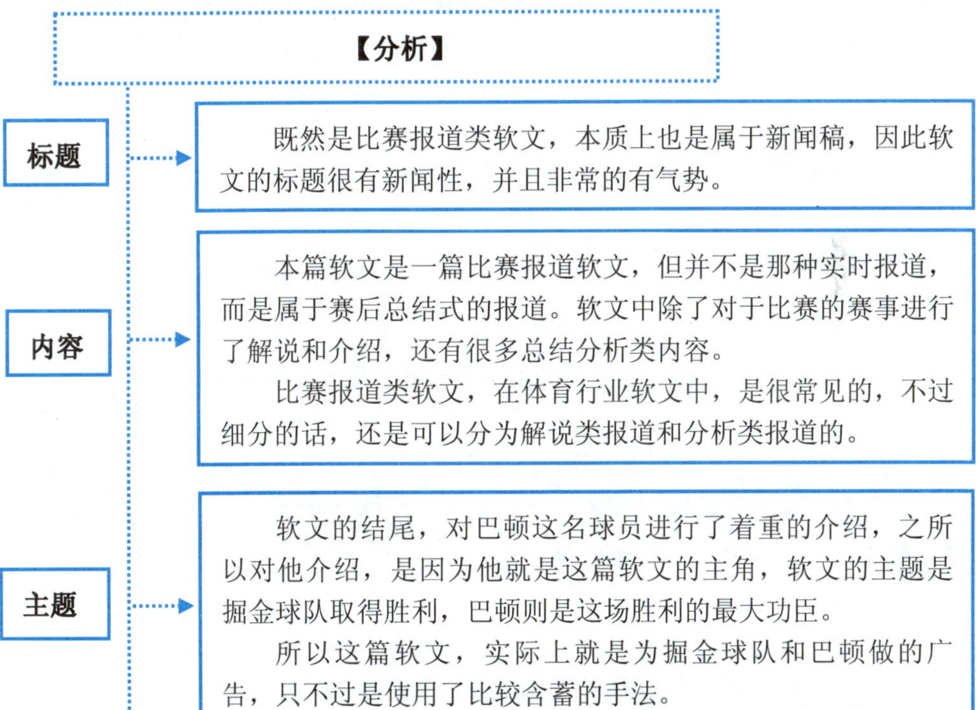

【案例 104】虎扑篮球：球星的故事软文
——讲述一些别人不知道的故事

【平台简介】

虎扑 NBA 中文网，是以 NBA 为主的专业篮球网站，专注于全面的 NBA 赛事直播、NBA 视频、图片等内容，网站拥有人气非常高的 NBA 火箭、湖人、热火等 NBA 球队论坛。

【功能解析】

下面就来了解虎扑篮球的功能，如图 16-3 所示。

虎扑体育	NBA	CBA	国际足球	中国足球

图 16-3　虎扑篮球

(1) **虎扑体育：**该栏目中，有足球、中超、赛车、网球、游戏、娱乐、论坛等内容。

(2) **NBA：**该栏目中，有新闻、新声、球队、直播等内容。

(3) **CBA：**该栏目中，有 CBA 新声、广东新闻、深圳新闻、上海新闻、浙江新闻等内容。

(4) **国际足球：**该栏目中，有英超、意甲、欧冠、德甲、直播、足彩等内容。

(5) **中国足球：**该栏目中，有积分榜、射手榜、中超直播、赛程、新闻等内容。

【实施分析】

下面来欣赏一篇讲述球星故事的软文。

【黑夜给了我黑色的眼睛】——记詹姆斯的童年

(一)不幸的童年

1984 年 12 月 30 日，美国俄亥俄州的阿克隆，一个叫作格里亚 · 詹姆斯 16 岁的黑人女孩儿在母亲的陪护下，于一座年久失修的房子里产下了一名婴儿，她看着自己孩子说：这个孩子以后就叫作勒布朗，可怜的孩子生下来就没有父亲，就跟我姓詹姆斯吧。

他的母亲和姥姥此时都在担心怎么抚养襁褓里的婴儿，没有也不可能意识到她们起的这个名字将传遍整个美国，整个世界。

……

(二)母爱

这就是勒布朗的童年，母亲就是他的全世界，而格里亚确实也是一个伟大的母亲。在充满着不停的警报声和枪战声以及各种毒品的生活中，她一直在很好地保护着勒布朗。

……

这座城市，曾经是工业时代的橡胶之都，但是随着信息时代的到来，这座城市慢慢地被遗弃，人口流失，百废待兴。每当小詹姆斯坐在北山上面望着这座充满了疲倦的城市和没有活力的街区，他就会想起在学校里看到的地图，为什么地图上有克利夫兰却没有阿克隆？就因为克利夫兰是首府吗？那阿克隆算什么？他知道不可能改变那些愚蠢的地图绘制者，但他心里有一个梦想开始发芽：

要让整个美国，甚至全世界的人都知道有个叫作阿克隆的城市。
黑色的眼睛中，绽放出了叫作梦想的光明。
小詹姆斯，去吧，一直前行，在不远的将来，你终会实现这个梦想！

(软文来源：虎扑篮球)

【分析】

表现

故事类软文，多为讲述经历或者表达情感，这种软文比较适合发布在论坛和博客等，网友可以直接互动参与的地方。由于表现形式不受拘束，内容描写也可或大或小，因此这类软文最能发挥作者的创造力。

本篇软文就是一篇典型的故事类软文，软文讲述的正是球星詹姆斯的童年故事，通过感人的故事，让读者可以更加地了解这个人。

内容

故事性软文的标题，一定要足够吸引人，标题要给读者一种冲击力。本篇软文的标题，其实是偏文艺的，虽然冲击力并不是很强，但是与正文的内容却非常契合。

广告

故事性软文最大的优点就是让软文变得更“软”，就像本篇软文，当读者在阅读的时候，只会把这个当作一个故事，而不会当作软文来阅读，这就是故事性软文的力量，当把需要的产品当作故事的主人公，广告也就被无限地淡化了。

【案例 105】体育中国：赛事分析类软文
——更专业更有深度的赛事分析

【平台简介】

体育中国，也就是中国网的体育频道，聚焦世界体坛热点与焦点，关注国内外体育健儿。体育中国力争做到专业且及时的新闻报道，努力打造华人了解世界体坛事件的首选平台。

【功能解析】

下面就来了解体育中国的功能，如图 16-4 所示。

图 16-4　体育中国

(1) **足球：**该板块中，有国际、国内的很多足球新闻，例如，“意大利杯-尤文 4-0 都灵 博格巴破荒扎扎双响炮”等。

(2) **篮球：**该板块中，有国际、国内的很多足球新闻，例如，“马布里鼓励科比来 CBA 打球：中国球迷更爱你”等。

(3) **网球：**该板块中，有国际、国内的很多足球新闻，例如，“IPTL 联赛费德勒连战连败 对新赛季仍充满信心”等。

(4) **乒乓球：**该板块中，有国际、国内的很多足球新闻，例如，“国乒男队升降赛结束 世青赛男单冠军升一队”等。

(5) **羽毛球：**该板块中，有国际、国内的很多足球新闻，例如，“陶菲克:李宗伟跟我 2004 年很像 里约他有希望夺冠”。

【实施分析】

下面来欣赏一篇赛事分析类软文。

广厦靠什么压住广东辽宁 他们的数据全 CBA 第 1

北京时间 12 月 16 日，十连胜的广厦男篮，在 CBA 第 18 轮比赛中主场以 107-84 击败江苏队，继续着自己的连胜步伐。

当比赛进入到第四节时，在首节就落后广厦队一度多达 14 分的江苏男篮靠着布鲁克斯的超强手感一度将比分追到 72-78，广厦的领先只剩下 6 分。可是场边的李春江却一点都不着急，因为他知道，随着第四节比赛的进行，两边都是单外援作战，广厦队一定能靠着内线的优势重新占据场上的主动。

果然，第四节才刚过半，广厦队就重新以 97-77 建立了 20 分的领先优势。内线没了奥登的江苏队在篮下的争夺完全处于下风。不光防守中屡屡送给广厦二次进攻的机会，进攻中也无法将球打进内线。很快再度被广厦队拉开比分。全场比赛打完，广厦全队抢到 45 个篮板，江苏队只抢到 33 个篮板。

篮板球的强势，无疑是广厦能够取得队史最长 11 连胜的重要原因。而纵观整个联盟，广厦队场均抢到 51.2 个篮板球，比辽宁队的 46.8 个还多，比新疆队的 40.8 个也多，位居整个联盟第一。其中广厦场均 35.2 个后场篮板联盟第一，16.1 个前场篮板仅次于上海队，位居第二。

……

紧接着就是苏若愚，王征和胡金秋组成的第三梯队。王征场均可以得到 4.1 个篮板，苏若愚则是 7.3 个，小将胡金秋虽然上场时间不长，但也有 5.5 个篮板。就靠着这样一个三个层次组成的天罗地网，广厦队在绝大多数的比赛中都能够取得篮板球上的优势。

李春江给予队员们拼抢篮板意识的灌输功不可没，他在球队的赛后总结上总是强调，“球队一般在比赛前就要求从防守做起，对于篮板球的拼抢我会一直予以督促。而球队取胜也往往就建立在篮板球的优势上。”

11 连胜后，广厦继续雄踞积分榜第二，而且他们和榜首的新疆男篮战绩相同，只是因为胜负关系才屈居第二。赛季开始前十分低调的李春江，这一次能够带领广厦再维持多久的连胜纪录？那就要看接下来哪支球队能够先压倒广厦的篮板优势！

(软文来源：新浪体育)

【分析】

技巧

由于篮球比赛的特殊性：比赛是一分钟，一分钟地进行的，所以要按时间发展的顺序；比赛是要记成绩分的，所以需要对双方的得失分进行准确描述；比赛的成绩是起伏变化的，所以需要用双方的成绩来表现比赛的紧张程度。

这就是赛事分析类软文的写作技巧，本篇软文在这几点上都做得很不错。

标题

本篇软文的标题，采用了设问的写作手法，所谓设问，是一种常见的修辞手法，常用于表示强调作用，为了强调某部分内容，故意先提出问题，明知故问，自问自答。

结尾

软文的结尾，采用了一种回味的写作手法，就是通过提问等方式，给读者留下想象的空间，当然，也能让读者产生期待。赛事分析软文，不仅要将比赛描述激烈，而且要让读者对于比赛的双方都有一些了解。

16.2 足球软文

足球产业，是一个包括门票、广告、电视转播权、俱乐部标志产品的特许与营销、职业运动员的买卖和足球彩票等在内的复合产业。作为和篮球不相上下的热门体育产业，足球产业也早就与软文产生了激烈的碰撞。

【案例 106】第一足球网：足球解说类软文
——足球产业也离不开资讯软文

【平台简介】

第一足球网，创立于 2002 年，管理团队均由各个国内足球俱乐部的球迷组成。第一足球网是一家专业的，专门报道中国足球信息的门户网站，内容涵盖中超、中甲、亚冠、女足、国足等一系列与中国足球有关的赛事信息。

【功能解析】

下面就来了解第一足球网的功能，如图 16-5 所示。

指数	欧洲足彩指数	亚洲足彩指数	篮球		
资讯	英超	意甲	西甲	NBA	欧冠杯

资料	英超	意甲	德甲	西甲
比分	即时比分	完场比分		

图 16-5 第一足球网

(1) **指数：**该板块中，有欧洲足彩指数、亚洲足彩指数、篮球等内容。

(2) **资讯：**该板块中，有英超、意甲、西甲、NBA、欧冠杯等内容。

(3) **资料：**该板块中，有英超、意甲、德甲和西甲等内容。

(4) **比分：**该板块中，有即时比分和完场比分等内容。

【实施分析】

下面来欣赏一篇足球中的解说类软文。

欧联-3 中门框难破门 多特 0-1 帕奥克小组第 2 出线

北京时间 12 月 11 日凌晨 2:00，欧联杯小组赛最后一轮，多特蒙德主场迎战希腊帕奥克的比赛打响。上半场 33 分钟马克为客队首开纪录，0-1；下半场双方互交白卷，最终多特蒙德主场 0-1 不敌帕奥克，6 轮比赛 3 胜 1 平 2 负积 10 分，小组第 2 出线。帕奥克 1 胜 4 平 1 负积 7 分，排名小组第 3 被淘汰。

本场比赛之前多特蒙德已经提前获得了小组出线权，和克拉斯诺达尔同积 10 分，由于胜负关系落后排名第 2。要想夺得小组第 1，本轮比赛必须要在克拉斯诺达尔不胜的情况下自己拿分才行。

……

第 68 分钟，斯滕泽尔禁区外一脚劲射打高，第 76 分钟，姆希塔扬右路传中，奥巴梅扬中路头球攻门，皮球再次击中立柱弹出。第 83 分钟，亚努扎伊左路传中到后点，斯滕泽尔接球再传中，姆希塔扬头球攻门太正被门将得到。随后的比赛双方均无建树，最终多特蒙德主场 0-1 不敌帕奥克，小组第 2 出线。

双方出场阵容：

多特蒙德(4231)：1-魏登费勒/28-金特尔、15-胡梅尔斯、4-苏博蒂奇、3-朴柱昊/35-斯滕泽尔、6-本德(46' 33-魏格尔)/9-亚努扎伊、23-香川真司(66' 17-奥巴梅扬)、11-罗伊斯(46' 10-姆希塔扬)/20-拉莫斯。

帕奥克(352)：71-格利科斯/31-察韦拉斯、13-马莱萨斯、2-斯孔德拉斯/27-迈斯塔基德斯(77' 24-罗德里格斯)、16-西米洛特、6-齐奥利斯、26-卡切、22-康斯坦丁尼季斯/10-贝尔巴托夫(71' 52-萨博)、11-马克(66' 4-莱奥瓦茨)。

(软文来源：网易体育)

【分析】

时评

几乎绝大部分的体育赛事，都会有现场的专业体育解说，对于比赛进行实时的报道，将这种解说换成文字的形式，就是一篇不错的解说类软文。之所以称作是软文，是因为这种解说本身就是对于比赛双方的一种宣传。

讨论

解说类软文与现场解说员是不同的，体育比赛的解说员是不得在解说中表现出对某个队伍的偏好的，但是软文中却可以，在进行了解说之后，可以对某支队伍或者某个人表示喜爱或者支持。

态度

软文结尾处，是将两支球队的出场阵容进行展示，这种结尾方式，可以说是解说类软文的“标配”，虽然对于软文正文并没有什么总结，但是却可以让读者对于出场队伍更加了解。

【案例 107】搜狐体育：球员访谈类软文
——球员访谈，讲更真切的故事

【平台简介】

搜狐体育，是中国一家非常领先的体育媒体，是很受体育迷欢迎的网络资讯及互动平台，也是搜索量颇大的一家优秀的网络平台。

【功能解析】

下面就来了解搜狐体育网的功能，如图 16-6 所示。

国内足球	国际足球	篮球	NBA

图 16-6 搜狐体育网

(1) **国内足球**：该板块中，有国内足球·视点、中甲、中超、国足等内容。

(2) **国际足球**：该板块中，有新闻动态、西甲、英超、德甲、意甲、法甲、综合等内容。

(3) **篮球**：该板块中，有篮球动态、篮球·大视野等内容。

(4) **NBA**：该板块中，有直播、赛程、排名、球员、记录、游戏、互动等内容。

【实施分析】

下面来欣赏一篇访谈类软文。

访谈红牛能量 FC 队北京站队员——与父亲和足球的不解情缘

写在开头：1998 年法国世界杯，还是个孩子的金荣振就已经是巴西的忠实球迷。他崇尚速度、技术，被南美的细腻球风所征服。在足球氛围浓厚的城市长大，注定是一个愿意为足球流汗流血的小伙，任凭风雨阻拦也与足球不可分割。

但对他影响最深的，还是那个球场上的背影，永远那么高大伟岸。伴随着支持，他将加入红牛能量 FC 队，踏上征程与职业球员同场竞技，敢拼敢赢敢精彩！11 月 29 日，圆梦北京。

1. 1998 年法国世界杯给你留下了哪些印象？小时候更喜欢法国还是巴西？

答：那时候的巴西是无敌的，我小时候其实就是个伪球迷，但那时候记忆特别深刻的是罗纳尔多，无所不能，现在想起来那真是外星人啊，我认识的第一个球星就是罗纳尔多。

所以我一直对巴西队情有独钟，那时候记得干脆面里面可以吃出球星卡，我每次买干脆面不是因为要吃，其实更看重的是里面的球星卡，看能不能抽到罗纳尔多，我求了我妈很多次，她终于给我买了一箱。

……

6. 如何看待中国足球的现状？红牛能量FC这样的比赛对中国足球意义何在？

答：中国足球整体应该属于一个黎明前的迷茫吧，国足踢香港，恒大夺亚冠，属于有喜有忧，但整体上仍然没有达到球迷的期望。

……

球场逆境，伤病阴影都遮不了他心里的阳光，因为他的心里有足球有父爱。一个是最忠实的伙伴，一个是迷途的路灯。虽然父亲来不了现场，但他仍很感谢红牛提供的平台，让自己圆了与职业球员踢球的梦，去挑战北京国安U16梯队！

(软文来源：虎扑足球)

【分析】

标题

访谈类软文的标题，并没有什么特定的模式，只要与主题契合即可，拥有很大的自由发挥空间。就比如本篇软文的标题，标题的前半部分是明显的访谈软文的标题，而后半部分则属于故事类软文的标题，二者巧妙结合，让标题更加出色。

优势

访谈类的软文，由于受访者具备一定的人气和知名度，在言论或者方法指导方面，是比较保守的，一般都以自身切实经验和经历为主，相对而言，具备较高的实践性和真实性，这样的软文是读者非常喜欢看到的。

撰写

访谈类软文相比较一般意义上的软文，只要建立好访题目录，以及形成较有条理的访谈内容，再对访谈内容稍稍进行加工，就可以完成一篇较为出色的软文，不太需要作者撰写软文的主体内容，因此访谈类软文在撰写上，还是相对简单的。

【案例108】网易体育：数据分析类软文
——用数据进行分析，更具权威性

【平台简介】

网易体育，一家非常优秀的体育频道，包含体育新闻、NBA、CBA、英超、意甲、西甲、冠军杯、体育比分、足彩、福彩、网球、F1、棋牌、体育论坛、中超、中国足球等内容，属于综合性的体育门户网站。

【功能解析】

下面就来了解网易体育的功能，如图 16-7 所示。

網易体育 有态度°的体育门户

首页 NBA CBA 国际足球 欧冠 英超 西甲 意甲 德甲 中国足球

图 16-7 网易体育

(1) 中国篮球：该板块中，有前线特派、媒体评论、CBA、山东、广东等内容。

(2) NBA：该板块中，有前方记者、考古系、影迹、东部、西部、骑士、湖人等内容。

(3) 中国足球：该板块中，有花絮八卦、专题策划、朝闻恒大等内容。

(4) 国际足球：该板块中，有视觉天下、热刺中文官网、西甲观察等内容。

【实施分析】

下面来欣赏一篇数据分析类软文。

太惨！皇马数据全面下滑 虐菜豪门 5 战强队只拿 4 分

在 0 比 1 不敌潜水艇后，皇马在 15 轮联赛后只拿到了 30 分，比巴萨、马竞足足少了 5 分。贝尼特斯的圣诞节，注定没有好日子过了。

《阿斯报》通过对比的方式，点出了如今皇马有多么孱弱。皇马各项数据都比上赛季明显下滑，而且在对阵欧战区强队时，皇马甚至 5 场下来只拿到了 4 分！

在上赛季 15 轮后，皇马积分为 39 分，比现在足足多了 9 分。在失球方面，皇马这两年来 15 轮后都丢掉了 13 个球。不过在进球方面，皇马目前打进了 32 球，相比上赛季同期少了足足 23 个。在上赛季前 21 轮联赛中，皇马每场都有进球。但在本赛季前 15 轮中，皇马已经有 4 场比赛没能破门了。

……

在面对欧战球队时，皇马本赛季 15 分里只拿到 4 分，拿分率仅为 26.6%。相比穆里尼奥和安切洛蒂，贝尼特斯在强强对话中的表现实在糟糕透顶。在穆里尼奥的三个赛季中，首年强强对话战绩为 10 胜 1 平 1 负，36 分里拿到了 31 分，拿分率为 86.1%。

安切洛蒂的数据虽然不如穆里尼奥，但仍可以秒杀贝尼特斯。在首个赛季中，安帅强强对话战绩为5胜3平4负，36分里拿到18分，拿分率为50%。在上赛季中，安帅强强对话战绩为5胜2平5负，36分里拿到了17分，拿分率为47%。

（软文来源：网易体育）

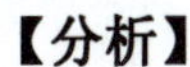

含义

数据分析类软文，顾名思义就是以分析数据、做出统计，并且用文字的方式来展现给用户的软文。

这类软文经常会通过一些数据调用、文字信息、图片图表或评论分析等方式来穿插自己的广告，从而达到合理的宣传目的。

本篇软文稍有不同，因为软文中数据分析的对象就是需要宣传的对象，但行文方式还是典型的数据分析式。

积累

本篇软文的标题，采用了新闻软文的写作手法，并且和数据软文相结合，既有数据又有分析甚至还有评论，可谓是相当全面。

优点

软文中的数据，基本上就是胜负的数据、比分的数据以及拿分率，数据准确且分析到位，这就是本篇软文的优点。